ANÁLISE DE IMPACTO REGULATÓRIO E SERVIÇOS PÚBLICOS

INSTABILIDADES INSTITUCIONAIS

GISLENE ROCHA DE LIMA

Prefácio
Rômulo Guilherme Leitão

Apresentação
Filomeno Moraes

ANÁLISE DE IMPACTO REGULATÓRIO E SERVIÇOS PÚBLICOS

INSTABILIDADES INSTITUCIONAIS

Belo Horizonte

FÓRUM
CONHECIMENTO JURÍDICO

2022

© 2022 Editora Fórum Ltda.

É proibida a reprodução total ou parcial desta obra, por qualquer meio eletrônico, inclusive por processos xerográficos, sem autorização expressa do Editor.

Conselho Editorial

Adilson Abreu Dallari
Alécia Paolucci Nogueira Bicalho
Alexandre Coutinho Pagliarini
André Ramos Tavares
Carlos Ayres Britto
Carlos Mário da Silva Velloso
Cármen Lúcia Antunes Rocha
Cesar Augusto Guimarães Pereira
Clovis Beznos
Cristiana Fortini
Dinorá Adelaide Musetti Grotti
Diogo de Figueiredo Moreira Neto (*in memoriam*)
Egon Bockmann Moreira
Emerson Gabardo
Fabrício Motta
Fernando Rossi
Flávio Henrique Unes Pereira

Floriano de Azevedo Marques Neto
Gustavo Justino de Oliveira
Inês Virgínia Prado Soares
Jorge Ulisses Jacoby Fernandes
Juarez Freitas
Luciano Ferraz
Lúcio Delfino
Marcia Carla Pereira Ribeiro
Márcio Cammarosano
Marcos Ehrhardt Jr.
Maria Sylvia Zanella Di Pietro
Ney José de Freitas
Oswaldo Othon de Pontes Saraiva Filho
Paulo Modesto
Romeu Felipe Bacellar Filho
Sérgio Guerra
Walber de Moura Agra

FÓRUM
CONHECIMENTO JURÍDICO

Luís Cláudio Rodrigues Ferreira
Presidente e Editor

Coordenação editorial: Leonardo Eustáquio Siqueira Araújo
Aline Sobreira de Oliveira

Rua Paulo Ribeiro Bastos, 211 – Jardim Atlântico – CEP 31710-430
Belo Horizonte – Minas Gerais – Tel.: (31) 2121.4900
www.editoraforum.com.br – editoraforum@editoraforum.com.br

Técnica. Empenho. Zelo. Esses foram alguns dos cuidados aplicados na edição desta obra. No entanto, podem ocorrer erros de impressão, digitação ou mesmo restar alguma dúvida conceitual. Caso se constate algo assim, solicitamos a gentileza de nos comunicar através do *e-mail* editorial@editoraforum.com.br para que possamos esclarecer, no que couber. A sua contribuição é muito importante para mantermos a excelência editorial. A Editora Fórum agradece a sua contribuição.

Dados Internacionais de Catalogação na Publicação (CIP) de acordo com ISBD

L732a
    Lima, Gislene Rocha de
        Análise de Impacto Regulatório e serviços públicos: instabilidades institucionais / Gislene Rocha de Lima. - Belo Horizonte : Fórum, 2022.
        247p.; 14,5cm x 21,5cm.

        Inclui bibliografia.
        ISBN: 978-65-5518-353-5

        1. Direito Administrativo. 2. Direito Constitucional. 3. Direito Econômico. 4. Direito & Economia. 5. Direito Regulatório. I. Título.

2022-851

                                              CDD 341.3
                                              CDU 342.9

Elaborado por Odilio Hilario Moreira Junior - CRB-8/9949

Informação bibliográfica deste livro, conforme a NBR 6023:2018 da Associação Brasileira de Normas Técnicas (ABNT):

LIMA, Gislene Rocha de. *Análise de Impacto Regulatório e serviços públicos*: instabilidades institucionais. Belo Horizonte: Fórum, 2022. 247p. ISBN 978-65-5518-353-5.

Dedico esta obra a todos aqueles dotados de imaginação criadora, capazes de mudar paradigmas, devotados à criação e à pesquisa científica transformadora.

Obrigada aos meus familiares e amigos, aos professores com quem dialoguei nos cursos de formação acadêmica e aos meus colegas de estudo e de trabalho, pela paciência, pelos ensinamentos, pela orientação e por toda espécie de contribuição que me prestaram.

A todos que direta ou indiretamente contribuíram para a consecução deste objetivo, muito obrigada.

SUMÁRIO

PREFÁCIO
Rômulo Guilherme Leitão..11

APRESENTAÇÃO
Filomeno Moraes..13

INTRODUÇÃO 15

CAPÍTULO 1
CONTEXTUALIZAÇÃO E RELEVÂNCIA JURÍDICA DO TEMA...23
1.1 Conceitos iniciais necessários..24
1.2 Relevância das utilidades e dos serviços públicos regulados no Estado moderno: síntese histórica..37
1.3 Relevância das utilidades e dos serviços públicos regulados no Direito..45

CAPÍTULO 2
REGULAÇÃO DE QUALIDADE COM BASE EM ANÁLISE DE IMPACTO REGULATÓRIO (AIR)...59
2.1 Importância e características da regulação eficiente: o exercício da discricionariedade técnica...68
2.2 Conceitos e considerações sobre a AIR...73
2.3 AIR e o direito fundamental à boa administração pública...................77

CAPÍTULO 3
ANÁLISE DE IMPACTO REGULATÓRIO E SUA UTILIZAÇÃO INTERNACIONAL...83
3.1 Países membros da OCDE..86
3.2 Países em desenvolvimento..105

CAPÍTULO 4
RAZÕES POLÍTICAS NA REGULAÇÃO DE UTILIDADES E
SERVIÇOS PÚBLICOS: ESTUDO DE CASOS 119
4.1 Grupos de pressão e uso político dos setores regulados 120
4.2 Caso do setor elétrico 124
4.3 Caso do setor de petróleo e gás 128

CAPÍTULO 5
CREDIBILIDADE MITIGADA E INSEGURANÇA JURÍDICA
NAS DECISÕES REGULATÓRIAS: O CASO DA FRANQUIA DE
BAGAGEM AÉREA 143

CAPÍTULO 6
INSTABILIDADES INSTITUCIONAIS E SUA INFLUÊNCIA NA
ANÁLISE DE IMPACTO REGULATÓRIO: PROPOSIÇÕES 163
6.1 Desafios institucionais e o planejamento regulatório por meio
     de AIR 170
6.2 A construção de consensos na definição de políticas regulatórias..... 191
6.3 Proposições para um processo de AIR mais efetivo 204

CONCLUSÃO 213

REFERÊNCIAS 229

PREFÁCIO

Os estudos e debates sobre a regulação econômica no âmbito do Direito Brasileiro, um Direito Regulatório, é cogitação recente, remontando aos anos 1990, quando da reforma gerencial do Estado brasileiro idealizada por Bresser Pereira à frente do Ministério da Administração Federal e Reforma do Estado (1995/1998), governo Fernando Henrique Cardoso. Até então, não havia discussão relevante sobre o papel do Estado brasileiro como agente regulador.

A reforma de 1995 delimitou um núcleo estratégico de atividades exclusivas do Estado em que as decisões são tomadas, agências executivas e reguladoras, e cuja autonomia seria superior aos sistemas burocráticos tradicionais. Nessa esteira surge, já em 1996, a Agência Nacional de Energia Elétrica (ANEEL).

Até então, o Direito Regulatório era um Direito que não era, para usar expressão de José Vicente Santos de Mendonça. Discussões sobre a atuação do Estado na economia se davam no âmbito do Direito Econômico, Administrativo e Constitucional.

A partir da criação de novas agências reguladoras, o debate jurídico foi intenso e rico, versando sobre legitimidade democrática, poderes normativos, limites em relação ao Poder Executivo, discricionariedade administrativa/técnica e até responsabilidade civil das agências reguladoras.

Ainda que não superadas todas as discussões jurídicas, a questão da eficácia e qualidade da atuação das agências reguladoras, do ato regulador e da discricionariedade técnica parecem ser temas dos mais relevantes dos estudos em regulação econômica nestas primeiras décadas do século XXI.

Inserida nesse contexto, esta obra trata da Análise de Impacto Regulatório (AIR) e serviços públicos, fazendo percurso histórico detalhado, fruto de ampla pesquisa, sobre a relevância das utilidades públicas e dos serviços públicos regulados; da regulação eficiente e da utilização da Análise de Impacto Regulatório como instrumento fundamental à efetivação do direito fundamental à boa administração pública.

O estudo ora publicado faz, ainda, uma percuciente investida em estudos de casos nos setores elétrico e de petróleo e gás, lançando mão sua autora da experiência prática forjada na advocacia pública no âmbito de uma agência reguladora estadual (Arce).

E faz um fecho coerente e propositivo analisando a influência das instabilidades institucionais na Análise de Impacto Regulatório, inclusive a busca de consensos na definição de políticas regulatórias.

Por fim, uma nota pessoal sobre a obra: tive a honra de participar do desenvolvimento desta pesquisa na qualidade de um dos orientadores da tese de doutorado da Dra. Gislene Rocha de Lima, no Programa de Pós-Graduação em Direito Constitucional da Universidade de Fortaleza (UNIFOR), onde leciono Regulação Econômica e Mercado. Esse fato, a orientação – que beira o irrelevante diante do resultado que é este livro – me é muito caro e honroso.

Recomendo a leitura fortemente.

Fortaleza, 17 de fevereiro de 2022.

Rômulo Guilherme Leitão

Doutor em Direito Constitucional pela Universidade de Fortaleza (2013), com doutorado-sanduíche na Boston University, Massachusetts, EUA, e pós-doutor em Ciência Política pela Boston University, Massachusetts, EUA (2014). Atualmente é coordenador e docente do Programa de Pós-Graduação em Direito (mestrado e doutorado) da Universidade de Fortaleza, docente do Programa de Mestrado em Direito e Gestão de Conflitos da Universidade de Fortaleza (UNIFOR) e do curso de graduação em Direito da mesma universidade, onde leciona Direitos Humanos.

APRESENTAÇÃO

Gislene Rocha de Lima, a autora deste formidável livro – *Análise de Impacto Regulatório e serviços públicos: instabilidades institucionais* –, me concede a missão, recebida com deferência e satisfação, de fazer-lhe a apresentação. Apresentação tal que se dispensa, pois o texto se apresenta por si mesmo, tanto por suas qualidades materiais quanto pelos seus atributos formais.

Mas, para não desfeitear o prazeroso convite, apresento formalmente a obra e começo esta alocução com as palavras contidas na dedicatória que a autora faz no pórtico do trabalho, fazendo-as minhas, e proclamando que esta obra porta imaginação criadora capaz de mudar paradigmas, dada a atitude devotada à criação e à pesquisa transformadoras de quem a produziu. Portanto, estabeleça-se logo que o volume encerra um esforço criativo e uma contribuição inovadora para o estado da arte da Teoria do Estado e do Direito Econômico. Em seguida, destaco sucintamente três tópicos, ou três interpelações, bem amplos, que, a partir da minha leitura do texto, me pareceram extremamente relevantes e me pareceram encorpar o *leitmotiv* do livro.

Em primeiro lugar, nestes tempos em que a questão do Estado está abaladamente rarefeita – não só no Brasil, mas no Brasil de uma maneira dramática –, por diversas razões e por diversos privilegiamentos de ordem teórica, empírica e política, o trabalho sob apresentação, sem menoscabar a livre iniciativa privada, salienta o papel do Estado como regente da atividade econômica, no sentido de realizar o seu dever de beneficiar a sociedade e transcender a sua captura por interesses que muitas vezes não podem vir à luz. As diversas investidas contra o exercício de papel afirmativo por parte do Estado só mostraram a precariedade da veleidade neoliberal diante da crise que ganhou terreno nos últimos tempos, a apontar para a insanidade de substituir a racionalidade coletiva simplesmente pelas leis (ou a sua falta) da economia de mercado.

Em segundo lugar, *Análise de Impacto Regulatório e serviços públicos: instabilidades institucionais* revaloriza o texto constitucional de 1988, com o seu esforço para criar as condições normativamente dirigentes, tendo em vista solver as dívidas fundadas – social e econômica – com a sociedade brasileira, dívidas estas multissecularmente acumuladas e crescentes. De fato, carregado de programaticidade e diretividade, a Constituição Federal estabelece como *objetivos fundamentais da República Federativa do Brasil* a construção de uma sociedade livre, justa e solidária, a garantia do desenvolvimento nacional, a erradicação da pobreza e da marginalização, a redução das desigualdades sociais e regionais e a promoção do bem de todos, sem preconceitos de origem, raça, sexo, cor, idade e quaisquer outras formas de discriminação.

Em terceiro lugar, o trabalho enfatiza, por via indireta, a problemática do regime político, nomeadamente no que atine à *fase eficacial* da atividade a ser exercitada pelas agências reguladoras. O ponto fulcral do estudo, considerando-se a margem de discricionariedade intrínseca, está na busca de ferramentas e métodos capazes de propiciar efetividade e eficácia à atuação de tais agências reguladoras de utilidades e serviços públicos delegados a entes de natureza privada.

Na contramão do que vai no Brasil atual, em que, por deliberação e por incompetência, vislumbram-se altos coeficientes de malbaratamento administrativo, e o Estado caminha a passos largos para a erosão, o presente livro lembra de forma enfática que: 1. o Estado tem um papel a exercer no encaminhamento da solução para os problemas e desgraças nacionais; 2. no país, há um texto constitucional vigente, impondo ao Estado os objetivos fundamentais acima citados, e que, ademais, os constituintes de 1988 consignaram que "a ordem econômica, fundada na valorização do trabalho humano e na livre iniciativa, tem por fim assegurar a todos existência digna, conforme os ditames da justiça social", e; 3. o exercício eficaz da atividade das agências reguladoras só é possível quando existe estabilidade institucional democrática.

O resto é ler o invejável texto que se segue.

Fortaleza, abril de 2022
Filomeno Moraes
Doutor em Direito (USP). Livre-docente em Ciência Política (UECE). Estágio pós-doutoral pela Universidade de Valência (Espanha). Autor do livro *Estado, constituição e instituições políticas: aproximações a propósito da reforma política brasileira* (Belo Horizonte: Arraes Editores, 2021).

INTRODUÇÃO

Desde o advento do Estado moderno, muito se tem elaborado acerca das formas de interferência do ente político na organização da vida em sociedade, com consequências diretas na esfera privada dos indivíduos. Assim é que, sob influência do Estado Absolutista, dominante até o século XVIII, verificava-se profunda e opressiva intervenção da realeza na economia privada, adotando-se uma administração patrimonialista. A autoridade dos monarcas veio a ser, todavia, suplantada pelas ideias de legalidade e divisão de funções políticas, apregoadas por John Locke desde o século XVII. E, inaugurando-se pelo marco das grandes revoluções (Revolução Gloriosa, Revolução Americana e Revolução Francesa), o Estado Liberal reduziu ao mínimo a sua interferência na vida privada, acreditando que a supremacia do mercado beneficiaria espontaneamente toda a sociedade.

Novamente foi colocada à prova a atuação do Estado ante as profundas desigualdades sociais e econômicas que instalaram a crise do capitalismo liberal do final do século XIX, conformando-se, a partir de então, o Estado Social, que passou a atuar diretamente nas esferas econômica e social da vida coletiva, expandindo-se o conceito de serviço público de competência do Estado. Agigantada, a máquina administrativa estatal, com insuficiência de recursos para a produção e prestação de bens e serviços em profusão, logo se caminhou para uma nova revisão das funções estatais.

Muitos países, então, desestatizaram atividades e passaram a desempenhar um papel normativo e regulador da atividade econômica, em busca de eficiência prestacional e de equilíbrio dos *déficits* públicos. Chegou-se, assim, a um modelo estatal amplamente adotado nos países de índole democrática, o qual, longe de enfraquecer a livre iniciativa privada, dela depende, mas coloca o Estado como regente da atividade econômica, com a missão de garantir que a riqueza do mercado beneficie a sociedade, naquilo que representa dever do Estado.

Esse é o caso do Brasil, em que a Constituição Federal de 1988, ao disciplinar a ordem econômica e financeira do país, atribuiu ao Estado a qualidade de agente normativo e regulador da atividade econômica (art. 174), após ter estabelecido que, ressalvados os casos com previsão expressa, "a exploração direta de atividade econômica pelo Estado só será permitida quando necessária aos imperativos da segurança nacional ou a relevante interesse coletivo, conforme definidos em lei" (art. 173) (BRASIL, 1988).

Com esse papel, as finalidades do Estado são buscadas por meio da realização do que se define como política pública, na qual devem ser estabelecidas as diretrizes prioritárias para a satisfação das necessidades e dos direitos dos cidadãos. Segundo Wilson Donizeti Liberati (2013), as políticas públicas traduzem-se na coordenação dos meios colocados à disposição do Estado, visando à harmonização das atividades estatais e privadas com o fim de realizar objetivos socialmente relevantes e politicamente determinados.

Floriano de Azevedo Marques Neto (2005) esclarece que as políticas públicas são definidas, necessariamente, a partir de mediações políticas, e conjugam objetivos e princípios das políticas de Estado, previstas em lei ou na Constituição, derivadas de processo complexo que envolve o Legislativo e o Executivo, com metas e orientações de políticas de governo, adstritas às primeiras, com objetivos concretos que um governante eleito pretenda ver impostos a um dado setor da vida econômica ou social.

As políticas públicas relacionadas a utilidades e serviços públicos são implementadas, em grande medida, pelas agências reguladoras, por meio de políticas regulatórias que viabilizam a sua execução pelo controle técnico das atividades prestacionais (planejamento, fiscalização, normatização e mediação), numa relação de dependência e complementaridade em que o regulador atuará em sua margem de liberdade, ponderando os interesses regulados e equilibrando os instrumentos disponíveis no sentido de intervir no sistema sem inviabilizar seus pressupostos (MARQUES NETO, 2005). Essa margem de liberdade do regulador é precisamente o que se denomina discricionariedade técnica, a qual, na ótica de Lucas Rocha Furtado (2016), constitui modalidade especial de discricionariedade administrativa, em que a opção por uma das soluções possíveis e lícitas não se dá em razão de mera oportunidade ou conveniência administrativa, mas de decisão de índole eminentemente técnica.

Chega-se, assim, ao ponto de interesse do presente estudo, na medida em que é justamente no campo da discricionariedade técnica inerente às políticas regulatórias que se insere a necessidade de ferramentas e métodos que venham a propiciar efetividade à atuação das agências reguladoras de utilidades e serviços públicos delegados a entes de natureza privada. A margem de liberdade do regulador no campo das soluções possíveis e lícitas não demanda qualquer decisão técnica, mas a melhor decisão técnica possível, à luz do direito fundamental à boa administração pública (FREITAS, 2014). Assim é que os países desenvolvidos da Organização para Cooperação e Desenvolvimento Econômico (OCDE) foram pioneiros na adoção de uma ferramenta de planejamento que se propõe a sistematizar esse processo de decisão, conferindo-lhe qualidade e eficiência, denominada Análise de Impacto Regulatório (AIR).

A Análise de Impacto Regulatório é empregada em vários níveis de decisão estatal, podendo até mesmo subsidiar o processo legislativo. Interessa ao presente estudo, todavia, a utilização da ferramenta analítica no campo de atuação das agências reguladoras, essas entidades que, tendo perpassado a fase conceitual – em que se discutiu o significado da regulação pública de atividades privadas e serviços públicos no Brasil, e posteriormente a fase constitucional, na qual se perquiriu acerca da constitucionalidade, limites e abrangência dos poderes atribuídos às agências –, deparam-se hoje com uma fase dita eficacial, em que se questiona a qualidade da regulação (MENDONÇA, 2010).

De fato, muitas críticas relacionadas à falta de eficácia das agências reguladoras têm apontado para uma crise de efetividade, que pode ser atribuída a diversos fatores, inclusive à falta de planejamento da ação regulatória. Assim, mais do que em qualquer outro momento desde a sua criação, as agências reguladoras buscam hoje demonstrar a razão de sua existência, pela qualidade e efetividade de suas finalidades institucionais. Nesse campo, apresenta-se a importância da Análise de Impacto Regulatório para o desenvolvimento e a eficiência da regulação de utilidades e serviços públicos.

O tema, com efeito, relaciona-se ao advento do Estado Normativo e Regulador da atividade econômica, que realiza políticas públicas na seara das utilidades e serviços públicos por meio das políticas regulatórias, em que as decisões apresentam acentuado grau de discricionariedade técnica. Com vistas a nortear essa margem de liberdade decisória do agente regulador, a AIR imprime no processo um caráter metodológico técnico-científico, pautado em conjecturas e refutações acerca de um problema identificado na sua esfera de atuação, a fim de conferir sistematização e neutralidade na busca das soluções possíveis.

A AIR envolve, contudo, análises de custos, benefícios e riscos, com avaliação de expressiva quantidade de dados e envolvimento de vários técnicos e interessados, que podem tornar significativamente onerosa a adoção do processo, conforme a complexidade do problema a ser enfrentado, implicando despesas de investimentos em profissionais qualificados, obtenção de dados, participação de grupos afetados e tempo para o processo, razão por que os seus resultados devem ser efetivos.

Nesse panorama, com base na avaliação de casos concretos, em que se verificam decisões regulatórias casuísticas, mal justificadas, influenciadas por interesses pessoais e políticos, em detrimento da qualidade e da adequação das prestações reguladas, mais frequentemente presentes em Estados com capacidades fracas, segundo critérios de governança, perscrutar-se-á a influência das instabilidades das instituições estatais sobre possíveis resultados das análises de impacto regulatório, ou seja, como esses resultados podem ser afetados diante de um quadro de constante mutabilidade institucional, motivada por influências políticas, jurídicas, sociais e econômicas circunstanciais, que determinam a atuação das instituições estatais envolvidas na regulação, apontando-se para o fato de que as análises de risco, custo e benefício, mais comumente utilizadas na AIR, não levam em consideração essa variável de grande potencial determinante.

Com essa finalidade, assumir-se-á que instabilidades institucionais estatais são circunstâncias danosas para o planejamento regulatório, lícitas ou ilícitas, decorrentes de interferências ocorridas no exercício das competências públicas durante o curso da execução de uma política regulatória, por influência de fatores políticos, jurídicos, sociais ou econômicos conjunturais, manejados por grupos de interesse, que prejudicam a implementação de políticas regulatórias baseadas em boas práticas. Considerar-se-ão, nessa perspectiva, fatores propiciadores de instabilidade institucional, por exemplo, o uso político de setores regulados, a corrupção, a descontinuidade de políticas públicas em razão da alternância de mandatos políticos, a judicialização de conflitos regulatórios e a participação social deficiente nas decisões públicas.

Diante desse quadro, orientar-se-á a obra a partir das seguintes questões: 1) qual é a relevância jurídica das utilidades e dos serviços públicos regulados, especialmente no âmbito do Direito Constitucional brasileiro?; 2) qual é o papel da AIR para o desenvolvimento e a eficiência da regulação de serviços públicos?; 3) como está se utilizando a AIR nos países desenvolvidos e em desenvolvimento, com ênfase no caso brasileiro?; 4) sendo a AIR uma ferramenta de planejamento, que se propõe a conferir sistematização e neutralidade ao processo de decisão regulatória, serão seus resultados efetivos diante de um quadro acentuado de instabilidade institucional?; 5) como podem ser reduzidos os fatores propiciadores de instabilidade institucional?; 6) como pode ser considerada a influência dos fatores de instabilidade institucional para se assegurarem maior precisão e confiabilidade às análises de impacto regulatório?

Avaliar-se-á, com efeito, a importância de minimizar-se a influência dos fatores que propiciam instabilidade institucional, sugerindo-se o fortalecimento das agências reguladoras e o exercício de efetiva participação e controle social nas atividades estatais de regulação, como forma de minimizar-se a captura política e econômica das entidades reguladoras e conferir-se mais legitimidade e efetividade às decisões regulatórias. Além disso, como contribuição para uma metodologia de AIR mais pragmática, examinar-se-á a necessidade de inclusão no procedimento de AIR de um critério final de análise, com base na exequibilidade das propostas de solução, que retrate o grau de influência das instabilidades institucionais estatais do ambiente regulado, com a finalidade de assegurarem-se utilidade e efetividade às análises de impacto regulatório.

Segundo a Recomendação do Conselho sobre Política Regulatória e Governança 2012 da Organização para Cooperação e Desenvolvimento Econômico (OCDE), da qual o Brasil é *key partner* [parceiro-chave], a boa regulação é essencial para que as economias funcionem eficientemente e, ao mesmo tempo, atendam a importantes metas sociais e ambientais, além do que o Estado de Direito e o exercício da democracia dependem de arcabouços regulatórios sólidos. Adotando esses pressupostos, o organismo internacional recomenda que a regulação seja feita por meio de tomada de decisões fundamentadas, baseadas em evidências, e que se faça o monitoramento do impacto da regulação e dos processos regulatórios, devendo-se identificar se a intervenção regulatória é necessária e será efetiva. Além disso, é enfático ao recomendar a integração da AIR desde os estágios iniciais do processo de políticas para a formulação de novas propostas de regulação.

O Banco Mundial, por sua vez, prospectando as exigências para a promoção de uma prosperidade compartilhada entre os Estados, destaca que a boa governança e a existência de instituições fortes e responsáveis são fundamentais para a redução da pobreza e maior eficácia do desenvolvimento sustentável, em face do que estimula os governos a serem mais transparentes, prestarem contas a seus cidadãos e tonarem-se menos susceptíveis à corrupção, para a prestação de melhores serviços (WORLD BANK, 2013).

Assim contextualizada, a obra tem como objetivo geral contribuir para o desenvolvimento de uma regulação de serviços públicos de boa qualidade, com foco na democracia em sua vertente substancial, ou seja,

democracia econômica, social e cultural (MOREIRA, 2010), por meio da tomada de decisões regulatórias fundamentadas, baseadas em evidências, avaliando-se, para tanto, o processo de AIR sob a perspectiva da sua efetividade, especialmente a partir da instabilidade das instituições estatais, e propondo-se alternativas. E adota como objetivos específicos:
a) verificar a base teórica que recomenda a adoção da ferramenta de planejamento designada AIR nos processos de escolha regulatória, analisando seu conceito e sua relevância para o desenvolvimento e a eficiência da regulação de serviços públicos;
b) esclarecer o conceito de instabilidade institucional no ambiente regulado e explorar fatores propiciadores de instabilidade institucional, bem como avaliar a sua influência sobre a efetividade da AIR, com base em estudo de casos e normas;
c) indicar metodologia adequada para definir os fatores propiciadores de instabilidade institucional segundo a sua probabilidade de ocorrência e o grau de influência no tempo, em relação a cada uma das alternativas resultantes da AIR;
d) sugerir indicador no processo de AIR que traduza, após encontradas as propostas de solução possíveis, segundo as metodologias utilizadas de avaliação de custos, benefícios e riscos, o maior ou menor grau de influência geral das instabilidades institucionais no ambiente regulado, considerada cada uma das alternativas resultantes da AIR, com a finalidade de conferir maior precisão, efetividade e confiabilidade às análises de impacto regulatório;
e) verificar a necessidade de fortalecimento institucional especialmente das agências reguladoras para o efetivo desempenho de suas atividades finalísticas, como também avaliar a relevância dos mecanismos de controle e participação social na atividade regulatória como forma de minimizar influências negativas dos fatores propiciadores de instabilidade institucional.

Constituem-se importante referencial teórico para o desenvolvimento do assunto os estudos realizados pela OCDE sobre o tema regulação, especialmente a Recomendação do Conselho sobre Política Regulatória e Governança 2012, segundo a qual o Estado de Direito e o exercício da democracia dependem de arcabouços regulatórios sólidos, pontuando que as crises financeiras e os ciclos econômicos, a inovação, a mudança social, os desafios ambientais e a busca por novas fontes de crescimento tornam mais importantes os marcos regulatórios para o bom funcionamento dos mercados e das sociedades e, igualmente, as políticas regulatórias e as instituições para lidar com a interconectividade de setores e economias. Além disso, o material bibliográfico produzido pela organização incentiva a regulação feita por meio de tomada de decisões fundamentadas, baseadas em evidências, e recomenda a integração da AIR desde os estágios iniciais do processo de políticas para a formulação de novas propostas de regulação.

Além desse referencial, diversas outras obras técnicas e científicas acerca da teoria e prática da regulação e de outros temas de permeio à matéria, identificadas no texto, dão substrato ao desenvolvimento da ideia de aperfeiçoamento da AIR. Toma-se particularmente como referência um tipo ideal de procedimento de AIR, com uma sequência de ações apresentada por Patricia Pessôa Valente (2013), em obra nacional dedicada ao tema.

Com base em pesquisa teórica, bibliográfica e documental, o tema começa a se desenvolver com uma abordagem acerca da sua contextualização e da sua relevância jurídica, com a apresentação de conceitos e a demonstração da importância das utilidades e dos serviços públicos regulados no Estado moderno e no Direito. Prossegue-se circunscrevendo-se o exercício da discricionariedade técnica e sua relação com uma regulação eficiente, expondo-se, em seguida, conceitos e considerações sobre a AIR e sua conexão com o direito fundamental à boa administração pública.

A fim de aprofundar o conhecimento acerca da matéria investigada, colacionam-se experiências internacionais no campo da AIR, analisando a sua utilização nos países membros da OCDE e países em desenvolvimento, como o Brasil. A partir de uma abordagem empírica baseada em fatos documentados e no uso de metodologia específica de análise, são levantados casos, concepção de normas e modelos regulatórios existentes no Brasil, pautados em análises de impacto já efetuadas, ou delas tendo prescindido, como substratos para a fundamentação das ideias apresentadas acerca das razões políticas verificadas nas decisões regulatórias, da mitigação de credibilidade e da insegurança jurídica no ambiente regulado.

A análise institucional, acerca dos fatores de instabilidade que atuam na definição de políticas regulatórias e da influência desses fatores sobre a efetividade da AIR, bem como as proposições para aperfeiçoamento do processo de AIR, pautam-se, igualmente, em pesquisa bibliográfica, estudo de casos, metodologia analítica e técnica especializada. Em linhas gerais, trata-se, portanto, de obra baseada em pesquisa propositiva, pautada em revisão bibliográfica e análise documental e casuística, segundo metodologia analítica, empírica e crítica.

A justificar a exploração do tema apresentado tem-se, com efeito, que a sua relevância consiste na busca do aprimoramento das análises de impacto regulatório, de forma a oferecer melhorias contínuas para a qualidade da regulação de utilidades e serviços públicos, cada vez mais necessários para o funcionamento dos indivíduos em sociedade, pretendendo-se, com isso, sustentar em evidências as decisões regulatórias e tornar efetivas soluções construídas racionalmente para a ascensão social e econômica da coletividade, considerando-se um estudo de abrangência internacional, com destaques para a América Latina e foco especial conferido ao aperfeiçoamento da técnica no Brasil.

CAPÍTULO 1

CONTEXTUALIZAÇÃO E RELEVÂNCIA JURÍDICA DO TEMA

No decorrer do século XX multiplicaram-se as atribuições do Estado, sob a influência das constituições de acentuado caráter social, conferindo-se *status* de "fundamentais" a diversos direitos sociais, além dos clássicos direitos individuais antes estabelecidos pelo liberalismo. O agigantamento do Estado Social revelou, no decorrer daquele século, a insuficiência dos orçamentos públicos para o provimento satisfatório de muitos direitos estabelecidos. As crises financeiras continuaram a desafiar o Estado do século XXI, impondo a necessidade de limitação dos gastos públicos, enquanto ainda se faziam crescentes as demandas da sociedade para o suprimento do que seus indivíduos consideravam necessidades básicas, ou "mínimo existencial", exigíveis perante o Estado.

Nos últimos anos, tem-se intensificado o debate jurídico especialmente acerca da tutela jurisdicional dos direitos sociais, por meio da qual o Poder Judiciário obriga o poder público a dar efetividade a direitos sociais previstos na Constituição. Segundo Daniel Wei Liang Wang (2008, p. 539-540), "a efetivação dos direitos sociais depende, em regra, da realização de políticas públicas por parte do Estado, o que faz com que a proteção de um direito social se dê pela ação estatal, e a violação, pela omissão do Poder Público". Essas demandas tornam controvertido e complexo o custeio desses direitos com dinheiro público, em razão da escassez de recursos, dos custos dos direitos e do princípio da reserva do possível, utilizado como parâmetro de razoabilidade para as despesas públicas.

O ambiente político e econômico assim delineado, desde o final do século XX, gestou o Estado Regulador, mediante procedimentos de desestatização que atraíram o setor privado para atuar como coadjuvante nas prestações estatais, passando a desenvolver atividades de interesse público sob a vigilância do Estado, como forma de enfrentar a crise gerencial de governos com grande e complexa máquina administrativa, com escassez de recursos públicos, ao mesmo tempo que o corpo social reclamou mais qualidade e velocidade das funções estatais.

Assim, no Brasil, como em diversos outros países que conferem proteção constitucional a direitos individuais, coletivos e sociais, revela-se um contexto crescentemente inclusivo de direitos, com base no valor da dignidade humana, imputando-se ao Estado, diretamente ou por intermédio de entes privados regulados, o dever de efetivar as mais diversas prestações. Nesse panorama, as utilidades e os serviços públicos regulados destacam-se ante a sua potencialidade de concretização de direitos fundamentais.

1.1 Conceitos iniciais necessários

Os direitos fundamentais surgem, com efeito, numa perspectiva dogmático-jurídica, como reflexo dos direitos humanos, quando reconhecidos no Direito Constitucional positivo de determinado Estado. Nesse sentido, a Constituição da República Federativa do Brasil de 1988 (BRASIL, 1988) reconhece como direitos fundamentais, além de outros, os direitos individuais, coletivos e sociais elencados nos arts. 5º e 6º, entre os quais a vida, a liberdade, a igualdade, a saúde, a alimentação, o transporte e o lazer.

Os direitos humanos, à imagem dos quais se positivam os direitos fundamentais, são inerentes à própria condição e dignidade humanas, assentados em documentos de Direito Internacional, e referem-se a posições jurídicas que se reconhecem ao ser humano, independentemente de sua vinculação com alguma ordem constitucional, com aspiração a uma validade universal, para todos os povos e tempos, de forma a revelar inequívoco caráter supranacional (SARLET, 2011, p. 29; 32).

A dignidade da pessoa humana, por sua vez, pode ser conceituada como qualidade intrínseca e distintiva de cada ser humano, que o torna merecedor do mesmo respeito e consideração por parte do Estado e da comunidade, traduzindo-se num complexo de direitos e deveres fundamentais que resguardem a pessoa de qualquer ato de cunho degradante e desumano, lhe garantam condições existenciais mínimas para uma vida saudável, propiciem e promovam sua participação ativa e corresponsável nos destinos da própria existência e da vida em comum com os outros seres humanos, observado o respeito aos demais seres que integram a rede da vida (SARLET, 2009, p. 67).

Luís Roberto Barroso (2014, p. 72) concebe a existência de um conteúdo mínimo da ideia de dignidade humana, identificado por três elementos: (1) pelo valor intrínseco de todos os seres humanos, (2) pela autonomia de cada indivíduo e (3) pela limitação por algumas restrições legítimas, que lhe são impostas em razão de valores sociais ou interesses estatais, sintetizadas pelo autor como valor comunitário.

Explicando cada elemento, quanto ao primeiro, afirma o autor que "se manifesta no imperativo categórico kantiano do homem como um fim em si mesmo, e não como um meio para a realização de metas coletivas ou de projetos pessoais de outros", e que "é o Estado que existe para o indivíduo, e não o contrário", sendo a dignidade humana um valor objetivo "que não depende de qualquer evento ou experiência e que, portanto, não pode ser concedido ou perdido, mesmo diante do comportamento mais reprovável" (BARROSO, 2014, p. 77).

Quanto ao elemento da autonomia de cada indivíduo, afirma que o advento do Estado de Bem-Estar Social levou muitos países "a incluir, na equação que resulta em verdadeira e efetiva autonomia, o direito fundamental social a condições mínimas de vida (o mínimo existencial)", sendo inerente à ideia de dignidade humana o conceito de mínimo existencial, ou mínimo social, traduzido como "o direito básico às provisões necessárias para que se viva dignamente" (BARROSO, 2014, p. 82; 84-85).

Assim, o mínimo existencial encontra-se no núcleo essencial dos direitos sociais e econômicos, exigindo o acesso a algumas prestações essenciais e a satisfação de algumas necessidades elementares, entendendo-se que "os indivíduos precisam estar além de limiares mínimos de bem-estar, sob pena de a autonomia se tornar uma mera ficção, e a verdadeira dignidade humana não existir" (BARROSO, 2014, p. 85).

O terceiro elemento da ideia de dignidade humana identificado como valor comunitário, diz o autor, enfatiza "o papel do Estado e da comunidade no estabelecimento de metas coletivas e de restrições sobre direitos e liberdades individuais em nome de certa concepção de vida boa", considerando que o indivíduo "vive dentro de si mesmo, de uma comunidade e de um Estado" e que a sua autonomia pessoal deve ser "restringida por valores, costumes e direitos de outras pessoas tão livres e iguais quanto ele, assim como pela regulação estatal coercitiva" (BARROSO, 2014, p. 87-88).

Esclarecido o conteúdo dos direitos fundamentais e visando-se a posteriormente adentrar mais particularmente no campo da potencialidade de sua concretização, passa-se ao conceito de serviços públicos, elemento basilar do tema em estudo, os quais podem ser compreendidos como as inúmeras prestações estatais, relacionando-se a ampla gama de atividades desenvolvidas por quaisquer dos poderes Legislativo, Judiciário ou Executivo, como também pelas diversas instituições públicas externas a esses poderes, como o Ministério Público e os tribunais de conta, além das prestações feitas por particulares no desempenho de funções públicas por regular delegação. Na ciência jurídica não se costuma empregar o termo "serviços públicos" com sentido unívoco, razão pela qual a análise de aspectos específicos do tema demanda uma necessária delimitação acerca do que deve ser entendido por utilidades e serviços públicos regulados, para os fins do estudo pretendido.

A clássica distinção entre atividades públicas, ou de interesse público, e privadas, ou de interesse privado, tão clara quando muito no Estado Liberal, e depois bem menos no Estado Social, dizia respeito à vida privada dos indivíduos, já não parece tão estanque no Estado do século XXI. Eros Roberto Grau (2018, p. 19), há tempos, já divisava ser equivocada a existência de uma cisão entre Estado e sociedade civil ou mercado, já que família, sociedade civil e Estado são manifestações de uma mesma realidade, a do homem associado a outros homens. Longe de constituir-se um fim em si mesmo, cada vez mais o Estado-Instrumento passa a ser entendido como um meio a serviço de sociedades organizadas em busca de resultados (MOREIRA NETO, 2018, p. 70), e o conceito de utilidades e serviços públicos não escapa à tendência, amoldando-se a essa finalidade.

Paulo Modesto (2005, p. 5), embora considerando que são nítidas as fronteiras entre o que compete como próprio ao Estado e o que compete ordinariamente aos particulares, com repercussão clara no regime jurídico da atividade em cada hipótese, propõe o fim da dicotomia na repartição entre atividades públicas e privadas, designada "modelo de soma zero", para se admitir, ao lado dos serviços públicos e dos serviços de exploração econômica, a existência de um terceiro gênero de prestação denominado serviços de relevância pública.

Assim, na classificação do autor, enquanto os chamados serviços de exploração econômica são atividades de titularidade privada, disciplinadas no art. 170 da Constituição Federal de 1988 (BRASIL, 1988), passíveis de atuação pelo poder público em situações especiais, previstas em lei ou na Constituição (arts. 173 e 177), ele confere aos serviços públicos um conceito que considera mais restrito e operativo do que a noção de serviço público havida no passado, como resposta aos desafios de uma nova realidade em constante mutação socioeconômica:

Pode-se definir serviço público, neste contexto, como a *atividade de prestação administrativa material, direta e imediatamente a cargo do Estado ou de seus delegados, posta concretamente à disposição de usuários determinados ou indeterminados, sob regime de direito público, em caráter obrigatório, igualitário e contínuo, com vistas a satisfazer necessidades coletivas, sob titularidade do Poder Público* (MODESTO, 2005, p. 17-18; 29, grifos nossos).

Quanto ao terceiro gênero de prestação, denominado serviços de relevância pública, com explícita referência nos arts. 129, inc. II, e 197 da Constituição Federal de 1988 (BRASIL, 1988), este alusivo a serviços de saúde, não exaustivos, porquanto são também consideradas desse gênero as atividades essenciais relacionadas às necessidades inadiáveis da comunidade referidas no art. 9º, §1º, da mesma Constituição, elencadas no art. 10 da Lei nº 7.783/1989 (BRASIL, 1989), tem-se que se constituem atividades privadas de interesse público, e conceituam-se assim:

São atividades de relevância pública as *atividades consideradas essenciais ou prioritárias à comunidade, não titularizadas pelo Estado, cuja regularidade, acessibilidade e disciplina transcendem necessariamente à dimensão individual, obrigando o Poder Público a controlá-las, fiscalizá-las e incentivá-las de modo particularmente intenso* (MODESTO, 2005, p. 19-23, grifos nossos).

Sem lhes estender o conceito de serviços públicos, pode-se reconhecer, quanto a essas atividades, a partir da disciplina constitucional, a existência de obrigações de regularidade, continuidade, igualdade, mesmo que desempenhadas por particulares, em face do que não podem ser consideradas atividades econômicas em sentido estrito. Assim, admitindo-se a livre atuação privada, impõe a lei que "a fiscalização e a regulação dessas atividades pelo Poder Público seja minudente e tutelar, sendo assegurado ainda o respeito a princípios constitucionais, em especial o princípio da dignidade da pessoa humana" (MODESTO, 2005, p. 21).

Importa destacar ,nessa classificação, que as atividades monopolizadas pela União na área de petróleo e gás são consideradas pelo autor como serviços de exploração econômica, ressalvada, contudo, a sua incompatibilidade com a livre iniciativa privada pela expressa restrição constitucional do art. 177, que as qualifica como monopólio público. Uma vez que o art. 10 da Lei nº 7.783/1989 elenca a produção de gás e combustíveis como atividade essencial, sujeita, portanto, à fiscalização e à regulação ostensivas, entende-se, diferentemente, que tais atividades mais bem se encontram classificadas como atividades de relevância pública, excepcionalmente titularizadas pelo Estado, por força do monopólio constitucional, mas susceptíveis à prestação por empresas estatais ou privadas contratadas pela União (art. 177, §1º).

Alexandre Santos do Aragão (2017, p. 108-128), por sua vez, após afirmar que "não há conceito certo ou errado em razão de sua menor ou maior amplitude, mas sim conceito menos ou mais operacional ou instrumental em face dos objetivos científicos visados", esclarece que a Constituição Brasileira de 1988 (BRASIL, 1988) não é precisa na utilização da nomenclatura "serviços públicos", e que, sob a perspectiva do Supremo Tribunal Federal, igualmente não há consenso sobre o sentido exato do termo.

Assim, tomando por base as diversas citações constitucionais, Aragão (2017, p. 120-124) extrai da Constituição de 1988 (BRASIL, 1988), em tese, várias concepções doutrinárias de serviços públicos: concepção amplíssima (todas as atividades exercidas pelo Estado ou, pelo menos, todo o Direito Administrativo seria serviço público), concepção ampla (serviços públicos econômicos, serviços sociais e serviços *uti universi*), concepção restrita (serviços públicos econômicos e sociais) e concepção restritíssima (serviços públicos econômicos).

Quanto à última, explica que ela se desdobra dos arts. 145, II, e 175 da Constituição Federal (BRASIL, 1988), tratando de serviços públicos específicos e divisíveis (possibilidade de identificação de quem usufrui o serviço e em qual proporção), com remuneração por taxa ou tarifa, de titularidade exclusiva do Estado e exploráveis pela iniciativa privada (art. 175) apenas mediante concessão ou permissão (ARAGÃO, 2017, p. 124).

Assim, para os fins específicos do presente estudo, objetivando-se a delimitação adequada segundo um conceito mais objetivo baseado em elemento material, estreita-se, de logo, o sentido aqui buscado, para excluir-se do conceito de utilidades e serviços públicos as atividades dos poderes Legislativo e Judiciário (como também dos órgãos constitucionais autônomos), alcançadas pelo conceito generalíssimo, deixando-o restrito às atividades do Poder Executivo de titularidade do Estado, relacionadas aos serviços públicos econômicos, prestadas por outorga à pessoa jurídica de direito privado (estatal ou particular), e às atividades executadas por particulares sob especial vigilância regulatória do Estado, em face do interesse público que lhes é peculiar, abrangidas no conceito de atividades de relevância pública, incluído o monopólio da União na área de petróleo e gás.

Dessa forma, para efeito do que deve ser entendido como "utilidades e serviços públicos" nesta obra, adota-se a concepção restritíssima

de serviços públicos (serviços públicos econômicos) e o conceito de atividades de relevância pública (utilidades públicas), com as seguintes ressalvas:
(1) por incluir os serviços públicos tributados, prestados mediante o recolhimento de taxas, e os prestados com a finalidade de lucro (tarifados), admitem-se, para os presentes fins, os tributados relativos apenas aos serviços públicos de saneamento básico, mencionados na Lei nº 11.445/2007 (BRASIL, 2007b), para os quais se admite a cobrança de taxa ou tarifa (art. 11, §2º, inciso IV, art. 12, §2º, inciso V, art. 29 e art. 35);
(2) as utilidades públicas, incluídas no estudo para uma melhor sistematização da matéria, são entendidas como as atividades econômicas de interesse público, prestadas por particulares ou por empresas em regime de monopólio estatal sob especial vigilância regulatória do Estado em face de sua reconhecida relevância pública, tais como as relacionados à saúde da população, incluindo distribuição e comercialização de medicamentos e alimentos (art. 10 da Lei nº 7.783/1989); às atividades petrolíferas monopolizadas pela União e contratadas a empresas estatais ou privadas (art. 177, §1º, da Constituição Federal); à pesquisa e à lavra de recursos minerais, observado o interesse nacional (art. 176, §1º, da Constituição Federal); e ao desenvolvimento humano, social e econômico por meio da cultura (arts. 215 e 216-A da Constituição Federal).

Em síntese, adota-se para o presente estudo, a partir das classificações apresentadas, uma concepção restritíssima de serviços públicos, segundo a sistematização de Alexandre de Aragão (2017, p. 120-124), com ressalvas, interessando ao tema os serviços públicos econômicos de titularidade exclusiva do Estado e exploráveis pela iniciativa privada (art. 175 da Constituição Federal) mediante concessão ou permissão, admitida, por equiparação do regime de exploração, a delegação legal a empresas estatais de economia mista, caracterizados como específicos e divisíveis, remunerados por tarifa ou taxa, esta, na forma da Lei nº 11.445/2007 (BRASIL, 2007b).

Ao lado dos serviços públicos, adota-se também, a partir da esquematização de Paulo Modesto (2005, p. 19-23), a noção de utilidades públicas no sentido de atividades econômicas de interesse público, prestadas por particulares sob especial vigilância regulatória estatal, incluídas excepcionalmente as atividades econômicas petrolíferas monopolizadas pela União. Nesse sentido, inclusive, é a redação do art. 1º,

§1º, da Lei nº 9.847/1999 (BRASIL, 1999b), que considera de utilidade pública o abastecimento nacional de combustíveis.

Finalmente, como último requisito delimitador, a título de elemento subjetivo do conceito adotado, tem-se em comum a atuação de agências reguladoras sobre esses serviços e utilidades públicos, constituídas sob a forma de autarquias de regime especial, dotadas, na forma da lei, de autonomia decisória, gerencial e financeira, com o exercício de mandatos fixos de seus dirigentes. Em síntese, as utilidades e os serviços públicos regulados de que trata este estudo, a par de outros prestados nas esferas municipal, estadual e distrital, consistem, no âmbito da competência regulatória da União, nas atividades referidas nas leis nº 9.427/1996 (Aneel) (BRASIL, 1996); nº 9.472/1997 (Anatel) (BRASIL, 1997a); nº 9.478/1997 (ANP) (BRASIL, 1997b); nº 9.782/1999 (Anvisa) (BRASIL, 1999a); nº 9.961/2000 (ANS) (BRASIL, 2000a); nº 9.984/2000 (ANA) (BRASIL, 2000b); nº 11.182/2005 (ANAC) (BRASIL, 2005); nº 10.233/2001 (ANTT e Antaq) (BRASIL, 2001a); nº 13.575/2017 (ANM) (BRASIL, 2017c) e na Medida Provisória nº 2.228-1/2001 (Ancine) (BRASIL, 2001b).

No rol federal, a partir da disciplina constitucional e das leis que regem as respectivas atividades, enquadram-se como agências reguladoras de serviços públicos, conforme aqui delineados, a Agência Nacional de Telecomunicações (Anatel) (art. 21, inc. XI, CF), a Agência Nacional de Energia Elétrica (Aneel) (art. 21, inc. XII, al. b, CF), a Agência Nacional de Aviação Civil (ANAC) (art. 21, inc. XII, al. c, CF), a Agência Nacional de Transportes Aquaviários (Antaq) (art. 21, inc. XII, al. d, CF), a Agência Nacional de Transportes Terrestres (ANTT) (art. 21, inc. XII, al. e, CF) e a Agência Nacional de Águas (ANA) (art. 20, inc. III, CF c/c art. 4º, inc. XIX, Lei nº 9.984/2000), regulando, respectivamente, os serviços públicos de telecomunicações, de energia elétrica, de aviação civil e de infraestrutura aeronáutica e aeroportuária, de infraestrutura de transportes aquaviário e terrestre, de irrigação e adução de água bruta.

Na qualidade de agências reguladoras de utilidades públicas, incluem-se as demais entidades referidas, quais sejam, a Agência Nacional do Petróleo, Gás Natural e Biocombustíveis (ANP) (art. 177, CF c/c art. 10, inc. I, Lei nº 7.783/1989), a Agência Nacional de Saúde Suplementar (ANS) (art. 197, CF c/c art. 10, inc. II, Lei nº 7.783/1989), a Agência Nacional de Vigilância Sanitária (Anvisa) (art. 197, CF c/c art. 10, inc. III, Lei nº 7.783/1989), a Agência Nacional do Cinema (Ancine) (arts. 215 e 216-A, CF) e a Agência Nacional de Mineração (ANM) (art. 176, §1º, CF), regulando, respectivamente, a indústria do petróleo, gás natural, seus derivados e biocombustíveis, as atividades de assistência suplementar à saúde de operadoras setoriais, a produção e a comercialização de produtos e serviços submetidos ao controle sanitário para proteção da saúde da população, a indústria cinematográfica e videofonográfica e a pesquisa e a lavra de recursos minerais.

Embora ao Conselho Administrativo de Defesa Econômica (Cade) e ao Banco Central da República do Brasil (Bacen), constituídos sob a forma autárquica, atribuam-se competências de fiscalização, normatização e mediação de conflitos relacionadas à ordem econômica e ao sistema financeiro nacional, respectivamente, sendo muitas vezes equiparados pela doutrina jurídica a agências reguladoras, excluem-se do presente estudo as atividades diretamente sob sua atuação, considerando-os simplesmente entidades afins, na medida em que se diferenciam das agências reguladoras, seja quanto a características peculiares da autonomia reforçada que a legislação em comum procura conferir às agências, notadamente o mandato fixo de seus dirigentes e a ausência de subordinação hierárquica na estrutura administrativa, no caso do Banco Central (MAZZA, 2005, p. 40-46), seja quanto à natureza transversal das atividades do Cade na tutela da concorrência como valor difuso e em qualquer setor, diferentemente do modelo regulatório de organização setorial, com recortes temáticos bem definidos que facilitam o aprofundamento em determinadas áreas do mercado.

No âmbito dos estados e municípios existem, ainda, inúmeras agências reguladoras, em geral, de serviços públicos, muitas delas multisetoriais, podendo-se incluir no rol de serviços públicos regulados os relacionados a saneamento básico (art. 23, CF c/c art. 3º, Lei nº 11.445/2007), incluindo tratamento e abastecimento de água e captação e tratamento de esgoto e resíduos sólidos, transportes coletivos intermunicipais e urbanos (art. 25, §1º, e art. 30, inc. V, CF) e distribuição de gás canalizado (art. 25, §2º, CF).

A título de sistematização desse elemento subjetivo que contribui para a delimitação do conceito de utilidades e serviços públicos regulados, de forma a aclarar a representação mental do termo, adota-se a seguinte definição: "Agências reguladoras são autarquias com autonomia qualificada frente à Administração Direta, criadas para atuar no controle, fiscalização ou fomento de determinados setores" (MAZZA, 2005, p. 39). E ainda referindo-se a uma definição de agência reguladora independente:

> É uma autarquia especial, criada por lei para intervenção estatal no domínio econômico, dotada de competência para regulação de setor específico, inclusive com poderes de natureza regulamentar e para

arbitramento de conflitos entre particulares, e sujeita a regime jurídico que assegure sua autonomia em face da Administração direta (JUSTEN FILHO, 2002, p. 344).

Nesse ponto da matéria, importa ainda estabelecer o que se entende por regulação para os fins aqui visados, já que também consiste em termo de sentido plurívoco. Para além do sentido de disciplinar ou estabelecer regras, próprio da linguagem comum, existe um conceito específico de regulação quando realizada no exercício da função administrativa. Segundo Ricardo Marcondes Martins (2011, p. 104), a função administrativa consiste essencialmente na realização de ponderações no plano concreto, com a possibilidade de editar normas jurídicas (ponderações instrumentais no plano abstrato) apenas para concretizar as ponderações constitucionais e legislativas (ponderações autônomas no plano abstrato), havendo um conceito técnico de regulação administrativa no texto constitucional, uma regulação administrativa em sentido estrito.

Assim, entendendo que o termo regulação referido no art. 174 da Constituição Federal (BRASIL, 1988) não tem o sentido de estabelecer normas abstratas, pois esse é o significado da expressão "agente normativo", Martins (2011, p. 115), para chegar a um conceito jurídico de regulação administrativa (em sentido estrito), parte de conceitos técnicos cibernético e econômico, correntes quando da promulgação do texto constitucional em 1988, segundo os quais o regulador age sobre um sistema e jamais sobre si mesmo, e, ainda, a regulação é a atuação do Estado sobre o mercado ou os agentes econômicos, ou seja, sobre os particulares e não sobre o próprio Estado.

Nessa perspectiva, Ricardo Marcondes Martins (2011, p. 300 e 359-361) sintetiza que os serviços públicos são atividades estranhas à ordem econômica, que estão fora do mercado, em razão do que não faz sentido a expressão "serviço público econômico", e, portanto, a ideia de regulação de serviços públicos seria uma contradição em termos, da mesma forma que seria a regulação de monopólios estatais. Além disso, afirma que também é um meio de exercício da função reguladora a exploração direta de atividade econômica, hipótese em que a regulação se daria "por participação". Baseado nessas conclusões, a partir do texto constitucional vigente, enuncia o seu conceito de regulação administrativa:

(...) consiste na *intervenção* da Administração na *atividade econômica dos particulares* mediante *direção* (regulação por *ordenação*), *indução* (regulação por *fomento*) ou *participação* (regulação por *exploração direta*), sempre que possível de forma *planejada*, por meio da edição de *normas concretas*, com a finalidade de obter *equidade* ou *eficiência econômica* ou de *tutelar* os bens jurídicos justificantes da especialidade das atividades privadas sob regime especial (MARTINS, 2011, p. 135-136, grifos do original).

Discorrendo sobre os debates verificados quando da elaboração da Constituição econômica do texto de 1988, Filomeno Moraes (2011, p. 197) conclui que "a atividade econômica em nosso país foi objeto de uma minuciosa e responsável reflexão onde a soberania nacional e o compromisso com o futuro ditaram os rumos de uma estruturação racional, lógica e condizente com as necessidades do momento". Naquela ocasião, muito se discutiu sobre o papel do Estado no domínio econômico e sua atividade reguladora, obtendo-se, ao final, uma constituição dirigente, com a ordem econômica fundada na livre iniciativa e pautada pelo princípio da livre concorrência, dotando-se, contudo, o Estado de mecanismos interventivos para proporcionar o bem-estar e a distribuição de benefícios, já que, conforme os ditames da justiça social (art. 170, FC), havia também outros princípios a serem observados (MORAES, 2011, p. 236).

Dado o grau de heterogeneidade dos Constituintes, os acordos entre grupos ideologicamente adversários no processo decisório constituinte de 1987/1988 acabavam por deixar para o futuro as decisões de questões sobre as quais não se pudesse alcançar, de logo, o consenso (MORAES, 2011, p. 193). Assim, muito ficou por ser definido acerca da essência desse Estado Regulador, que aos poucos foi se configurando conforme a dinâmica política, econômica e social dos anos vindouros.

Dessa forma, em 1995, a Emenda Constitucional nº 8 (BRASIL, 1995a) estatuiu a criação de um órgão regulador do serviço público de telecomunicações (art. 21, inc. XI, CF), e, logo após, a Emenda Constitucional nº 9 (BRASIL, 1995b) instituiu a criação de um órgão regulador do monopólio da União (art. 177, §2º, inc. III, CF) sobre as atividades econômicas de petróleo e gás, entes públicos que, concebidos conforme a racionalidade da reforma administrativa brasileira operacionalizada na década de 1990, segundo as leis nº 8.031/1990 (BRASIL, 1990) e nº 9.491/1997 (BRASIL, 1997c), deram origem à Anatel e à ANP, respectivamente.

Com efeito, para os objetivos visados no presente estudo, de logo, afasta-se a concepção de regulação que a restringe à atuação da administração unicamente sobre atividades próprias de particulares, com a exclusão daquelas de titularidade do ente estatal, porque implicaria relegar à conta de equívocos legislativos as escolhas políticas constitucionalizadas na década de 1990 e todo o arcabouço normativo gerado ao longo de mais de 20 anos no Direito brasileiro, que disciplinou as atividades das agências reguladoras no país, atribuindo-lhes competências regulatórias sobre atividades econômicas de titularidade tanto pública quanto privada.

Nesse sentido, aliás, são as disposições originais do art. 174 da Constituição Federal de 1988, que qualifica o Estado como agente normativo e regulador da atividade econômica, termo que inclui, por disposição topográfica e interpretação sistemática, a regulação dos serviços públicos, na forma do art. 175 seguinte, já que disciplinados constitucionalmente no mesmo Título VII, "Da Ordem Econômica e Financeira", em seu Capítulo I, "Dos Princípios Gerais da Atividade Econômica".

Endossa esse entendimento Eros Roberto Grau (2018, p. 298), que, ao examinar o referido dispositivo constitucional (art. 174, CF), conclui que o "Estado – União, Estados-membros e Municípios – há de atuar dispondo sobre e regulando a atividade econômica, expressão aqui tomada em sentido amplo", explicando que atividade econômica, em sentido amplo, conota gênero, do qual são espécies o serviço público e a atividade econômica, em sentido estrito (GRAU, 2018, p. 98-99).

Além disso, embora o autor opte por designar "intervenção" no âmbito econômico apenas a ingerência do Estado nas atividades econômicas em sentido estrito (área de titularidade do setor privado), ou seja, assume que o Estado não pratica "intervenção" quando presta serviço público ou regula a prestação de serviço público (atua em domínio econômico a si próprio reservado), utiliza a expressão "atuação" no domínio econômico quando se refere às práticas do Estado junto a atividades econômicas em sentido amplo (GRAU, 2018, p. 83-84). Essa nomenclatura adotada pelo autor em nada contradiz a possibilidade de regulação de serviços públicos, na condição de "atuação" do Estado no domínio econômico, mas desconsidera o fato de que nessa circunstância, a "intervenção" se deu previamente, no momento em que o Constituinte elegeu determinadas atividades de natureza econômica como serviços públicos.

Afasta-se também, segundo a doutrina majoritária, a ideia de regulação por participação, segundo a qual a exploração direta de atividade econômica seria um meio de exercício da função reguladora. Embora se constitua forma de intervenção no domínio econômico, a exploração direta não se coaduna com o conceito de regulação em sentido estrito, na medida em que o instituto da regulação passou a ocupar significativo espaço político e jurídico justamente com a gradativa retirada do Estado do cenário econômico, com a desestatização das prestadoras de serviço público e mesmo com a submissão das empresas estatais remanescentes a padrões de eficiência regulatória ditados por entidades dotadas de autonomia em face da administração direta.

Nesse sentido, excluindo a acepção de que a regulação abrangeria todas as formas de intervenção do Estado na economia, Clarissa Sampaio (2005, p. 21) afirma que "a regulação vem exatamente se contrapor à ideia de gestão direta de atividades econômicas", entendendo ser a atividade de regulação, em linhas gerais, o que segue:

> (...) uma forma específica de intervenção na ordem econômica, de modo que o Estado não assume, diretamente, o exercício de atividades econômicas, mas na qualidade de agente externo, usa meios normativos, atos administrativos concretos, técnicas consensuais e informativas para condicionar o comportamento dos agentes econômicos, no sentido de assegurar a regularidade do mercado, a garantia da livre concorrência e ainda a defesa de outros interesses consagrados pela ordem jurídica constitucional e que poderiam ser afetados pelo livre e irrestrito desenvolvimento de dada atividade (BRASIL, 1988, p. 19-20).

E na perspectiva dos serviços públicos, Sampaio (2005, p. 29) pondera que justamente a retirada do Estado da prestação direta desses serviços fez surgir, para ele próprio, novas obrigações, notadamente consubstanciadas na regulação, que têm a função de evitar prejuízos causados aos usuários na qualidade dos serviços públicos, em decorrência da mudança do prestador, como também de criar condições para o bom funcionamento do mercado, pela correção de possíveis falhas.

Como afirma Eros Roberto Grau (2018, p. 83), as classificações não são verdadeiras ou falsas, mas úteis ou inúteis para a apresentação ou representação de determinado objeto, de forma a torná-lo compreensível conforme os aspectos que se queira indicar. Assim, em síntese, sem prejuízo da coesão legislativa e segundo uma racionalidade doutrinária, pode-se sistematizar a atuação do Estado no domínio econômico segundo duas vias: (1) a via subsidiária direta, na qual funciona como empreendedor e prestador de serviços públicos por meio de empresas estatais, algumas com a participação de capital privado, conforme os imperativos da segurança nacional ou relevante interesse coletivo (art. 173 da Constituição Federal); e (2) a via indireta, em que funciona na qualidade de agente normativo e regulador da atividade econômica (art. 174 da Constituição Federal), situação que o qualifica como "Estado Regulador" em sentido amplo, na acepção da atual Constituição da República do Brasil.

Na via indireta, pode-se constatar a existência de três camadas na atuação estatal, crescentemente inclusivas: (1ª) a camada da indução, que pode ser chamada de fomento ou *nudge*, como conhecida na literatura estrangeira, é a forma mais suave de atuação, pela qual o Estado busca influenciar o comportamento dos agentes econômicos sem recorrer ao aparato normativo coercitivo; (2ª) a camada da regulamentação, por meio da qual o Estado impõe regras de conduta aos agentes econômicos, utilizando-se de normas em sentido amplo (marcos legais, decretos, resoluções, p. e.), de natureza coercitiva, sob fiscalização dos entes públicos competentes; e (3ª) a camada da regulação propriamente dita, por meio da qual condiciona de forma mais abrangente a atuação de agentes privados, no campo das utilidades e dos serviços públicos (delegatários), inclusive empresas estatais prestadoras de serviços públicos e detentoras de monopólio.

Relevante mencionar a existência de jurisprudência do Supremo Tribunal Federal estabelecendo algumas distinções entre empresas estatais prestadoras de serviço público e empresas estatais que desenvolvem atividade econômica em sentido estrito, de forma que somente as últimas estariam sujeitas ao regime jurídico próprio das empresas privadas (BRASIL, 2016j, p. 1345). Não obstante, é oportuno e contundente observar-se que as sociedades de economia mista, mesmo na qualidade de prestadoras de serviço público, possuem regime jurídico de Direito Privado e desenvolvem atividade econômica em sentido amplo, sem renunciar ao seu objetivo de lucro, até porque delas participam, como sócias, pessoas privadas. Tal constatação se mostra suficiente para justificar a incidência de regulação sobre essas empresas estatais, nos casos em que a legislação especifica, segundo a política pública definida para determinados setores sujeitos à atuação das agências reguladoras.

A camada da regulação se utiliza da indução e da regulamentação, agregando peculiaridades necessárias ao monitoramento de determinados setores econômicos, segundo um processo (dinâmico) de acompanhamento e controle realizado por agências reguladoras, que reúnem atribuições de execução de políticas públicas e fiscalização, normatização e resolução de conflitos, e que devem possuir quadro técnico especializado, agir com independência decisória ante a pressões externas do governo, da sociedade e do mercado, sem prejuízo da viabilização, nos procedimentos deliberativos, da participação colaborativa dos interessados, da atuação com agilidade na atualização de normas técnicas setoriais para acompanhar as rápidas transformações do mercado, do zelo pela sustentabilidade dos agentes econômicos, pela eficiência do mercado e pela segurança e satisfação da sociedade.

Dessa forma, se antes o Estado-Providência atraía para si a quase exclusividade de realização do bem comum, por acreditar no egoísmo intrínseco a toda atividade privada e na preponderância do individualismo na formação da riqueza, o Estado Regulador contemporâneo rendeu-se à impossibilidade de realização dos valores fundamentais demandados pela sociedade sem a participação da iniciativa privada. Mais que isso, "reconhece-se como desejável a substituição do Estado--Prestador pelo Estado-Regulador dos serviços públicos", remetendo-se à iniciativa privada os serviços públicos que possam ser organizados segundo os padrões da racionalidade econômica. O Direito reconhecido pelo Estado ao exercício de certas atividades corresponde, todavia, a deveres e encargos para os particulares (JUSTEN FILHO, 2002, p. 20-24). Assim, atores públicos e privados reúnem-se visando a uma relação de simbiose, de forma que a atuação do Estado possa promover o desejável funcionamento do mercado e gerar riquezas que tenham também fins coletivos, políticos e sociais.

Nesses termos, havendo-se restringido a amplitude do objeto de estudo mediante um corte epistemológico no conceito de "utilidades e serviços públicos regulados", e justificado o uso da expressão na perspectiva do Direito brasileiro, especialmente a partir do que dispõe a Constituição Federal de 1988 (BRASIL, 1988), prossegue-se com a demonstração da importância do tema.

1.2 Relevância das utilidades e dos serviços públicos regulados no Estado moderno: síntese histórica

Estruturado o tema a partir das necessárias conceituações e delimitações, remonta-se ao Estado Liberal, cujas Constituições se alheavam ao disciplinamento das relações sociais, pressupondo a sociedade como uma aglomeração de indivíduos e não de grupos, à míngua de uma consciência coletiva. As Constituições liberais detinham-se com as balizas estruturantes do Estado, seus poderes e competências, "proclamando na relação indivíduo-Estado a essência dos direitos fundamentais relativos à capacidade civil e política dos governados, os chamados direitos da liberdade" (BONAVIDES, 2019, p. 233).

O Estado Liberal, ou Estado Abstencionista, sob o comando da burguesia, distanciava-se da vida social, econômica e religiosa dos indivíduos, para garantir a independência da sociedade ante as injunções do Estado, cabendo-lhe um mínimo de funções (MEDAUAR, 2018, p. 25). Esse distanciamento não impediu, no entanto, que já no Estado Liberal se concebesse um conceito de constituição econômica:

> Durante o liberalismo, a visão predominante era a da existência de uma ordem econômica natural, fora das esferas jurídicas e política, que em tese, não precisaria ser garantida pela Constituição. No entanto, todas as Constituições liberais possuíam disposições econômicas em seus textos. A Constituição Econômica liberal existia para sancionar o existente, garantindo os fundamentos do sistema econômico liberal, ao prever dispositivos que preservavam a liberdade de comércio, a liberdade de indústria, a liberdade contratual e, fundamentalmente, o direito de propriedade (BERCOVICI, 2005, p. 32).

Dessa forma, como negação e resistência revolucionária ao poder outrora absoluto dos monarcas, o constitucionalismo era instrumento da organização e da contenção dos poderes do Estado moderno, garantindo, assim, o direito de propriedade e segurança jurídica aos indivíduos, "com a exigência de livre disposição dos bens e da liberdade de troca que assinala o nascimento e o desenvolvimento da sociedade mercantil burguesa" (BOBBIO, 2005, p. 22), sem qualquer preocupação com potenciais ditames de uma justiça social.

A Revolução Francesa apregoava o reconhecimento dos direitos do homem e do cidadão com promessas de dignidade em escala universal, de forma a cativar adeptos de muitas nacionalidades, formando as bases do Estado Liberal por vários países. No Brasil, o culto à liberdade difundiu-se no século XIX nas manifestações nacionais, nas vertentes de liberdade política em relação à metrópole, de liberdade civil ou individual com garantias constitucionais, de liberdade de pensar e de comunicar os pensamentos (liberdade de imprensa), entre as chamadas grandes liberdades (NEVES, 2003, p. 142-143). A influência do liberalismo clássico no Brasil verificou-se conforme as peculiaridades da nação, do seu povo e da sua história, retratando-se, em alguma medida, na abolição escravista, na forma republicana e na organização federativa, entre tantos outros temas que efervesciam os debates políticos nacionais.

Assim, por influência do liberalismo doutrinário e institucional francês, inaugurou-se, nas décadas iniciais do século XIX, a primeira fase do constitucionalismo brasileiro, contra o sistema colonial e a política opressiva das cortes de Lisboa. Nesse passo, em 24 de março de 1824, foi outorgada a primeira Constituição brasileira, considerada moderadamente liberal, na qual se introduziu a figura do Poder Moderador, com traços absolutistas de supremacia do Poder Executivo, notadamente no título Quinto, referente aos poderes e prerrogativas do imperador, mas logrando efetivar, ainda que parcialmente, durante a sua longa vigência, o programa do Estado Liberal (BONAVIDES, 2018, p. 79; 108-111).

É de se destacar o elenco de garantias conferidas pela Constituição de 1824 (BRASIL, 1824) aos direitos civis e políticos dos cidadãos brasileiros (art. 179), adotando por bases a liberdade, a segurança individual e a propriedade, assegurando legalidade, igualdade de tratamento, liberdade de imprensa, liberdade religiosa, liberdade de ir e vir, inviolabilidade de domicílio, devido processo legal, vedação de penas cruéis, direito pleno de propriedade, liberdade de profissão (trabalho, cultura, indústria ou comércio), segredo de correspondências, entre tantos outros direitos.

Naturalmente, como pertenciam à burguesia os eleitores existentes na época, cidadãos que possuíam uma determinada renda, atuava o Estado na proteção dos interesses burgueses, cuidando da infraestrutura necessária ao progresso dos seus negócios, tais como estradas, meios de transporte e de comunicação e desapropriações para a instalação de redes de distribuição de energia elétrica (ARAGÃO, 2017, p. 41). Vê-se, mesmo no chamado Estado Abstencionista, a sua penetração na esfera econômica pela ampliação do escopo dos serviços públicos, implicando na ideia de que o próprio modo de produção capitalista dependia da ação estatal também nessa área (GRAU, 2018, p. 23).

Era a busca do desenvolvimento a justificar a aliança entre o setor privado (burguesia) e o setor público, com o Estado suprindo as insuficiências do sistema liberal. De fato, o Estado precisou fazer sua parte para a existência do capitalismo, atuando vigorosamente na atividade econômica, na área dos serviços públicos, a desempenhar notadamente a "função de integração capitalista como prestador do serviço de transporte público de carga", que levou à constituição dos sistemas públicos de transportes ferroviário e marítimo (GRAU, 2018, p. 23-25).

Considerada a teoria liberal, a construção das infraestruturas e sua exploração econômica, entre aquedutos, pontes, ferrovias, produção e distribuição de eletricidade, telégrafo e telefonia, eram atividades a serem atribuídas, contudo, à iniciativa privada, dado o seu potencial lucrativo. Com o avanço tecnológico, a modernização da vida e inúmeras novas necessidades de consumo relacionadas a ferrovias, rodovias, eletricidade, gás e telefone, a ação policial do Estado, por meio da qual se fazia a regulamentação das atividades privadas via instrumentos puramente jurídicos, passou a ser insuficiente para controlar sua eficaz realização, culminando com a retirada dessas atividades do domínio da liberdade econômica para figurarem como titularidade do Estado, por interesse público (ARAGÃO, 2017, p. 43).

Embora os sistemas de comunicações e transportes, notadamente, estivessem relacionados com as atribuições estatais de defesa nacional, o que poderia justificar a intervenção do Estado sobre esses serviços, inclusive realizando-se desapropriações (MOREIRA, 2010, p. 117), surgiram dificuldades práticas e jurídico-ideológicas com a necessidade dessa mudança de titularidade das atividades privadas por natureza na doutrina liberal, que passaram à condição de serviços públicos.

Tais embaraços foram contornados com artifícios teóricos construídos a partir do Direito Administrativo e do Direito Civil: a inaptidão empresarial do Estado foi solucionada pela técnica da concessão dos serviços, para que a sua prestação fosse feita por empresas privadas; a titularidade de atividades econômicas pelo Estado foi juridicamente apoiada na ideia, transportada das noções de propriedade imobiliária e de acessão, de que, sendo a maioria dos serviços econômicos realizados sobre bens imóveis de propriedade pública, tais como ruas, estradas e águas, o Estado poderia regular os serviços e atividades prestados sobre seus imóveis (ARAGÃO, 2017, p. 43).

Depois de oficialmente extinto o sistema servil na organização política, social e econômica do país, em parte por "desaprovação ostensiva e sistemática das 'desumanidades' dos senhores ou de seus prepostos", convertendo-se a desaprovação à violência "em defesa da condição humana do escravo ou do liberto", mas também como bandeira de uma 'revolução social dos "brancos" e para os "brancos", numa sociedade que procurava expandir internamente a economia de mercado (FERNANDES, 2006, p. 35-36), restavam ainda os anseios libertários em torno da instituição de uma República Federativa no Brasil.

Com efeito, o fim do Poder Moderador na Constituição de 1891 (BRASIL, 1891), com o advento da República pretendida, encerrou o último traço absolutista institucionalizado no Brasil. A autonomia conferida às províncias, transformadas a partir de então em Estados, introduziu, todavia, um poder deletério ao desenvolvimento da sociedade brasileira, exercido pelas oligarquias estaduais, que passaram a dominar a vida política do país, privilegiando interesses privados em seu próprio benefício (patrimonialismo), de forma a conduzir a nação à estagnação econômica e social.

Segundo Amaro Cavalcanti (1983, p. 326-327; 340), juntamente com as muitas mentiras oficiais, com os erros e excessos políticos, a "enfeudação de oligarquias" era um dos maiores males da história republicana. Nesse período, caracterizado pela desorganização dos serviços públicos locais, a estrada, o telégrafo, a ferrovia, a luz elétrica, a rede de esgotos, a água encanada eram utilidades públicas que dependiam do esforço pessoal do chefe político local (coronel), cujos empenho e prestígio político, por vezes contribuições pessoais e de amigos, retroalimentavam um sistema de liderança vinculado a votos eleitorais amealhados no interesse do coronel e de seus correligionários, na medida em que supria as necessidades da população local, muitas vezes mediante favores pessoais (LEAL, 2012, p. 58). A República demandava, assim, novas transformações que pudessem viabilizar o desenvolvimento nacional.

A crise das aspirações libertárias no Brasil fez parte de uma ruína iniciada na Europa no final do século XIX, como resultado de transformações econômicas e sociais que modificaram o panorama político global. A liberdade civil estruturante do Estado Liberal, à revelia de padrões de justiça social, descuidou-se da classe proletariada em ascensão, permitindo trabalhos realizados sob condições desumanas e alijando cidadãos do acesso à saúde, ao lazer, à educação, à moradia, à segurança, aos bens e aos serviços de utilidade pública, em plena era industrial, o que também contribuiu para a progressiva substituição da força de trabalho humana pelas máquinas, agravando a situação de miséria nas favelas industriais. Esse período também se caracterizou pela expressiva concentração do capital, com o surgimento de grandes empresas e monopólios, em prejuízo da livre concorrência (MOREIRA, 2010, p. 124).

A igualdade perante a lei, base do liberalismo, avançou em seu aspecto apenas formal, ensejando questionamentos acerca do papel do Estado na organização da sociedade e da necessidade de sua intervenção como fator de equilíbrio econômico e social, diante da crise do capitalismo liberal no final daquele século. Surgiram, então, sistemas políticos ultra-autoritários (comunismo, nazismo e fascismo) em alguns países, e outros optaram por fórmulas sociais moderadas.

Sob a influência de teóricos socialistas e também capitalistas, estes convencidos da necessidade de uma atuação estatal mais distributiva da justiça social, construiu-se o Estado Social, interventor, empresário, assistencial e protetivo dos hipossuficientes, tornando-se, especialmente nas crises pós-guerras, abastecedor e regulador do mercado. Nesse panorama, vieram as primeiras constituições sociais, com capítulo destinado à ordem econômica e social: a Constituição do México, de 1917, e a Constituição de Weimar, de 1919 (MOREIRA, 2010, p. 124).

Com o fim do voto censitário e a ampliação do eleitorado, a incluir os cidadãos de todas as classes sociais por meio do sufrágio universal, o Direito e as Constituições passaram a visar às finalidades sociais concretas e às atividades econômicas titularizadas pelo Estado, tais como energia, telefonia e fornecimento de água; voltaram-se para os interesses de todas as camadas sociais, além de constituírem interesses estratégicos nacionais, cuja responsabilidade estatal passou a ser estabelecida constitucionalmente em vários países (ARAGÃO, 2017, p. 44-45).

Se por um lado a influência do liberalismo no Brasil contribuíra, em meio a complexas forças políticas, para libertar a colônia do jugo português, inaugurar o constitucionalismo nacional, abolir a escravidão negra, implantar a república e a Federação, também confluiu para os desequilíbrios políticos que conduziram o país à estagnação econômica e social, pela rarefação do poder político e ascendência dos "coronéis", que exerciam as funções do Estado em relação aos seus dependentes locais. Com a evolução e a propagação dos meios de transporte e de comunicação, contudo, deu-se a progressiva redução desse poderio privado, na medida em que se reduziam tempo e distância dos centros urbanos mais desenvolvidos (LEAL, 2012, p. 62).

Um novo arranjo político teve sua origem na Revolução de 1930, a qual, segundo Carolina Mota (2010, p. 311), "representou o rompimento com a política das oligarquias, notadamente dos estados de São Paulo e Minas Gerais, que se alternavam no poder desde o início da República". Após esse movimento, já a Constituição de 1934 é considerada por André Ramos Tavares (2017, p. 721-722) o principal instrumento jurídico brasileiro de internalização dos preceitos sociais insculpidos na Constituição mexicana, de 1917, inaugurando uma nova etapa no constitucionalismo brasileiro de democracia social e econômica.

Pressupostos liberais importantes sucumbiram no Brasil particularmente ante as reformas do Estado Novo, o qual acompanhava a tendência mundial dos Estados-Providência do século XX, oferecendo instrumentos e ações públicas voltadas para o desenvolvimento e bem-estar social. Como um imperativo de salvação nacional, trazendo em seu preâmbulo os propósitos de atender às aspirações do povo brasileiro, à paz política e social, institucionalizou-se o Estado Social (CAMPOS,

2001, p. 39), com a outorga da Constituição de 1937 por Getúlio Vargas, que divisava, então, ameaças à unidade nacional e a iminente decomposição das instituições civis e políticas do país (PORTO, 2001, p. 69). Na acepção democrática de Francisco Campos, reconhecido como o principal autor do texto constitucional (PORTO, 2001, p. 17), no sentido inverso do que resultou a política liberal, traçava-se uma diretriz inclusiva ao novo Estado Nacional:

> O problema constitucional não é mais o de como prender e obstar o poder, mas o de criar-lhe novos deveres, e aos indivíduos novos direitos. O poder deixa de ser o inimigo, para ser o servidor, e o cidadão deixa de ser o homem livre, ou o homem em revolta contra o poder, para ser o titular de novos direitos, positivos e concretos, que lhe garantam uma justa participação nos bens da civilização e da cultura (CAMPOS, 2001, p. 57-58).

A prática política do Estado Novo não refletiu, contudo, os preceitos constitucionais que Francisco Campos procurara imprimir à marcha democrática, vindo ele mesmo a criticar, mais tarde, a condução do governo de Getúlio Vargas, afirmando não ter tido vigência a Constituição de 1937, a qual teria permanecido "em suspenso desde o dia de sua outorga" (PORTO, 2001, p. 17). Sob os auspícios do ditador, portanto, foi inaugurado o Estado Social brasileiro, iniciando-se um grande processo de estatização da prestação dos serviços públicos, na medida em que o nacionalismo reinante inspirava desconfiança nas multinacionais então delegatárias dos serviços públicos e instalavam-se conflitos com essas prestadoras, inclusive sobre os critérios de reajuste tarifário (ARAGÃO, 2017, p. 63).

Nessa época deu-se a nacionalização do subsolo, com a assunção pelo Estado do controle sobre os recursos minerais do país, mediante grandes modificações introduzidas pelo Código de Minas de 1934 e o disciplinamento de outras riquezas naturais, como o Código de Águas, do mesmo ano, que trouxe inovações importantes para o setor hidrelétrico e depois também para o setor termelétrico. Em 1942 foi constituída a Companhia Vale do Rio Doce, uma estatal de economia mista, para explorar e exportar o minério de ferro, e em 1945 foi criada a primeira empresa de eletricidade do governo federal, a Companhia Hidrelétrica do São Francisco (CHESF) (FADEL, 2009, p. 10-11).

Posteriormente, ao longo da década de 1950, empresas distribuidoras de energia elétrica foram criadas por praticamente todos os Estados (FADEL, 2009, p. 11). Em 1953, Getúlio Vargas sancionou a lei que instituiu a política nacional do petróleo, o monopólio estatal do petróleo no país e autorizou a criação da Petrobras, como sociedade de economia mista, albergando em sua estrutura interesses públicos e privados, em torno do recurso energético considerado estratégico para consolidar a industrialização brasileira (BERCOVICI, 2010, p. 81-84; 101; 144-148).

Getúlio Vargas promoveu a nacionalização de indústrias e um rigoroso controle dos serviços de utilidade pública, entendendo que a indústria do ferro, com a qual se forjaria a aparelhagem dos transportes, o aproveitamento das quedas d'água, transformadas em energia que ilumina e alimenta a indústria, as redes ferroviárias de comunicação interna, por onde escoava a produção e se movimentavam os exércitos, por sua vinculação à defesa nacional, não deveriam ser alienados ou concedidos a estranhos, mas mantidos sob propriedade e domínio do Estado (FAORO, 2001, p. 802-803).

Esse modelo estatizante na área de utilidades e serviços públicos foi mantido e ampliado durante o regime militar instalado no país em 1964 (ARAGÃO, 2017, p. 67). Gilberto Bercovici (2010, p. 160-161) ressalva, contudo, que no período da intervenção militar houve favorecimento do capital privado estrangeiro, com a abertura da exploração e a política de exportação dos recursos minerais, mediante a concessão da utilização da Rede Ferroviária Federal e a ampliação da rede portuária, além de terem sido revertidas as expropriações das refinarias de petróleo privadas feitas durante a presidência de João Goulart. Não obstante, verificou-se em 1967 a constitucionalização do monopólio estatal do petróleo. Em 1973 foi criada a Itaipu Binacional por tratado celebrado entre os governos do Brasil e do Paraguai, considerada a maior hidrelétrica do mundo, ampliando-se significativamente a capacidade de geração energética do país. Na década de 1970 ocorreram inovações importantes para o planejamento e a operação do setor, que convergiram para uma melhor qualidade do serviço (FADEL, 2009, p. 14).

O movimento mundial de desestatizações, privatizações e liberalizações iniciado na década de 1980, notadamente motivado pelo *déficit* público e pela ideia de ineficiência do setor público, traduziu o esgotamento do modelo de prestação de serviços públicos pelo Estado. O Brasil, após o desenvolvimento econômico verificado desde a década de 1930 até a década de 1970, viu-se como os demais países latino-americanos, sem condições de financiar serviços públicos e infraestruturas para corresponder às demandas sociais crescentes. Essa situação foi em grande parte causada pela compressão dos preços e tarifas cobradas pelas empresas públicas e sociedades de economia mista, utilizadas para fins de políticas macroeconômicas, especialmente para o controle inflacionário, e pela "utilização dessas empresas para efetuar operações de financiamento" quando a própria União já esgotava sua capacidade de endividamento (ARAGÃO, 2017, p. 67-69).

A forte conotação social da Constituição de 1988 (BRASIL, 1988), contudo, fez-se notar no disciplinamento da ordem econômica, especialmente na proteção ao trabalho (art. 1º, inc. IV; art. 5º, inc. XIII; arts. 6º, 7º e 8º; art. 174), na função social da propriedade (art. 5º, inc. XXIII; art. 170, inc. III; art. 182, §2º; art. 184; art. 185, parágrafo único; art. 186) e na sedimentação do Estado como agente normativo e regulador da atividade econômica (art. 174). O liberalismo, por outro lado, mantém seus traços no constitucionalismo brasileiro, com ampla proteção às liberdades do indivíduo e valorização em especial da livre iniciativa, traduzindo-se nessa mescla liberal-social política o desafio incessante de realização substancial dos direitos humanos, por meio de novas formas de organização estatal, uma vez inoculado no propósito das nações democráticas o germe da busca de concretização dos direitos fundamentais individuais, coletivos, sociais e políticos.

1.3 Relevância das utilidades e dos serviços públicos regulados no Direito

Feita essa síntese histórica, em que já se pode verificar a importância de certas atividades de interesse público relacionadas ao objeto desse estudo na estruturação e no desenvolvimento do Estado moderno, destacadamente do Estado brasileiro, passa-se a contextualizar as utilidades e os serviços públicos regulados na contemporaneidade como meios de concretização de direitos fundamentais, a partir do que se verifica na legislação, na jurisprudência e na doutrina colacionadas sobre o tema, em âmbito nacional e internacional.

A começar pelo ordenamento jurídico brasileiro, dentre esses serviços, vale destacar aqueles considerados essenciais, qualificados com base na Lei nº 7.783/1989 (BRASIL, 1989), chamada Lei de Greve, que, em seu art. 10, elenca os serviços ou atividades assim considerados, cuja paralização pode comprometer o atendimento das necessidades inadiáveis da comunidade (art. 11). Com o objetivo de manter aderência à delimitação acima efetuada, extrai-se do rol do art. 10 da Lei nº 7.783/1989, de maneira a destacar a sua relevância reconhecida pelo

Direito brasileiro, as utilidades e os serviços públicos de tratamento e abastecimento de água, distribuição de energia elétrica, gás e combustíveis, assistência médica e hospitalar, distribuição e comercialização de medicamentos e alimentos, transporte coletivo, captação e tratamento de esgoto e lixo, telecomunicações e controle de tráfego aéreo.

Nesse sentido, analisada a jurisprudência nacional, cabe referência à decisão proferida pela Segunda Turma do Superior Tribunal de Justiça (STJ) no julgamento do Recurso Especial nº 1.245.812/RS (BRASIL, 2011), que conferiu amparo jurídico à continuidade do fornecimento dos serviços públicos de distribuição de água e de energia elétrica, mesmo em face da existência de débito da usuária junto às empresas prestadoras dos serviços,[1] reconhecendo a essencialidade dessas prestações e a potencialidade de comprometer-se, pela sua interrupção, necessidades inadiáveis de usuários em condições equivalentes à beneficiária da decisão.

Prestigiando o princípio da dignidade da pessoa humana, o julgado concedeu proteção aos direitos fundamentais à saúde e à integridade física, conforme os arts. 6º e 196 da Constituição Federal, de usuária dos serviços públicos portadora do vírus HIV, inadimplente com as concessionárias, que necessitava do suprimento de energia elétrica para refrigerar seus medicamentos e de água potável para suas necessidades básicas potencializadas pela doença. Prevaleceu, com efeito, a ideia de que é possível o rateio entre os demais usuários de serviços públicos dos gastos excedentes para a proteção dos direitos fundamentais de terceiro, na forma de eventual aumento de tarifa, observado o limite do razoável (LOPES; LIMA, 2018, p. 93). Nesses termos se traduz o excerto da ementa:

> A interrupção da prestação, ainda que decorrente de inadimplemento, só é legítima se não afetar o direito à saúde e à integridade física do usuário. Seria inversão da ordem constitucional conferir maior proteção ao direito de crédito da concessionária que aos direitos fundamentais à saúde e à integridade física do consumidor. Precedente do STJ (BRASIL, 2011, p. 1).

Por parte da doutrina, Alexandre Aragão (2017, p. 401-402) afirma que o "fundamento último da qualificação jurídica de determinada

---

[1] Esse julgado foi analisado em detalhes no artigo de Ana Maria D'Ávila Lopes e Gislene Rocha de Lima, "A aplicação do princípio da reserva do possível às empresas privadas delegatárias prestadoras de serviços públicos essenciais" (2018).

atividade como serviço público é ser pressuposto da coesão social e geográfica de determinado país e da dignidade dos seus cidadãos". Esclarece, ainda, que os serviços públicos são prestações estatais, as quais, em determinada cultura, conferem às pessoas aquele mínimo que se requer para a adequada viabilização de suas vidas. E essa viabilização se aperfeiçoa segundo um entendimento unitário do regime dos direitos fundamentais das diferentes gerações, vale dizer, não se goza da liberdade de ir e vir, dos direitos à livre expressão e à vida e à saúde, se não houver, em correspondência, um serviço de transportes adequado, o acesso efetivo às telecomunicações do mundo digital ou mesmo a possibilidade de consumir-se água potável e disponibilizar-se de um sistema eficiente de esgotamento sanitário (MOREIRA, 2010, p. 131).

Élie Cohen e Claude Henry (1997, p. 12) mencionam que, embora não se possa qualificar diretamente o acesso aos serviços públicos como um direito fundamental, os serviços públicos são indispensáveis à efetivação de alguns direitos fundamentais, tal como a liberdade, a qual depende da capacidade das pessoas de funcionarem na sociedade, mediante o acesso a certos serviços e bens específicos. Acrescentam que o acesso aos serviços públicos, além de conferir ao indivíduo a capacidade de funcionar na sociedade, são um fator de identidade que contribui para o sentimento de pertencer a uma comunidade, reforçando a coesão econômica e social de uma coletividade (COHEN; HENRY, 1997, p. 12).

Vital Moreira (2009, p. 4-5; 11), após historiar como o Estado de serviços públicos do século XX assumiu a responsabilidade na organização e no fornecimento de bens e serviços aos particulares, frequentemente prestando-os à revelia da iniciativa privada, do mercado e da concorrência, esclarece que não existe um elenco natural de serviços públicos, podendo-se verificar diferenças entre os países, conforme as respectivas história e geografia, razão pela qual lhes compete a definição dos serviços públicos e os modos de assegurar a sua prestação.

Atualmente balizados por princípios da economia de mercado e da concorrência, crescentemente delegados a concessionárias privadas, mesmo quando sob a responsabilidade do Estado, os chamados serviços de interesse econômico geral (SIEG), disciplinados no âmbito da União Europeia, entre eles telecomunicações, eletricidade, gás natural, transportes, água e resíduos, são considerados prestações essenciais à vida coletiva e devem ser proporcionados a todas as pessoas, o que justifica mais ou menos intenso afastamento das regras do mercado, na medida em que se mostre necessário para o atingimento desse objetivo (MOREIRA, 2009, p. 10; 16).

Segundo o artigo 14º (ex-artigo 16º TCE) do Tratado sobre o Funcionamento da União Europeia (UE, 2016c, p. 54), os serviços de interesse econômico geral (SIEG) ocupam posição relevante no conjunto dos valores comuns da União e desempenham importante papel na promoção da coesão social e territorial, em razão do que a União e os seus Estados-membros, no limite das suas competências e no âmbito de aplicação dos tratados, devem zelar para que esses serviços funcionem sob princípios e condições econômicas e financeiras que lhes permitam cumprir as suas missões.

A Carta de Direitos Fundamentais da União Europeia (UE, 2016a, p. 401), no mesmo sentido, explicita que a "União reconhece e respeita o acesso a serviços de interesse econômico geral tal como previsto nas legislações e práticas nacionais", com a finalidade de "promover a coesão social e territorial da União" (artigo 36º). A carta foi formalmente adotada em 2000 e tornou-se juridicamente vinculativa para a União Europeia em 2009, com a vigência do Tratado de Lisboa (UE, 2007, p. 13).

O protocolo relativo aos serviços de interesse geral (nº 26) anexado ao Tratado da União Europeia (UE, 2016b, p. 307), por sua vez, dispõe que "as altas partes contratantes, desejando salientar a importância dos serviços de interesse geral", acordaram, a título de disposição de interpretação, que os valores comuns da União, no que respeita aos serviços de interesse econômico geral (artigo 1º), incluem, em especial:

> - o papel essencial e o amplo poder de apreciação das autoridades nacionais, regionais e locais para prestar, mandar executar e organizar serviços de interesse econômico geral de uma forma que atenda tanto quanto possível às necessidades dos utilizadores,
> - a diversidade dos variados serviços de interesse econômico geral e as diferenças nas necessidades e preferências dos utilizadores que possam resultar das diversas situações geográficas, sociais ou culturais,
> - um elevado nível de qualidade, de segurança e de acessibilidade de preços, a igualdade de tratamento e a promoção do acesso universal e dos direitos dos utilizadores (UE, 2016b, p. 307).

Segundo Vital Moreira (2009, p. 17-18), os serviços públicos estão contidos na cláusula do "Estado Social" retratada no princípio da "democracia econômica e social" constante da Constituição portuguesa, o que confere garantia constitucional aos serviços públicos econômicos, a impedir sua total "despublicização", impondo-se obrigações na sua prestação que "assegurem a todas as pessoas certas prestações materiais, como condição de um mínimo garantido de bem-estar existencial".

Semelhantemente, observando a existência de menção expressa à prestação de serviços públicos como uma incumbência do poder público no art. 175 da Constituição Federal de 1988, no capítulo dedicado aos princípios gerais da atividade econômica, Vital Moreira (2009, p. 19-20) afirma que os serviços públicos no Brasil são "uma condição material da própria democracia".

Segundo a Declaração Universal dos Direitos Humanos da Organização das Nações Unidas (Resolução nº 217 A (III) da Assembleia Geral), considerada norma comum a ser alcançada por todos os povos e nações, todo ser humano tem igual direito de acesso ao serviço público do seu país (art. 21-2) e direito a um padrão de vida capaz de assegurar a si e a sua família saúde e bem-estar, inclusive os serviços sociais indispensáveis (art. 25-1) (OHCHR, 1948, p. 6-7).

O Pacto Internacional dos Direitos Econômicos, Sociais e Culturais, promulgado no Brasil por intermédio do Decreto nº 591/1992 (BRASIL, 1992), dispõe, por sua vez, que os Estados pactuantes se comprometem a adotar medidas, "principalmente nos planos econômico e técnico, até o máximo de seus recursos disponíveis, que visem a assegurar, progressivamente, por todos os meios apropriados, o pleno exercício dos direitos reconhecidos" (art. 2º-1), entre eles, o direito de toda pessoa a um nível de vida adequado e a uma melhoria contínua de suas condições de vida (art. 11-1) e o direito de participar da vida cultural e de desfrutar o processo científico e suas aplicações (art. 15-1).

Nesse panorama, reconhecem-se os serviços públicos de água potável e sistema de esgoto e de vigilância sanitária, por exemplo, como indispensáveis para a vida e para se viver em condições de salubridade, ao passo que serviços públicos como o de fornecimento de energia e de transportes proporcionam comodidades que elevam a qualidade de vida. Pondera-se, ainda, que progressivamente aumentam as necessidades dos cidadãos, cada vez mais longevos e mais instruídos, com demanda mais elevada de satisfações, a reclamarem serviços públicos mais sofisticados, considerados indispensáveis à coesão social e ao funcionamento minimamente satisfatório dos indivíduos em sociedades complexas, de modo a permitir que se desenvolvam nos níveis intelectual e espiritual (BÉJAR RIVERA, 2016, p. 13; 20-21).

Em alusão especialmente aos serviços de telecomunicações, César Landa Arroyo (2018, p. 2) visualiza até mesmo um direito fundamental à *internet*, na medida em que o mundo se transformou numa sociedade global de comunicação e tecnologia, sendo a *internet* um produto de desenvolvimento científico a serviço da sociedade, por permitir o acesso à informação na atual "era digital", a contribuir para superar-se a situação de atraso econômico e social dos países em desenvolvimento e potencializarem-se a proteção e o desenvolvimento de velhos e novos direitos fundamentais, com a defesa da pessoa humana e o respeito a sua dignidade.

De fato, a Quarta Revolução Industrial, iniciada na virada do século e identificada por Klaus Schwab (2016, p. 16) como produto da revolução digital ocorrida na década de 1960, mas com escopo muito mais amplo pela fusão das tecnologias e a interação entre domínios físicos, digitais e biológicos, é caracterizada por uma *internet* mais ubíqua e móvel. Segundo Klaus Schwab (2016, p. 11-12; 17), essa recente revolução descortina "possibilidades ilimitadas de bilhões de pessoas conectadas por dispositivos móveis, dando origem a um poder de processamento, recursos de armazenamento e acesso ao conhecimento sem precedentes", de modo a transformar gerações atuais e futuras, remodelando o contexto humano e os sistemas econômicos, sociais, políticos e culturais.

Assim, a convergência das tecnologias de informática, as telecomunicações e a comunicação digital está gerando rápidas transformações sociais, econômicas e políticas no Peru, com a *internet* convertendo-se num novo "bem de domínio público" do século XXI, a evidenciar a necessidade de regulação dos alcances e dos limites da *internet* em equilíbrio com os direitos fundamentais. Nesse novo paradigma, a *internet* se converte num direito que possibilita o gozo e o exercício dos direitos fundamentais, potencializando diretamente os direitos à liberdade de expressão e ao livre acesso à informação, de forma a constituir-se uma garantia institucional da democracia (ARROYO, 2018, p. 2-3).

O protagonismo das telecomunicações em alterações fundamentais no modo de viver, trabalhar e nas relações sociais em geral, envolvendo setores público e privado, governos e cidadãos, tem se revelado também no Paraguai e na República Dominicana, no desenvolvimento e uso de ferramentas de *software* que permitem o acesso e o monitoramento da efetivação de recomendações internacionais de direitos humanos formuladas a esses países pela Organização das Nações Unidas (ONU) e pela Corte Interamericana de Direitos Humanos da OEA (POMPEU; LIMA, 2018, p.144-146).

Essas ferramentas, denominadas, respectivamente, Sistema de Monitoração de Recomendações (Simore) e Sistema de Monitoramento de Recomendações da República Dominicana (Simored),[2] são plataformas digitais *on-line*, que se utilizam de infraestrutura da revolução digital para construir um sistema complexo de controle institucional voltado para a efetivação de direitos humanos, com amplo alcance e fácil acesso para participação de entidades governamentais e não governamentais, além da sociedade em geral (POMPEU; LIMA, 2018, p.144-146).

Tais constatações de conectividade dos serviços públicos com o necessário para viabilizar adequadamente a vida dos indivíduos, conferindo-lhes coesão e capacidade de funcionar na sociedade, atribuem às utilidades e aos serviços públicos um papel de destaque que ultrapassa a zona fronteiriça do Direito Administrativo, conduzindo-os ao plano do Direito Constitucional, na medida em que se constituem um substrato da liberdade fática, do pleno exercício de muitos direitos fundamentais e da própria democracia substancial.

A retratar, ainda, a relevância de que gozam as utilidades e os serviços públicos no plano do Direito Constitucional, Juarez Freitas (2014, p. 21) refere-se ao direito fundamental à boa administração pública, implícito na ordem constitucional brasileira, extraído dos princípios constitucionais a serem obedecidos pela Administração Pública, nomeadamente os princípios de legalidade, impessoalidade, moralidade, publicidade e eficiência (art. 37 da Constituição Federal). Segundo Freitas (2014, p. 13), esse direito tem inspiração no art. 41 da *Carta dos Direitos Fundamentais da União Europeia*, proclamada pelo Parlamento Europeu, pelo Conselho e pela Comissão na cidade de Nice, em 2000, novamente proclamada em 2007, com as alterações que lhe foram introduzidas.

Assim, com relevante missão de *status* constitucional, e assegurados por diversos estatutos do Direito Internacional, como uma derivação do direito fundamental à boa administração pública, as utilidades e os serviços públicos regulados, a partir do Direito Constitucional é que chegam ao plano do Direito Administrativo, em que são amiúde disciplinados. Segundo Sylvia Di Pietro (2012, p. 39), num plano geral, é fato que o Direito Administrativo "nunca se afastou do Direito Constitucional, nem no sistema europeu-continental, nem no sistema da *common law*. É na Constituição que se encontram os fundamentos dos principais institutos do direito administrativo".

---

[2] Essas ferramentas digitais foram apresentadas em detalhes no artigo "Simore: ferramenta da quarta revolução industrial a serviço da efetivação de direitos humanos no Paraguai e na República Dominicana" (2018), de Gina Vidal Marcílio Pompeu e Gislene Rocha Lima.

No Brasil, partindo-se das balizas constitucionais estruturantes da reforma do Estado ocorrida na década de 1990, introduzidas, entre outras, pelas emendas constitucionais nº 8/1995 (BRASIL, 1995a), nº 9/1995 (BRASIL, 1995b) e nº 19/1998 (BRASIL, 1998), fez-se a reforma da administração pública, doravante pautada expressamente pelo princípio da eficiência (art. 37, CF), com a previsão de novas instituições organizacionais que viabilizassem o modelo de gestão pública a ser implantado, pretendendo-se adotar parâmetros gerenciais mais eficientes. Nesse contexto, as emendas constitucionais trouxeram expressa previsão de órgãos reguladores da exploração de atividades de telecomunicações e de petróleo, inovação institucional que acabou por reproduzir-se para a regulação de outras utilidades e demais serviços públicos, na forma de leis ordinárias.

Disciplinou-se, a partir de então, a atuação das agências reguladoras sobre as utilidades e os serviços públicos por meio de intensa atividade legislativa, inserindo-se na política do recém-institucionalizado Estado Regulador entidades de natureza técnica, com aspirações de sobrepor ao arbítrio governamental uma racionalidade decisória nas escolhas públicas relacionadas a essas utilidades e serviços, que passaram, dessa forma, a ser regulados segundo os ditames do Estado de Direito. O Estado Regulador, portanto, pressupõe o monopólio do Direito por parte do Estado, com a sua submissão àquele, sendo a compatibilidade com a ordem jurídica o critério de aceitabilidade da atuação estatal (JUSTEN FILHO, 2002, p. 16).

Essas entidades técnicas especializadas modificaram o perfil de atuação da administração pública em áreas econômicas de interesse social. A elas foram conferidas competências justificadas pela necessidade de estabilização do mercado de utilidades e serviços públicos, seja disciplinando-o, fiscalizando-o ou mediando conflitos dele emergentes, de forma a torná-lo atraente e dar segurança aos investidores, possuidores dos recursos que faltam ao Estado, mas também com a finalidade de realizarem os objetivos fundamentais do Estado Democrático distributivo de direitos, segundo os parâmetros adotados na Constituição Federal de 1988, observadas as peculiaridades de um "Capitalismo funcionalizado à justiça social, com fundamento no Estado Social Democrático de Direito (arts. 1º, 3º e 170)" (MOREIRA, 2014, p. 111).

Na América Latina, região do mundo onde a privatização foi mais intensa na década de 1990, a questão da regulação econômica de setores como telecomunicações, energia elétrica, saneamento e rodovias adquiriu grande centralidade, com importante processo de mudança institucional, observando-se que as experiências foram, em geral, malsucedidas nos países onde a privatização ocorreu sem um marco regulatório consolidado, circunstância que frequentemente enseja casuísmo na gestão dos setores, a caracterizar quadro de instabilidade de regras e volatilidade, com disciplinamento muitas vezes herdado do passado para ser utilizado em novos contextos, a produzir crises, com oportunidade para captura da gestão dos setores pelas empresas, detentoras de forte influência na condução das políticas regulatórias (MELO, 2008, p. 4-9).

Alargou-se, assim, o objeto de estudo do Direito Administrativo, com profícua produção doutrinária em matéria regulatória, visando-se ao entendimento e ao aperfeiçoamento da atuação do Estado na prestação de utilidades e serviços públicos, não só sob o aspecto de sua estrutura administrativa organizacional, mas também segundo os diversos marcos regulatórios setoriais institucionalizados.

A repercussão das questões regulatórias na organização política e social do Estado tem demandado contínuo aprofundamento, a ponto de desenvolver-se, para além do Direito Administrativo, um ramo de estudo jurídico, distinto e autônomo, denominado Direito Regulatório, a incluir conhecimentos interdisciplinares que buscam em outras ciências, como economia, estatística, sociologia e psicologia, amparo para o desenvolvimento de teorias úteis à melhor compreensão das formas de atuação do Estado na economia, inclusive na prestação de utilidades e serviços públicos.

Nesse sentido, Egon Bockmann Moreira (2014, p. 112; 125) define o que denomina "direito da regulação econômica" como "conjunto de ações jurídicas que visam a estabelecer parâmetros de conduta econômica em determinado espaço-tempo", com amplo objeto de estudo, voltado para as diversas formas de atuação do Estado na economia e também para a autorregulação das pessoas de direito privado, e qualifica o atual Direito brasileiro da regulação econômica como inédito, dado que pela primeira vez o Estado brasileiro é constitucionalmente qualificado de "agente normativo e regulador", com uma nova forma de relacionamento do Estado Brasileiro com a economia.

Calixto Salomão Filho (2003, p. 2) afirma que os condicionamentos vindos da economia geralmente se impõem ao Direito, e que os exemplos de influência do Direito no campo econômico têm, em regra, duração efêmera, rendendo-se logo a interpretação de textos legais às determinações econômicas, de forma que "o Estado e a esfera política são cada vez menos capazes de influenciar a esfera econômica", tornando-se cada vez mais por ela influenciados e pressionados.

Referindo-se à crescente atenuação das fronteiras entre o público e o privado na busca de realização das necessidades humanas no atual momento do Estado e da sociedade, Alexandre de Aragão (2017, p. 23) explica não se tratar propriamente de uma sobrepujança da economia sobre o Direito, mas de uma valorização do elemento econômico na interpretação jurídica como decorrência do aumento do poder efetivo dos capitais globalizados, constatação que revela crescente intercomunicação entre o Direito e a economia, com a tomada de consciência dos operadores do Direito de que essa interdisciplinaridade contribuirá para a realização na prática dos objetivos jurídicos, evitando efeitos colaterais adversos, denominados externalidades negativas na teoria econômica.

Do texto maior da organização política nacional, consubstanciado na Constituição de 1988, extrai-se o trecho denominado "constituição econômica", com funções de ordenação da atividade econômica, satisfação das necessidades sociais, direção do processo econômico geral e também de reforma ou transformação estrutural, que expõe as vinculações existentes entre o sistema econômico, a ordem jurídica e as relações políticas e de poder e demonstra a integração da Constituição no sistema social que ordena (BERCOVICI, 2010, p. 187).

De fato, embora a competência pública da prestação de certos serviços ou da especial vigilância de certas atividades privadas de interesse público possa estar consignada nas Constituições e seja um valor protegido pelo Direito, é da economia que parte o fundamento dessa disciplina jurídica. Segundo Alexandre de Aragão (2017, p. 45-46), os serviços públicos constituem um dos principais mecanismos de correção pelo Estado das "distorções efetivas ou potenciais na relação entre oferta e procura de bens e serviços essenciais para todos os cidadãos", já que têm como objeto bens escassos de significativo valor individual e comunitário, os quais não seriam adequadamente fornecidos a todas as regiões e classes sociais do país, se ficassem sob a gestão exclusiva da livre-iniciativa. Com efeito, os serviços públicos são, em sentido amplo, atividades econômicas sensíveis para a sociedade, retiradas da esfera do livre mercado como forma de evitarem-se grandes distorções na sua prestação com prejuízos para a coletividade.

Se as utilidades e serviços públicos de natureza econômica possuem matriz constitucional, na medida em que a sua estruturação tem início nas regras basilares da "constituição econômica", há que se reconhecer que também o Direito Econômico abrange a sua organização, relacionando-se com o tema em questão. Segundo Gilberto Bercovici e Luís Fernando Massonetto (2009, p. 3-4), todas as definições de Direito Econômico, qualquer que seja a perspectiva adotada, desde as mais liberais até as mais declaradamente intervencionistas, adotam como elemento comum a "organização jurídica do espaço político-econômico da acumulação", afirmando que o fundamento da regulação exercida pelo direito econômico não é a escassez, mas o excedente, que "oferece à sociedade um horizonte de possibilidades sobre o que fazer com o produto não consumido", e dessa forma também abre "um espaço de disputa no seio da sociedade" quanto à apropriação e à destinação do excedente.

Gaspar Ariño Ortiz (2003, p. 66-67; 70) explica que, numa perspectiva substancialista (de conteúdo material determinado), o Direito Econômico reúne normas e instrumentos jurídicos por meio dos quais o Estado dirige a atividade econômica, fundamentalmente a constituição econômica e, consequentemente, o Direito Administrativo Econômico; já numa perspectiva metodológica, afirma ser necessária uma interpretação finalística e não conceitual de seus institutos, ou seja, entende que a interpretação e a aplicação do Direito Econômico deve realizar-se por critérios jurídicos e econômicos, considerando-se fundamentalmente a função econômica da norma, segundo as relações Direito e economia, contempladas pela Análise Econômica do Direito (AED).

Assim, o estudo das utilidades e dos serviços públicos regulados, por sua natureza interdisciplinar, intersecciona-se também com a disciplina "Direito e economia", na medida em que as inter-relações entre o sistema econômico e o sistema jurídico são complexas e muitos efeitos das alterações na legislação sobre o funcionamento do sistema econômico (o próprio cerne da política econômica) precisam ser revelados. O economista Ronald Coase, considerado um dos fundadores do movimento "Law and Economics", influenciou a doutrina jurídica e a jurisprudência e assistiu ao nascimento das bases do Estado do Bem-Estar Social e da sua assunção do papel de empreendedor nos setores econômicos dos serviços públicos, os quais se deteve em estudar, especialmente os de fornecimento de água e de energia elétrica, entre outros (COASE, 2017, p. XXV; 32).

Dessa forma, como expressão de um realismo jurídico, fundado na ideia de que o jurista deve adotar uma abordagem pragmática perante o Direito, com base no conhecimento de outras ciências para a promoção de interesses sociais (instrumentalismo jurídico), também se pode, nessa perspectiva, adotar no estudo das utilidades e dos serviços públicos regulados a abordagem da AED, que consiste na "aplicação do instrumental analítico e empírico da economia, em especial da microeconomia e da economia do bem-estar social, para se tentar compreender, explicar e prever as implicações fáticas do ordenamento jurídico", como também da sua própria lógica (racionalidade), de forma a auxiliar na tomada racional de decisões jurídicas (GICO JR., 2014, p. 7; 11; 14).

E sendo a economia uma das ciências que estuda o comportamento humano, especialmente dedicada ao tema das escolhas humanas, importantes avanços nas ciências sociais e políticas têm sido feitos com o auxílio da psicologia, na perspectiva da economia comportamental, que vem sendo adotada por países como Estados Unidos e Reino Unido como auxílio na definição de políticas públicas, inclusive as relacionadas a utilidades e serviços públicos regulados (SUNSTEIN, 2014, p. 8-12).

Essa abordagem, com novas nuances (*nudge*, paternalismo libertário etc.), trata dos incentivos, que visam não a impedir atos socialmente indesejáveis, fim precípuo das penas no Direito como instrumento de controle social, mas a promover, pela atuação do Estado, comportamentos socialmente desejáveis, o que Bobbio (2007, p. XII) identifica como a "função promocional" do Direito, tema que veio adequar a teoria geral do Direito às transformações da sociedade contemporânea desde a passagem do Estado Garantista para o Estado Social Dirigista, com o entendimento do direito como instrumento de "direção social". Nessa perspectiva insere-se a primeira camada da atuação estatal, conforme a sistematização antes apresentada, a camada da indução, que pode ser chamada de fomento e constitui a forma mais suave de atuação, pela qual o Estado busca influenciar o comportamento dos agentes econômicos sem recorrer ao aparato normativo coercitivo, empregada na atividade de regulação propriamente dita.

Ainda com foco nos processos de tomada de decisão, seja de consumidores, reguladores, julgadores ou legisladores, a matéria das utilidades e dos serviços públicos regulados dispõe, ainda, de importante ferramental emprestado da Estatística e associado ao Direito, na disciplina denominada jurimetria, que se utiliza da estatística para investigar elementos de causalidade e os múltiplos fatores (sociais, econômicos, geográficos, ético etc.) que influenciam o comportamento de agentes jurídicos. A jurimetria, definida como "a disciplina do conhecimento que utiliza a metodologia estatística para investigar o funcionamento de uma ordem jurídica", tem como objeto "a norma jurídica articulada, de um lado, como resultado (efeito) do comportamento dos reguladores e, de outro, como estímulo (causa) no comportamento de seus destinatários" (NUNES, 2016, p. 115-116).

Com efeito, verifica-se não só a inserção como também a relevância do tema relativo às utilidades e aos serviços públicos regulados no Direito, com aderência especial ao Direito Constitucional e ramificações para outras áreas da ciência jurídica, também apresentando pontos de contato com outras ciências, observando-se que, numa perspectiva geral, qualquer que seja o ordenamento jurídico, o Direito é uma realidade cultural e ainda que não se possa lhe atribuir fungibilidade de um país para outro, a teoria da norma jurídica o identifica como "um complexo totalizante, que abarca os aspectos normativo, fático e axiológico da sociabilidade, componentes incindíveis do fenômeno jurídico" (VASCONCELOS, 2016, p. 17).

Desse modo, enquanto "atividade técnica, regulada pelo Direito Público, mediante a qual o Estado, ou um particular, satisfaz uma necessidade de caráter geral", como esclarece Béjar Rivera (2016, p. 40; 48), os serviços públicos regulados, tanto quanto as atividades privadas de interesse público sob especial vigilância estatal, encontram-se sob os olhares atentos do Direito. Estabelece-se, assim, a sua relevância no estudo jurídico como objeto de interesse de vários ramos do Direito (Direito Constitucional, Direito Administrativo, Direito Econômico, Direito Regulatório), além de relacionar-se com as diversas ciências que observam o Direito (economia, estatística, sociologia e psicologia), não só diante da síntese histórica, mediante a qual se verifica a sua importância na estruturação e no desenvolvimento do Estado moderno, destacadamente do Estado brasileiro, como também pelo *status* que adotam na contemporaneidade como meios de concretização de direitos fundamentais, a permitirem o ideal funcionamento dos indivíduos na sociedade, com grande repercussão das questões regulatórias na organização política, social e econômica do Estado.

CAPÍTULO 2

REGULAÇÃO DE QUALIDADE COM BASE EM ANÁLISE DE IMPACTO REGULATÓRIO (AIR)

Uma vez demonstrada a relação de aderência e relevância entre o Direito e as utilidades e os serviços públicos regulados, passa-se a contextualizar, nesse âmbito, a atividade regulatória do Estado, analisando-a sob os aspectos da liberdade e da utilidade da atuação estatal. Sob o viés jurídico, a Constituição Federal de 1988, na disciplina da ordem econômica e financeira do país, atribuiu ao Estado a qualidade de agente normativo e regulador da atividade econômica (art. 174), estabelecendo que "a exploração direta de atividade econômica pelo Estado só será permitida quando necessária aos imperativos da segurança nacional ou a relevante interesse coletivo, conforme definidos em lei" (art. 173). Marçal Justen Filho (2002, p. 21) sintetiza essa diretriz constitucional:

> No modelo desenvolvido ao longo dos últimos trinta anos, a atuação e a intervenção estatal diretas foram reduzidas sensivelmente. A contrapartida da redução da intervenção estatal consiste no predomínio de funções regulatórias. Postula-se que o Estado deveria não mais atuar como agente econômico, mas sim como árbitro das atividades privadas. Não significa negar a responsabilidade estatal pela promoção do bem-estar, mas alterar os instrumentos para realização dessas tarefas. Ou seja, o ideário do Estado de Bem-Estar permanece vigente, integrado irreversivelmente na civilização ocidental. As novas concepções acentuam a impossibilidade de realização desses valores fundamentais através da atuação preponderante (senão isolada) dos organismos públicos.

A partir dessa escolha constitucional, o modelo de agências reguladoras no Brasil, surgido na década de 1990, segregou competências entre a administração pública direta e a indireta visando à regulação autônoma de utilidades e serviços públicos estratégicos, tais como telefonia e energia elétrica, entre outros, de maneira a, fundamentalmente, "criar um ambiente propício à segurança jurídica dos contratos com o Estado e atração de capital privado (notadamente estrangeiro)" e "descentralizar a governança estatal sob temas complexos e preponderantemente técnicos, emprestando-lhes certa previsibilidade e tornando-os menos susceptíveis aos embates e interesses políticos/partidários típicos das rotinas do Congresso Nacional" (GUERRA, 2015, p. 14).

O tema apresenta-se, portanto, no contexto do Estado Normativo e Regulador da atividade econômica, realizador de políticas públicas atinentes a utilidades e serviços públicos por meio das políticas regulatórias, com decisões que guardam acentuado grau de discricionariedade técnica. Precede esse contexto, contudo, a evolução do conceito de discricionariedade.

No Estado Liberal havia identidade absoluta entre Direito e lei, e o princípio da legalidade assegurava a supremacia do legislador ordinário, como refreio ao absolutismo monárquico frente aos direitos individuais. A gênese da discricionariedade administrativa remonta a esse período e sua abrangência foi delimitada, por via reflexa, pelo alcance do conceito de legalidade, deixando-se a área de livre ação da administração pública no campo do exercício do poder político (MORAES, 2004, p. 33). Dessa forma, ao lado da atividade administrativa de execução da lei, adstrita à aplicação literal da lei a cada caso concreto, havia outra de livre apreciação, em que a administração pública atuava isenta de vinculação à lei e de qualquer controle judicial. Nesse período, "a Administração podia fazer não só o que a lei expressamente autorizasse, como também tudo aquilo que a lei não proibisse" (DI PIETRO, 2012, p. 14).

Com o advento do Estado Social, o Poder Executivo passou a ser mais atuante no desempenho da função estatal prestacional de serviços públicos, necessitando de maior liberdade e agilidade de ações, o que justificou o aumento de sua competência normativa e a ampliação de sua autonomia (MORAES, 2004, p. 27-28). Com o grande volume de atribuições executivas assumidas pelo Estado, ao Poder Legislativo subtraiu-se o monopólio dos atos de natureza normativa, passando o legislador a "adotar a técnica de editar fórmulas gerais, *standards*, para serem completados pelo Executivo", que o fazia, via de regra, por meio de decretos-lei, leis delegadas e regulamentos autônomos, uma vez que não poderia ficar dependendo de complexo e demorado procedimento legislativo para atuar, a par da iniciativa das leis, que também lhe foi outorgada (DI PIETRO, 2012, p. 18).

O poder de polícia que até então zelava pela segurança, impondo obrigações de não fazer, teve sua atuação ampliada pelo conceito de ordem pública, que passou a abranger a ordem econômica e social, inclusive impondo obrigações de fazer. O Poder Executivo fortalecido alarga, assim, os limites do princípio da legalidade, para incluir também os atos normativos editados pela Administração. O princípio da legalidade alargado, ganha, contudo, no Estado Social um novo conceito, passando a significar que a Administração só pode fazer o que a lei permite, o que passa a dar à discricionariedade um sentido de poder jurídico, limitado pela lei (DI PIETRO, 2012, p. 21; 23-24).

Não obstante a limitação legal, a crescente atuação do Poder Executivo levou aos excessos e abusos praticados pelos administradores públicos, como também a supremacia dos legisladores ordinários verteu-se em desrespeito às Constituições, com leis que passaram a ser instrumento da realização da vontade de grupos, de classes e de partidos em detrimento da realização do bem comum, o que levou o princípio da legalidade a englobar também a constitucionalidade, remodelando-se a relação entre os poderes constituídos para uma sujeição geral ao princípio da constitucionalidade, notadamente caracterizado pela proteção aos direitos fundamentais. A partir desse ponto, desfaz-se a identidade absoluta entre legalidade e Direito, superando-se o princípio da legalidade para balizar a atuação dos administradores públicos por regras e princípios gerais de Direito, sob a insígnia do princípio da juridicidade (MORAES, 2004, p. 28-29).

Se na Seção 2 partiu-se da Constituição para o Direito Administrativo e demais ramos jus-científicos com o fim de demonstrar-se a relevância jurídica das utilidades e dos serviços públicos regulados, no tema relacionado à discricionariedade administrativa retorna-se, com efeito, ao plano constitucional, observando-se a constitucionalização do Direito Administrativo, ante a previsão expressa de vários princípios que limitam essa discricionariedade e ampliam o conceito de legalidade. Segundo essa concepção, tem-se a centralidade da pessoa humana em sua dignidade, "com repercussão em inúmeras matérias do direito administrativo e sobre a discricionariedade do Poder Público na fixação de políticas públicas" (DI PIETRO, 2012, p. 31).

Assim, de acordo com essa noção do princípio da juridicidade, sob a égide dos postulados do constitucionalismo da fase pós-positivista, Germana Moraes (2004, p.48) formula um conceito contemporâneo de discricionariedade:

Discricionariedade é a margem de liberdade de decisão, conferida ao administrador pela norma de textura aberta, com o fim de que ele possa proceder, mediante a ponderação comparativa dos interesses envolvidos no caso específico, à concretização do interesse público ali indicado, para, à luz dos parâmetros traçados pelos princípios constitucionais da Administração Pública e pelos princípios gerais de Direito e dos critérios não positivados de conveniência e de oportunidade: 1º) complementar, mediante valoração e aditamento, os pressupostos de fato necessários à edição do ato administrativo; 2º) decidir se e quando ele deve ser praticado; 3º) escolher o conteúdo do ato administrativo dentre mais de uma opção igualmente pré-fixada pelo Direito; 4º) colmatar o conteúdo do ato, mediante a configuração de uma conduta não pré-fixada, porém aceita pelo Direito.

A cada uma das ações elencadas corresponde, respectivamente, a discricionariedade quanto aos pressupostos (1º) discricionariedade de decisão, (2º) discricionariedade de escolha optativa (3º) e (4º) discricionariedade de escolha criativa. Qualquer que seja a categoria, no entanto, reconhece-se que inexistem atos completamente discricionários, já que a competência e a forma, e também a finalidade para parte da doutrina jurídica, são elementos prévia e objetivamente configurados na lei (elementos vinculados). Assim, o controle jurisdicional da juridicidade dos atos administrativos discricionários consiste no exame de legalidade ou conformidade dos elementos vinculados às regras do ordenamento jurídico e de compatibilidade dos elementos discricionários (objeto e motivo) com os princípios jurídicos (MORAES, 2004, p. 36; 45-47; 50).

É relevante mencionar que, embora sejam unânimes os autores em reconhecer que o atendimento ao interesse público vincula os atos da administração pública, alguns, por isso, concluem que a finalidade é sempre elemento vinculado do ato administrativo, enquanto outros admitem haver certa discricionariedade quanto a esse elemento na conduta do administrador público, já que a lei não estabelece critérios objetivos que possam identificar, no caso concreto, o que seja interesse público (DI PIETRO, 2012, p. 79).

Justifica-se a discricionariedade para evitar o automatismo dos agentes administrativos, na busca de soluções mais adequadas ao interesse público em cada caso, como também para remediar a impossibilidade de o legislador prever todas as situações que demandarão iniciativa da administração no atendimento de infinitas, complexas e crescentes necessidades coletivas (DI PIETRO, 2012, p. 62). Assim, a discricionariedade apresenta-se como necessária na concreção do Direito, como poder, dever ou função imprescindível à atividade criadora e prognóstica exercida pela administração pública (ROMAN, 2013, p. 21; 38).

Relacionado ao objeto e ao motivo, elementos particularmente considerados não vinculados do ato administrativo, há, com efeito, um núcleo político, denominado mérito administrativo, insuscetível de revisão jurisdicional (insindicável), porque, nesse domínio, o Direito positivo não fornece parâmetros de atuação administrativa, seja por intermédio das regras, seja por meio dos princípios. O mérito consiste, com efeito, "nos processos de valoração e de complementação dos motivos e de definição do conteúdo do ato administrativo", parametrizados por critérios não positivados de conveniência e de oportunidade para a prática do ato administrativo, que traduzem a sua idoneidade para a concretização do interesse público. E, nesse conceito, a conveniência do ato relaciona-se ao interesse público específico visado ou à compatibilização entre diversos interesses públicos afetados, enquanto a oportunidade do ato implica a ponderação de múltiplos interesses para acomodação parcial (MORAES, 2004, p. 50-51).

Seabra Fagundes (1957, p. 167-168), preceptor no estudo do tema, já afirmava que os elementos que constituem o mérito do ato administrativo dependem de "critério político e meios técnicos peculiares ao exercício do Poder Administrativo", estranhos ao âmbito estritamente jurídico. Segundo o autor, "o mérito está no sentido político do ato administrativo", em razão das normas da boa administração, enquanto procedimento que visa atender ao interesse público, ajustando-o, ao mesmo tempo, aos interesses privados, "que toda medida administrativa tem de levar em conta", daí porque "exprime sempre um juízo comparativo". E, acerca do mérito administrativo, acrescenta:

> Compreende os aspectos, nem sempre de fácil percepção, atinentes ao acêrto, à justiça, utilidade, eqüidade, razoabilidade, moralidade, etc. de cada procedimento administrativo.
> Êsses aspectos, muitos autores os resumem no binômio: oportunidade e conveniência. Envolvem êles *interêsses* e não *direitos* (FAGUNDES, 1957, p. 168, grifos do original).

Ao lado desses atos reconhecidamente discricionários ou não completamente vinculados, há ainda conceitos empregados no Direito que demandam uma complementação de sentido pela administração pública quando da execução dos comandos normativos, denominados conceitos jurídicos indeterminados. A doutrina e a jurisprudência italianas distinguem da discricionariedade pura a chamada discricionariedade técnica, "comparável à categoria dos conceitos jurídicos indeterminados", originados na doutrina austríaca do século XIX, caracterizada "quando se busca a solução apropriada em função de critérios e conceitos formulados pela lei, cuja aplicação requer uma valoração técnica mais ou menos complexa" (MORAES, 2004, p. 71; 93).

Segundo Jessé Torres Pereira Júnior (2009, p. 69), o conceito jurídico indeterminado é técnica antiga e muito utilizada de elaboração normativa pelos legisladores, ante situações nas quais se mostra impróprio, impossível ou imprudente delimitar completamente na norma as variáveis do fato a ser disciplinado, porque seus efeitos são imprevisíveis ou inestimáveis, sujeitos a entendimentos que variam conforme os diferentes valores culturais. Assim, as normas jurídicas aludem a circunstâncias e condutas cujo sentido se encontra no campo da subjetividade, tais como as fórmulas "em caso de interesse público relevante", "serviços adequados, eficientes, seguros" ou "condições de regularidade, continuidade, eficiência, segurança, atualidade, generalidade, cortesia".

No Brasil, a doutrina estabelece diferenças entre decisão de discricionariedade propriamente dita e complementação de sentido dos conceitos jurídicos indeterminados, porque aquela envolve necessariamente "a ponderação autônoma de interesses em conflito", enquanto esta pode se dar isoladamente, sem implicar obrigatoriamente "uma valoração comparativa de interesses". Enquadram-se na segunda categoria os conceitos de prognose, os que mais se aproximam da ideia de discricionariedade, cuja complementação de sentido demanda uma avaliação prospectiva das circunstâncias de fato, mediante um juízo de prognose (MORAES, 2004, p. 69-70). Segundo a autora:

> (...) Diferenciam-se, pois, os conceitos discricionários dos conceitos de prognose, em função do método de complemento da previsão da norma de textura aberta.
> Tanto a discricionariedade quanto o emprego de conceitos verdadeiramente indeterminados são técnicas legislativas que traduzem a abertura das normas jurídicas, carecedoras de complementação. Na primeira hipótese, essa complementação faz-se mediante um juízo comparativo de ponderação valorativa dos interesses concorrentes, à luz dos critérios de aptidão, exigibilidade e proporcionalidade em sentido estrito; na última, a valoração administrativa dos conceitos indeterminados de prognose envolve um juízo de prognose, que se encerra no critério de aptidão ou adequabilidade (p. 77).

Quando se separam os dois elementos estruturais da norma, fato e efeito jurídico atribuído ao fato, percebe-se mais claramente a distinção: os conceitos indeterminados integram a descrição do fato, de modo que a liberdade do administrador finda quando identifica o fato concreto como referido na norma em abstrato (o conceito é indeterminado em tese, mas determinável no caso concreto), ao passo que a discricionariedade se situa no campo dos efeitos jurídicos do fato (consequente da norma); ambos têm em comum, no entanto, a importância da prudência do aplicador da norma na falta de padrões rígidos de atuação (PEREIRA JR., 2009, p. 69-70).

Compreendendo que, como fenômenos interligados, a discricionariedade técnica remete à teoria dos conceitos jurídicos indeterminados, mas especialmente a um tipo de conceito indeterminado previsto legalmente com referência a termos científicos, particularmente oriundos da ciência econômica no caso do direito regulatório, Flavio José Roman afirma, contudo, que esses conceitos abertos, a demandar a concretização pela administração de forma fluida, indeterminada ou aberta, podem estar presentes em qualquer dos elementos que compõem a norma de Direito Público:

> (i) o pressuposto de fato para a atuação administrativa; (ii) o consequente da norma; (iii) o meio a ser utilizado pela Administração para o atendimento ao interesse público; (iv) a concretização ou especificação do interesse público (fim) a ser atendido; (v) o elemento temporal para atuação (discricionariedade tática); e, por fim, (vi) a definição do procedimento administrativo que será observado para a tomada de decisão (2013, p. 274).

Ainda que tenha se originado no Direito germânico e se desenvolvido no Direito italiano, no tema das agências reguladoras, o instituto da discricionariedade técnica penetrou no Direito Administrativo brasileiro por influência do Direito norte-americano, como um dos pilares jurídicos para a outorga de função normativa a essas entidades reguladoras, a partir da técnica dos *standards*, "pela qual a lei se limita a estabelecer parâmetros, diretrizes, princípios, conceitos indeterminados, ficando para as agências a função de baixar normas reguladoras" (DI PIETRO, 2012, p. 110; 120).

A mesma autora, no entanto, embora entendendo que a discricionariedade técnica não constitui verdadeira discricionariedade, porque não envolve decisão política e não dá liberdade de escolha para a administração, uma vez que o conceito já está contido na lei, afirma:

"Existem também hipóteses em que, embora a lei utilize conceitos técnicos, a própria manifestação técnica pode levar a resultados diversos que terão de ser apreciados pela Administração. Nem toda ciência técnica é ciência exata" (DI PIETRO, 2012, p. 118; 122).

E trazendo novamente à baila o tema da margem de discricionariedade presente no que deve ser definido como interesse público em cada caso concreto, a autora associa a questão dos conceitos indeterminados à discricionariedade com relação aos fins:

> Todavia, isso não é suficiente para afastar certa margem de discricionariedade quando os fins têm que ser analisados em relação a cada caso concreto. É aqui que se coloca, do mesmo modo que no *motivo* do ato, a questão dos conceitos indeterminados, quando a lei se refere à finalidade do ato como sendo a ordem pública, a moralidade, o bem-estar, o interesse público, o bem comum, e não há critérios objetivos que permitam concluir, em cada caso, o que é melhor para a consecução daqueles objetivos, ainda que a Administração tenha que observar determinadas limitações, como a competência, a forma, a motivação, a proporcionalidade dos meios aos fins, a razoabilidade. Dentro desses limites, poderá haver mais de uma solução válida perante o direito, hipótese em que haverá discricionariedade com relação aos fins. A lei não predetermina a conduta que a Administração deve adotar num caso concreto, para atingir determinados objetivos de interesse público; a autoridade é que deverá decidir entre agir ou não agir, agir por uma ou outra forma (DI PIETRO, 2012, p. 79-80).

Veja-se que as noções de conveniência e oportunidade, como exposto, possuem como vetores o interesse público específico ou os diversos interesses públicos afetados ou os múltiplos interesses envolvidos, os quais, no caso concreto, acabam por traduzir alguma subjetividade, dificilmente prevista e sistematizada em prévia produção legislativa, de tal modo a restar impossibilitada a definição objetiva do interesse público perseguido em cada caso, podendo-se, por esse viés, admiti-lo como elemento discricionário do ato administrativo. Nesse sentido, Roman (2013, p. 67) afirma que toda atuação administrativa deve ser guiada pelo talvez mais amplo de todos os conceitos indeterminados, que é o interesse público.

Germana Moraes (2004, p. 70), não obstante destacar a existência da distinção entre decisão de discricionariedade propriamente dita e complementação de sentido dos conceitos jurídicos indeterminados, afirma que a complementação do tipo aberto de alguns conceitos jurídicos indeterminados, considerados não vinculados porque comportam mais de uma solução juridicamente possível, equivalem, no entanto, à decisão de discricionariedade quando a complementação de sentido se faz diante de um conflito axiológico, situação em que se faz a ponderação valorativa dos interesses concorrentes à luz do interesse público privilegiado pela norma jurídica (nesse caso, classificados como conceitos indeterminados discricionários).

Igualmente, complementa Moraes (2004, p. 70-71), quando diante de um conflito de interesses se utilizam os conceitos de prognose, em princípio não considerados discricionários propriamente ditos, tem-se situação em que a decisão de prognose se intercepta com a discricionariedade, como pode ocorrer em decisões de planificação administrativa, sobre o futuro de um processo social, envolvendo, por exemplo, a definição do local de instalação de central hidrelétrica ou o traçado de estradas.

Para Celso Antônio Bandeira de Mello (2015, p. 446), como a essência da discricionariedade está na "possibilidade que dimana da lei para a eleição de uma entre duas ou mais condutas em vista de realizar, do modo mais satisfatório possível, o interesse público no caso concreto", identifica-se a discricionariedade técnica quando, estando em causa a apreciação de aspectos técnicos, a lei abre alternativas para a atuação administrativa, permitindo-lhe alguma contemporização ou tolerância, sem que haja comprometimento do interesse público *in concreto*.

Na jurisprudência brasileira, foi acolhido o termo discricionariedade técnica, tal como se observa no julgamento do Agravo Regimental na Suspensão de Liminar ou Sentença nº 163/PE, em 19 de dezembro de 2005, pela Corte Especial do Superior Tribunal de Justiça (STJ), que verificou "lesão à saúde e à ordem pública administrativa caracterizada, com a interferência na legítima atividade regulatória desempenhada pela ANS, respaldada em discricionariedade técnica". Também por parte da Segunda Turma do STJ, no Recurso Especial nº 1.171.688/DF, julgado em 1 de junho de 2010, restou explícita a competência discricionária técnica da Anatel para arbitrar parâmetro objeto de contenda entre as empresas GVT e Vivo, "tendo em conta o alto grau de discricionariedade técnica que permeia o assunto e também os princípios da deferência técnico-administrativa, da isonomia e da eficiência". Igualmente, o reconhecimento expresso da discricionariedade técnica das agências reguladoras pode ser encontrado, entre outros julgados, no Agravo Regimental na Medida Cautelar nº 10.443/PB (STJ, julgado em 13 de dezembro de 2005), no Recurso Especial nº 572.070/PR (STJ, julgado em 16 de março de 2004) e no julgamento da Apelação em Mandado de Segurança nº 0007459-40.2007.4.02.5101, realizado em 17 de março de 2009 pelo Tribunal Regional Federal da Segunda Região (ROMAN, 2013, p. 94-114).

Assim, ainda que haja distinção por parte da doutrina, tanto a discricionariedade quanto o emprego de conceitos indeterminados são reconhecidos como técnicas legislativas que introduzem nas normas jurídicas aberturas carecedoras de complementação, confundindo-se os conceitos diante de conflitos de interesses que envolvam ponderação de valores, sendo certo que o termo "discricionariedade técnica" foi acolhido na jurisprudência e tornou-se amplamente adotado na doutrina especializada em assuntos regulatórios, assim considerada a margem de liberdade administrativa em que se verifica a necessidade de conhecimento e a avaliação técnica mais ou menos complexa, seja para efeito de decisão ou complementação de sentido de conceitos jurídicos indeterminados, já que, em geral, a atuação regulatória traduz-se em posicionamento diante de alternativas que impactam os meios sociais, culturais, políticos, econômicos, jurídicos e ambientais, envolvendo conflitos de interesses e ponderação de valores.

2.1 Importância e características da regulação eficiente: o exercício da discricionariedade técnica

Enquanto as políticas públicas são definidas, necessariamente, a partir de mediações políticas e conjugam objetivos e princípios das políticas de Estado, previstas em lei ou na Constituição, derivadas de processo complexo que envolve o Legislativo e o Executivo, com metas e orientações de políticas de governo, adstritas às primeiras, com objetivos concretos que um governante eleito pretenda ver impostos a um dado setor da vida econômica ou social (MARQUES NETO, 2005, p. 85-87), as políticas regulatórias são instrumentos de implementação das políticas públicas relacionadas a utilidades e serviços públicos delegados a entidades de natureza privada.

Por meio de políticas regulatórias, em grande medida a cargo das agências reguladoras, viabiliza-se a execução das políticas públicas pelo controle técnico das atividades prestacionais (planejamento, fiscalização, normatização e mediação), numa relação, segundo Marques Neto (2005, p. 87-88), de dependência e complementaridade em que o regulador atuará em sua margem de liberdade, ponderando os interesses regulados e equilibrando os instrumentos disponíveis, de modo a intervir no sistema sem inviabilizar seus pressupostos.

A relativa liberdade do regulador surge no contexto da superação da forma burocrática de organização da administração pública, que teria contribuído para a ineficiência dos serviços públicos prestados pelo Estado, e da reforma estatal que introduziu a administração pública gerencial, segundo parâmetros privados oriundos das ciências da administração, com a ampliação da discricionariedade administrativa das autarquias qualificadas como de regime especial, entidades especializadas às quais se conferiu maior autonomia administrativa, financeira, orçamentária e operacional, a partir de um controle de resultados em substituição aos controles formais burocráticos (DI PIETRO, 2012, p. 49).

Floriano de Azevedo Marques Neto (2005, p. 87-88) explica que o termo "política" se refere à prerrogativa de definir estratégias de ação e selecionar instrumentos para tornar o mais eficiente essa linha de ação, falando-se em uma política regulatória "na medida em que o regulador faz opções políticas consistentes nos juízos de necessidade, conveniência, oportunidade e proporcionalidade no manejo de suas competências", e conclui:

> A definição de políticas regulatórias envolve a ponderação a respeito da necessidade e da intensidade da intervenção. Envolve a escolha dos meios e instrumentos que, no âmbito das competências regulatórias, melhor se coadunam para, de forma eficiente, ensejar o atingimento das políticas públicas setoriais (MARQUES NETO, 2005, p. 87-88).

Nessa margem de liberdade do regulador, a denominada discricionariedade técnica, modalidade especial de discricionariedade administrativa, a opção por uma das soluções possíveis e lícitas não ocorre por razões de mera oportunidade ou conveniência administrativa, mas em decorrência de decisão de índole técnica (FURTADO, 2016, p. 925), segundo rigor científico e tecnológico que escapa às esferas decisórias políticas e transcende o clássico exame de mérito administrativo:

> (...) considere-se a cisão, cada vez mais clara e presente nas legislações, entre, o *domínio da política* e o *domínio da técnica*, ou seja, entre, de um lado, o *espaço decisório político*, que deverá ser preenchido com deliberações que de tão complexas não possam ser tomadas apenas com obediência a parâmetros científica e tecnologicamente experimentados e assentados – e tais são as *decisões políticas* – e, de outro lado, o *espaço decisório técnico* que deverá ser preenchido com decisões que necessariamente devam obedecer a regras científica e tecnologicamente experimentadas e assentadas, para que atinjam os resultados visados e sejam eficientes – e tais são as *decisões técnicas* (MOREIRA NETO, 2016, p. 108, grifos do original).

As agências reguladoras devem atuar, assim, com relativa margem de liberdade num espaço decisório técnico, cada vez mais subtraído dos órgãos políticos e isolado, na maior medida possível, das influências das esferas políticas (MOREIRA NETO, 2016, p. 109), visando a resultados efetivos e eficientes na regulação de suas respectivas áreas de competência. Flávio José Roman define o termo como um dever que melhor atenda à finalidade prescrita em lei:

> A discricionariedade técnica, portanto, pode ser definida, como o *dever da Administração* ou daquele que exerce função administrativa de *ponderar, segundo os cânones técnicos e científicos pertinentes*, mediante determinado procedimento e em determinado prazo, para, em seguida, *indicar qual é o comportamento*, de pelo menos dois admitidos pelas normas incidentes no caso concreto, *que melhor atende à finalidade da lei* que lhe atribuiu dita competência, submetido a controle judicial e extrajudicial. Em outras palavras, é a prerrogativa da Administração de *completar uma norma imprecisa no processo aplicativo* tendo por base a existência de uma habilitação legal inacabada feita com recursos a conceitos técnicos ou científicos opináveis (2013, p. 274, grifos do original).

Segundo Carlos Ari Sundfeld e Jacintho Arruda Câmara (2002), a discricionariedade técnica "envolve fundamentalmente a definição de uma política regulatória para o tema" e "se o juiz pode e deve penetrar o campo das avaliações estritamente técnicas, não pode, contudo, tomar a si a tarefa de fazer opções técnico-políticas", já que a escolha entre as alternativas tecnicamente existentes "constitui competência inserida na discricionariedade da Administração, não podendo esta decisão ser alterada pelo Judiciário, sob pena de usurpação da função administrativa". Nesse sentido, reconhecendo a importância das políticas regulatórias protagonizadas pelas agências reguladoras, de forma clara e criteriosa para o aprimoramento dos serviços públicos, manifesta-se a jurisprudência nacional em diversos julgados (até o mais recente AgRg no AgRg no Agravo em Recurso Especial nº 383.075/MS, julgado em 15 de outubro de 2015) sobre o tema, que teve como precedente o Recurso Especial nº 572.070/PR:

> Vê-se, pois, que a delimitação da "área local" para fins de configuração do serviço local de telefonia e cobrança da tarifa respectiva, leva em conta critérios não necessariamente vinculados à divisão político-geográfica do município, critérios esses que, previamente estipulados, têm o efeito de propiciar aos eventuais interessados na prestação do serviço a análise da relação custo-benefício que irá determinar as bases do contrato de concessão.
> No caso presente, observo que a decisão hostilizada, embora reconhecendo que as chamadas "áreas locais" devam ser fixadas, nos

termos da legislação de regência, com base em critérios de natureza predominantemente técnica, acabou por adentrar no mérito das normas e procedimentos regulatórios que inspiraram a atual configuração dessas áreas, invadindo seara alheia na qual não deve se imiscuir o Poder Judiciário.
(...)
Há de se ter em mente que a regulamentação do setor de telecomunicações, nos termos da Lei n. 9.472/97 e demais disposições correlatas, visa a favorecer o aprimoramento dos serviços de telefonia em prol do conjunto da população brasileira. Esse objetivo, entretanto, somente será atingido com uma política regulatória estável que privilegie a ação das Agências Reguladoras, pautada em regras claras e objetivas, sem o que não se cria um ambiente favorável ao desenvolvimento do setor, sobretudo em face da notória e reconhecida incapacidade do Estado em arcar com os eventuais custos inerentes ao processo (BRASIL, 2004, p. 5-7).

Mas para que o Judiciário não se veja obrigado a invalidar uma decisão técnica, conforme Luís Roberto Barroso (2002, p. 127), deve ela resistir ao "teste de razoabilidade, moralidade e eficiência", estando, acrescente-se, embasada em estudos substancialmente contundentes, hipótese em que a revisão judicial deve ser conservadora em relação às decisões das agências, "especialmente em relação às escolhas informadas por critérios técnicos, sob pena de cair no domínio da incerteza e do subjetivismo" (princípio da deferência).

Caio Pereira Neto, Filippo Lancieri e Mateus Adami (2014, p. 174), entendendo já passado o período inicial de consolidação mínima do Estado Regulador no Brasil, e como parte de um processo necessário de maturação, sugerem caber ao Judiciário, doravante, a revisão do mérito das decisões regulatórias por meio de testes de razoabilidade e proporcionalidade, já que sem revisão das justificativas específicas para a implementação de medidas regulatórias as decisões das agências podem se tornar arbitrárias.

E explicam os autores que essa análise da proporcionalidade e da razoabilidade dos atos regulatórios "exige exame detido da motivação das agências", porque "a existência de alguma deferência à discricionariedade técnica destas autarquias não significa – e não pode significar – uma 'carta em branco' para que elas atuem como bem entenderem" (PEREIRA NETO; LANCIERI; ADAMI, 2014, p. 174-175).

Referindo-se a como os Estados Unidos lidam com a tentativa de equilíbrio entre deferência e exigência de justificativas adequadas, os autores citam que, para o controle da motivação das agências reguladoras no exercício de sua função normativa, a Suprema Corte norte-americana instituiu a chamada Hard Look Doctrine, segundo a qual cabe ao juiz, ao revisar a alteração de uma política regulatória, verificar, no caso concreto, se a decisão tomada pelo administrador não só foi desrespeitosa ao Direito, mas também se não foi arbitrária, caprichosa ou um abuso de discricionariedade, exigindo que a agência fundamente sua decisão em argumentos razoáveis e racionais (PEREIRA NETO; LANCIERI; ADAMI, 2014, p. 175-176; 179-180).

Eric Windholz e Graeme Hodge (2013, p. 42-48), discorrendo sobre os conceitos de regulação social e econômica, afirmam que governos e reguladores que transparentemente conseguem atingir o equilíbrio entre valores sociais e econômicos alcançam legitimidade e credibilidade mais fortes, que legitimidade é "algo que precisa ser construído, mantido e restaurado mais do que algo que pode ser legislativamente outorgado", e que "a observância regulatória pode depender significativamente da percepção das pessoas sobre a legitimidade do regime regulatório e dos agentes reguladores que atuam dentro dele".

Nessa perspectiva, Windholz e Hodge narram como a Comissão Australiana de Consumo e Concorrência (ACCC), um regulador econômica e socialmente centrado, falhou ao avaliar os impactos potenciais de sua opção regulatória pelo silêncio (não intervenção) ante o que ficou conhecido na Austrália como "A guerra de leite dos supermercados", o que afetou negativamente sua credibilidade e sua legitimidade:

> (...) a falha da ACCC em avaliar plenamente os impactos potenciais (econômicos e sociais) da guerra de preço na sustentabilidade e nos meios de subsistência dos produtores, processadores, pequenos varejistas independentes e nos pequenos negócios relacionados ao leite, além da estrutura social das comunidades locais e regionais que dependem dos mesmos (ou, no mínimo, a dimensão da comunidade afetada por esses atos), impactaram negativamente na credibilidade e legitimidade da ACCC. Na verdade, alguns políticos, líderes comunitários e críticos sugeriram que a ACCC vinha "cochilando" e "dormindo ao volante" e o Comitê de Referência Econômica do Senado Australiano antecipou-se abrindo seu próprio inquérito sobre o impacto da guerra de preço, na qual a ACCC foi convocada a defender suas próprias ações (2013, p. 42-43).

José Vicente Santos de Mendonça (2015, p. 294) afirma que a "regulação brasileira subsiste num ambiente de hiperjudicialização", em face do que questiona se isso "pode levar a uma teoria da regulação econômica em que o Judiciário é participante ativo, ao invés de corretor (desejavelmente autocontido) de rumos", se "não seria o caso de, em vez de lamentar a invasão do mérito técnico, buscar formas de se incorporar o Judiciário ao processo normogenético, fiscalizatório e executivo das agências". Se "incorporar o Judiciário" pode parecer ainda medida de difícil cogitação num modelo de tripartição de poderes, decerto é possível aproximar o Judiciário do entendimento do processo normogenético, com a adoção de metodologias e processos transparentes de decisão.

De todo modo, devem ser objetivos da regulação a diminuição das resistências sociais e institucionais e, com isso, a excessiva judicialização dos procedimentos regulatórios pela transparência, a objetividade e a confiabilidade dos processos decisórios, tornando mais explícitas e inteligíveis as escolhas técnicas ao público externo, inclusive aos órgãos de controle como o Judiciário.

2.2 Conceitos e considerações sobre a AIR

As crises financeiras e os ciclos econômicos, a inovação, a mudança social, os desafios ambientais e a busca por novas fontes de crescimento tornam mais importantes os marcos regulatórios para o bom funcionamento dos mercados e das sociedades, como também das políticas regulatórias e das instituições para lidar com a interconectividade de setores e economias (OCDE, 2012, p. 4-8).

Com base nesses pressupostos, a Organização para a Cooperação e Desenvolvimento Econômico (OCDE) recomenda que a regulação seja feita por meio de tomada de decisões fundamentadas, pautadas em evidências, e que se faça o monitoramento do impacto da regulação e dos processos regulatórios, identificando se a intervenção regulatória é necessária e será efetiva. Além disso, recomenda a integração da AIR desde os estágios iniciais do processo de políticas para a formulação de novas propostas de regulação (OCDE, 2012, p. 4-8).

Com efeito, identifica-se a AIR como uma ferramenta que propicia a escolha da melhor decisão possível no processo de realização de políticas regulatórias. Esse instrumento apresenta os seguintes conceitos sob a perspectiva da OCDE, do Escritório de Administração e Orçamento dos EUA (Office of Management and Budget – OMB) e do Escritório de Auditoria Nacional do Reino Unido (National Audit Office – NAO), respectivamente:

  a) OCDE: AIR é uma ferramenta sistemática de política usada para examinar e medir os benefícios, os custos e os efeitos prováveis de uma regulação nova ou existente. É um relatório analítico para auxiliar tomadores de decisão e sua estrutura central deve conter, tipicamente, os seguintes elementos: o título da proposta, o objetivo e o efeito pretendido da política regulatória, a avaliação do problema político, a consideração de opções alternativas, a análise de todos os seus impactos distributivos, os resultados de consulta pública, as estratégias de *compliance* e os processos para monitoramento e para avaliação (OECD, 2008, p. 14).

b) OMB: AIR é um documento que deve demonstrar haver informação adequada relacionada à necessidade e às consequências de uma ação regulatória proposta, deve mostrar se os benefícios potenciais da ação para a sociedade excedem os custos potenciais e se, de todas as abordagens alternativas para se alcançar um dado objetivo regulatório, a ação proposta é a que maximizará os benefícios líquidos para a sociedade. A AIR é produzida principalmente para propostas de mudanças regulatórias, mas é igualmente aplicável para rever regulações existentes, e deve conter cinco elementos: uma demonstração da necessidade potencial da proposta; o exame de abordagens alternativas; uma análise de benefícios e custos; a razão para a escolha da ação regulatória proposta e uma declaração de autoridade legal (EOP; OMB, 1991, p. 653).

c) NAO: AIR é um processo que tem o propósito de explicar os objetivos da regulação proposta, os riscos a serem considerados e as opções para se alcançarem os objetivos. Deve tornar transparentes os custos e os benefícios esperados das opções para as diferentes entidades envolvidas, tais como outros setores do governo e pequenas empresas, e como a conformidade com as opções regulatórias seria assegurada e aplicada. A AIR deve ser traçada num estágio inicial da formulação de política pública para aconselhar os ministros e desenvolver-se à luz de mais evidências e consultas (NAO, 2001, p. 2).

Natasha Salinas destaca a AIR como importante técnica de produção normativa, que tem entre os seus objetivos aprimorar a sua qualidade:

> Por "qualidade", entende-se não apenas a observância de critérios como clareza, precisão, generalidade e assertividade dos comandos legais, mas também o preenchimento de requisitos como eficiência e efetividade. As leis e atos normativos em geral são, assim, avaliados não somente em razão de suas características intrínsecas ou internas, mas sobretudo em função dos efeitos que produzem na sociedade. Leis e regulamentos

"bons", dentro desta perspectiva, são aqueles que produzem mudanças positivas no tecido social (2016, s.p.).

Embora possa ser utilizada como subsídio ao processo legislativo formal sobre diversas matérias, centra-se o presente estudo no emprego da AIR no âmbito dos serviços e utilidades públicos regulados, como ferramenta para a atividade de produção normativa e também como instrumento preparatório, de auxílio às decisões tomadas acerca de políticas regulatórias em geral. A metodologia mostra-se, com efeito, propícia ao exercício da relativa liberdade normativa e da discricionariedade de forma responsável, já que a escolha entre várias soluções possíveis deve ser feita "mediante parâmetros, cuja medida, seja qual for o parâmetro adotado, é a maior ou menor satisfação do interesse público", sendo que essa ponderação comparativa deve considerar os diversos interesses, públicos e privados, eventualmente atingidos pelo ato a ser expedido (MORAES, 2004, p. 39).

Patricia Pessôa Valente (2013, p. 57-58; 100), valendo-se de guias, artigos e livros especializados no assunto, e com base ainda na forma como a avaliação se manifesta em países mais avançados no estudo da matéria, apresenta um tipo ideal de procedimento de AIR, com a seguinte sequência de ações:

a) definição do problema;
b) criação de linha do tempo com previsão sobre o que aconteceria caso não ocorresse qualquer intervenção;
c) definição dos objetivos;
d) consulta e participação dos possíveis afetados (instituições de representação das empresas, usuários, consumidores e qualquer outro interessado) a fim de validar as conclusões alcançadas nas fases anteriores;
e) seleção das opções a serem consideradas;
f) escolha do método (análise de custo-benefício, análise de custo-efetividade, análise de custos, análise de benefícios, análise de risco) que será utilizado para analisar as opções apontadas na etapa anterior;
g) mapear os dados necessários para a mensuração dos benefícios e custos de todas as opções selecionadas e, se necessário, realizar pequenas pesquisas para coleta de dados para validar os dados a serem utilizados nas análises;
h) análise e comparação das opções de acordo com o método escolhido e elaboração da minuta do relatório da AIR e da medida regulatória a ser adotada;

i) consulta pública das minutas de medida regulatória e do relatório de AIR para validação dos resultados com os interessados;

j) ajustar o relatório de AIR e a sugestão da medida regulatória a ser adotada ao agente regulador responsável pela tomada de decisão;

k) implementação e monitoramento da regulação, com levantamento de informação para os agentes que realizaram a avaliação e para o tomador de decisão.

Consideradas as características da metodologia, segundo a proposição de Patricia Pessôa Valente (2013, p. 57-58; 100), que prevê a oportunidade de consulta e participação dos possíveis afetados, vê-se que se propõe agregar, com a ferramenta, transparência e responsabilização do agente público no processo de decisão regulatória. Busca-se propiciar, dessa forma, o diálogo entre reguladores, regulados e demais interessados, perfazendo um planejamento da ação pública, substituindo os improvisos governamentais e aumentando a adesão do mercado à política regulatória, com redução de contestações administrativas e judiciais e aumento da credibilidade do regulador (MENDONÇA, 2010, p. 14).

Destacam-se, ainda, na metodologia etapas fundamentais para a idoneidade dos resultados a serem alcançados, tais como a previsão sobre o que aconteceria caso não ocorresse qualquer intervenção (item b), a título de justificativa para a interferência estatal; a definição clara dos objetivos a serem alcançados (item c); a concepção de opções a serem consideradas (item e), enquanto alternativas de solução do problema identificado; a escolha do método (análise de custo-benefício, análise de custo-efetividade, análise de custos, análise de benefícios, análise de risco) e o mapeamento dos dados necessários para a mensuração dos benefícios e custos de todas as opções selecionadas (itens f e g). Além disso, a fase de acompanhamento da medida implementada fornece importante subsídio para a avaliação "*ex post*" [posterior] da regulação, adotada em alguns países (item k).

Esses aspectos tecem o sentido do termo *accountability*: "A eficiência da AIR decorre sobretudo da transparência do processo de tomada de decisão regulatória e, consequentemente, da possibilidade de responsabilização dos agentes reguladores. A esses dois aspectos conjugados dá-se o nome de *accountability*" (VALENTE, 2013, p. 129). A AIR constitui-se, portanto, em procedimento útil para a prestação de contas do agente público perante a sociedade e os órgãos de controle, possibilitando maior sindicância, não só da legalidade em sentido estrito, mas também da razoabilidade do juízo de discricionariedade técnica, se foram justificadas a intervenção e a escolha, do ponto de vista técnico e jurídico, se os critérios para a tomada de decisão foram observados e se não houve desvios ou favorecimentos (FURTADO, 2016, p. 925). Sob esse prisma, a ferramenta exerce pressão na observância da imparcialidade e da moralidade do agir administrativo, aumentando a credibilidade e favorecendo uma percepção de lisura da atuação regulatória.

2.3 AIR e o direito fundamental à boa administração pública

A Constituição brasileira de 1988 (BRASIL, 1988) estabelece, em seu art. 1º, a cidadania e a dignidade da pessoa humana entre os fundamentos da República Federativa, enquanto Estado Democrático de Direito, fazendo da pessoa o fundamento e o fim da sociedade e do Estado. Diferentemente das Constituições anteriores, que tratavam do Estado prioritariamente e só depois dele disciplinavam os direitos, inverte-se a atual topografia constitucional para refletir a mudança: "de um Direito inspirado pela ótica do Estado, radicado nos deveres dos súditos, transita-se a um Direito inspirado pela ótica da cidadania, radicado nos direitos dos cidadãos" (PIOVESAN, 2010, p. 26; 33).

Os indivíduos passam, então, a ser titulares de direitos com primazia, e o conteúdo da cidadania se expande para além do exercício de direitos políticos, para incluir outros direitos fundamentais, sustentados por princípios espraiados na Constituição, que ditam o seu tom axiológico. Nesse sentido:

> Compartilhando a concepção de Ronald Dworking, acredita-se que o ordenamento jurídico é um sistema no qual, ao lado das normas legais, existem princípios que incorporam as exigências de justiça e dos valores éticos. Esses princípios constituem o suporte axiológico que confere coerência interna e estrutura harmônica a todo o sistema jurídico. O sistema jurídico define-se, pois, como uma ordem axiológica ou teleológica de princípios jurídicos que apresentam verdadeira função ordenadora, na medida em que salvaguardam valores fundamentais. A interpretação das normas constitucionais advém, desse modo, de critério valorativo extraído do próprio sistema constitucional. Como atenta Habermas, os princípios morais, de origem jus-racional, são, hoje, parte integrante do direito positivo. Por essa razão, a interpretação constitucional assume uma forma cada vez mais jusfilosófica (PIOVESAN, 2010, p. 31-32).

Com efeito, pode-se incluir, entre as prerrogativas da cidadania, o exercício de direitos administrativos, assim entendidos os direitos a serem exigidos nas relações dos cidadãos com o Estado, com base nos princípios constitucionais a serem obedecidos pela administração pública, nomeadamente os princípios de legalidade, impessoalidade, moralidade, publicidade e eficiência (art. 37 da Constituição Federal), dos quais se extrai a noção de direito fundamental à boa administração pública, implícito na ordem constitucional, nos moldes do seu art. 5º, §2º, segundo o qual os direitos fundamentais expressos na Constituição não excluem outros decorrentes do regime e dos princípios por ela adotados.

Nessa linha, o direito fundamental à boa administração pública de titularidade dos cidadãos, como apresentado por Juarez Freitas (2014, p. 13), tem inspiração no art. 41 da Carta dos Direitos Fundamentais da União Europeia, proclamada pelo Parlamento Europeu, pelo Conselho e pela Comissão na cidade de Nice, em 2000, novamente proclamada em 2007, com as alterações que lhe foram introduzidas. Trata-se de instrumento criado no sentido de ser expressamente reconhecido e posto em relevo o papel dos direitos fundamentais na ordem jurídica da União, tornado juridicamente vinculativo desde 2009, com a adoção do Tratado de Lisboa (PARLAMENTO EUROPEU, 2016, p. 1).

A Carta dos Direitos Fundamentais enumera, em seu Capítulo V (Cidadania), os direitos dos cidadãos da União: o direito de eleger e de ser eleito nas eleições para o Parlamento Europeu e nas eleições municipais, o direito a uma boa administração, o direito de petição, o direito de acesso aos documentos, o direito a proteção diplomática e a liberdade de circulação e de permanência (2.1.1). No que interessa ao presente estudo, assim dispõe:

> Artigo 41º
> Direito a uma boa administração
> 1. Todas as pessoas têm direito a que os seus assuntos sejam tratados pelas instituições e órgãos da União de forma imparcial, equitativa e num prazo razoável.
> 2. Este direito compreende, nomeadamente: a) o direito de qualquer pessoa a ser ouvida antes de a seu respeito ser tomada qualquer medida individual que a afete desfavoravelmente; b) o direito de qualquer pessoa a ter acesso aos processos que se lhe refiram, no respeito dos legítimos interesses da confidencialidade e do segredo profissional e comercial; c) a obrigação, por parte da administração, de fundamentar as suas decisões.

3. Todas as pessoas têm direito à reparação, por parte da Comunidade, dos danos causados pelas suas instituições ou pelos seus agentes no exercício das respectivas funções, de acordo com os princípios gerais comuns às legislações dos Estados-Membros.
4. Todas as pessoas têm a possibilidade de se dirigir às instituições da União numa das línguas oficiais dos Tratados, devendo obter uma resposta na mesma língua (UE, 2016a, p. 401-402).

Inspirado nesse modelo, com fundamento no dever de observância da totalidade dos princípios constitucionais e correspondentes prioridades nas relações administrativas, tal como estabelecidos na Constituição Federal de 1988 (BRASIL, 1988), Juarez Freitas, entendendo que o Estado Democrático, na afirmação da cidadania, deve facilitar e prover o acesso ao direito fundamental à boa administração pública, conceitua-o como norma implícita de imediata eficácia no sistema jurídico brasileiro, nos seguintes termos:

> Trata-se do direito fundamental à administração pública eficiente e eficaz, proporcional cumpridora de seus deveres, com transparência, sustentabilidade, motivação proporcional, imparcialidade e respeito à moralidade, à participação social e à plena responsabilidade por suas condutas omissivas e comissivas (2014, p. 21).

Destrinçando o conceito, que sintetiza um "somatório de direitos subjetivos públicos", sem excluir outros, por se tratar de lista de "*standard* mínimo", elenca o autor os seguintes direitos: direito à administração pública transparente, direito à administração pública sustentável, direito à administração pública dialógica, direito à administração pública imparcial e desenviesada, direito à administração pública proba, direito à administração pública respeitadora da legalidade temperada e direito à administração pública preventiva, precavida e eficaz. E resume: "as escolhas administrativas serão legítimas se – e somente se – forem sistematicamente eficazes, sustentáveis, motivadas, proporcionais, transparentes, imparciais e ativadoras da participação social, da moralidade e da plena responsabilidade" (FREITAS, 2014, p. 21-23).

Precisamente nesse ponto, apresenta-se a efetiva instrumentalidade do procedimento de AIR na prestação dos serviços públicos regulados, na medida em que a ferramenta proporciona o atendimento a cada um dos parâmetros que, sob a perspectiva do direito fundamental à boa administração pública, legitimam as escolhas administrativas regulatórias. A começar pelo requisito da sistematização, tal pressupõe a existência de método ordenado e organizado, com suficiente generalidade, passível de adequação e repetição, observadas as peculiaridades de cada caso, de forma a configurar procedimento aplicável nas diversas situações de escolhas administrativas, exatamente em que consiste a AIR.

O controle eficacial, por seu turno, que consiste na escolha finalística do que efetivamente deve fazer o gestor público, encontra seus parâmetros desde o início do procedimento de AIR, quando são definidos o problema a ser solucionado e os objetivos a serem alcançados, os quais devem corresponder, ao final, à ação a ser intentada pela administração, após o crivo das análises de benefícios, efetividade e riscos.

A sustentabilidade, em princípio, encontra eco no procedimento de AIR na medida em que se pauta em análise de linha do tempo, de forma a evitar-se o decisionismo de curto prazo, muito atraente às práticas políticas que, via de regra, tendem a basear-se na cronologia dos mandatos. As decisões assim tomadas geram um ambiente institucional mais seguro, possibilitando o monitoramento de metas e resultados em horizonte ampliado (FREITAS, 2014, p. 19).

O tópico relativo à necessidade de motivação das decisões remete, inicialmente, ao aspecto da discricionariedade técnica subjacente às decisões regulatórias. Houve um tempo na cátedra do Direito Administrativo em que se ensinava a dispensabilidade de motivação dos atos administrativos discricionários, porquanto estariam na esfera de conveniência e oportunidade da administração pública, o que lhes conferia caráter de difícil sindicabilidade. Na moderna administração, contudo, vem se afirmando a necessidade de exposição dos motivos mesmo ante a decisão discricionária, como forma de dar mais transparência à gestão pública e possibilitar o controle das ações administrativas, tanto pela sociedade destinatária como pelos órgãos de controle interno e externo da administração e pelo Poder Judiciário.

Nesse sentido, Juarez Freitas, entendendo que a discrição conferida ao agente público é uma competência, mais do que uma faculdade, afirma que "o direito fundamental à boa administração vincula direta e imediatamente a discrição do gestor público", e "uma vez ausentes os bons motivos para exercitá-la ou deixar de exercitá-la, o agente público resta vinculado aos motivos opostos", de sorte que não é mais aceitável a decisão administrativa completamente insindicável, havendo a necessidade de motivação que, suficientemente, indique os fundamentos de juridicidade da escolha pública. E propõe um conceito de discricionariedade administrativa condizente com a boa administração pública:

Pode-se conceituar a discricionariedade administrativa como a competência administrativa (não mera faculdade) de avaliar e de escolher, no plano concreto, as melhores soluções, mediante justificativas válidas, coerentes e consistentes de sustentabilidade, conveniência ou oportunidade (com razões juridicamente aceitáveis), respeitados os requisitos formais e substanciais da efetividade do direito fundamental à boa administração pública (FREITAS, 2014, p. 24).

Em sentido semelhante, Germana Moraes (2004, p. 56) já enfatizava que a discricionariedade baliza-se não pela ideia de poder, mas pela ideia nuclear do dever de se adotar a solução mais adequada à finalidade prescrita em lei, do que se depreende que a discricionariedade não implica liberdade de eleição entre indiferentes jurídicos, havendo um dever administrativo de acertar diante do caso concreto, vale dizer, deve-se buscar o ato ideal.

O procedimento de AIR, nesse contexto, vem imprimir um caráter metodológico técnico-científico no curso da decisão administrativa regulatória, de forma a se alcançar, entre as soluções lícitas e razoáveis, no epicentro da discricionariedade técnica, a melhor opção, suficientemente justificada pelo estudo realizado com a participação dos *stakeholders*, especialmente os cidadãos afetados, possibilitando o maior controle possível da atuação pública, tornando, assim, mais compreensíveis os motivos da decisão, com a redução da assimetria de informações entre os agentes reguladores e os órgãos de controle, facilitando a sindicância de eventuais desvios do agir estatal.

A decisão assim tomada passa, necessariamente, pelo crivo da proporcionalidade, na medida em que deve observar o teste tríplice da adequação entre meios e fins, da efetiva necessidade de atuação regulatória por uma específica medida, inclusivo com o traçado de linha do tempo com previsão sobre o que aconteceria caso não ocorresse qualquer intervenção, e da proporcionalidade em sentido estrito, com base nos critérios próprios da AIR, segundo o método escolhido, quais sejam, análise de custo-benefício, análise de custo-efetividade, análise de custos, análise de benefícios e análise de risco, considerados aspectos econômicos, sociais e ambientais, entrelaçando-se, aqui, o princípio da proporcionalidade com os princípios da economicidade, da eficiência, da eficácia e da sustentabilidade (FREITAS, 2014, p. 92).

Pelas próprias características da metodologia, segundo o tipo ideal esquadrinhado por Patricia Pessôa Valente (2013, p. 57-58; 100), na medida em que o processo conta, ao longo de suas fases (especialmente itens 'd' e 'i'), com consulta e participação dos possíveis afetados (instituições de representação das empresas, usuários, consumidores e qualquer outro interessado) a fim de validar as conclusões e documentos gerados nas diversas etapas da AIR, a ferramenta se propõe a agregar transparência e responsabilização do agente regulador no processo de decisão regulatória, aspectos traduzidos no termo *accountability*. Sob esse prisma, torna-se inerente ao processo de decisão regulatória a observância da imparcialidade e da moralidade no agir administrativo, promovendo-se plena responsabilidade por ação e também por omissão estatal.

Nesse campo, precisamente quando, diante de um problema, cria-se a linha do tempo com previsão sobre o que aconteceria caso não ocorresse qualquer intervenção regulatória, notável é a instrumentalidade da AIR relativamente aos deveres de prevenção e precaução da administração pública, seja, respectivamente, diante da certeza de evento futuro danoso ou de

> evento que supõe danoso, em face de fundada convicção (...) quanto ao risco de, se não for interrompido tempestivamente o nexo de causalidade, ocorrer prejuízo desproporcional, isto é, manifestamente superior aos custos (sociais, econômicos e ambientais) da eventual atividade interventiva (FREITAS, 2014, p. 122-123).

Com efeito, resta demonstrado que o procedimento de AIR tem a potencialidade de concretizar o direito fundamental à boa administração pública, tal como preconizado por Juarez Freitas, no campo das decisões regulatórias, alavancando a gestão pública como um todo para um maior profissionalismo da administração, com foco em utilidades e serviços públicos regulados com mais qualidade e eficiência, segundo uma discricionariedade técnica responsável.

CAPÍTULO 3

ANÁLISE DE IMPACTO REGULATÓRIO E SUA UTILIZAÇÃO INTERNACIONAL

A AIR é reconhecida pela maioria dos países desenvolvidos como um instrumento chave para o melhoramento da qualidade da tomada de decisões regulatórias e um número cada vez maior de países em desenvolvimento vem implementando essa ferramenta nos seus sistemas de governança regulatória. Nos últimos 30 anos, o procedimento tem sido intensamente promovido por organizações internacionais, como o Banco Mundial e a OCDE. De acordo com estudos do Banco Mundial divulgados em 2019, 33 dos países de alta renda membros da OCDE realizam AIR, e mais de 800 avaliações de impacto foram realizadas desde 2003 no âmbito da Comissão Europeia. Seguindo essa iniciativa, 92 dos 185 países pesquisados realizam uma avaliação de impacto da regulação proposta (WORLD BANK, 2018a, p. 1; 3).

A Europa e a Ásia Central são as regiões onde o uso da AIR é mais difundido, com 23 dos 25 países pesquisados realizando pelo menos algum tipo de avaliação de impacto. No entanto, existe uma lacuna evidente entre as economias de alta renda da OCDE, da Europa e da Ásia Central e o resto do mundo. Na América Latina e no Caribe, por exemplo, 43% dos países realizam AIRs. No Leste da Ásia e no Pacífico, apenas 32%, e no Sul da Ásia, 29%. Nas regiões da África Subsaariana, do Oriente Médio e do Norte da África, a prática de avaliação regulatória é bastante esporádica, verificando-se que menos de um quarto dos países realiza qualquer tipo de avaliação de impacto (WORLD BANK, 2018a, p. 3).

Identificado sob várias designações na literatura especializada, como AIR (Análise de Impacto Regulatório ou Avaliação de Impacto Regulatório ou Análisis de Impacto Regulatorio ou Analyse d'Impact

Réglementaire), RIA (Regulatory Impact Analysis ou Regulatory Impact Assessment), RIS (Regulatory Impact Statement) ou RIAS (Regulatory Impact Analysis Statement), o procedimento é utilizado como instrumento de normatização em geral (regulação ou regulamentação) e possui elementos comuns nos vários países que o adotam, mas também há disparidades, na medida em que são diferentes nações, com variados níveis de renda, que introduzem a metodologia, buscando melhorar a governança e implementar marcos regulatórios mais racionais. Segundo o Banco Mundial (WORLD BANK, 2018a, p. 1), nos últimos anos, pelo menos 13 países tão variados quanto a Finlândia, o Vietnã e a Zâmbia criaram ou reformaram seus procedimentos de AIR.

Em breve histórico, uma forma precursora de AIR foi identificada na Dinamarca, já em 1966, nos esforços do país para avaliar os impactos econômicos e administrativos da regulação no setor público e as consequências administrativas para cidadãos e empresas. A AIR formal e explícita conta, contudo, com cerca de 45 anos, com a inclusão da análise de custo-benefício na Análise de Impacto Inflacionário nos Estados Unidos, seguidos pela Finlândia e pelo Canadá até o final da década de 1970. Austrália, Reino Unido, Países Baixos e Alemanha adotaram a AIR em meados da década de 1980, e dez anos depois, cerca da metade dos países membros da OCDE já adotavam a metodologia. A tendência acentuou-se entre 1997 e 1999, na fase inicial do programa de reforma regulatória da OCDE. A União Europeia, com sua agenda de "better regulation" [para uma melhor regulação], também foi impactada com a adesão de países remanescentes desde 2002 (JACOBZONE; CHOI; MIGUET, 2007, p. 35).

Segundo a OCDE (2016, p. 68), a análise de custo-benefício, ou Cost-Benefit Analysis (CBA), é uma metodologia de cálculo de todos os benefícios e todos os custos sociais de um projeto de investimento, que determina a sua viabilidade e proporciona uma base para a comparação de projetos alternativos antes que se realizem as despesas públicas. Consiste, com efeito, na comparação entre custos e benefícios esperados de um projeto, com a finalidade de determinar se os benefícios excedem os custos, e com isso decidir-se acerca da conveniência do investimento para a sociedade e ter-se uma alocação eficiente de recursos. Benefícios e custos são expressos em termos monetários e ajustados segundo o valor do dinheiro no tempo; portanto, são expressos em termos do valor presente líquido ou *net present value* (NPV). A aplicação mais importante dessa análise tem sido na decisão acerca de projetos de investimento público, mas também é feita em outras áreas, como na AIR, para avaliação de medidas regulatórias.

Na América Latina e Caribe (LAC), podem ser identificados esforços iniciais para introduzir o uso da AIR e também da avaliação "*ex post*" (posterior) da regulação. Conforme pesquisa da OCDE realizada em 2015 em 12 países da LAC, havia genericamente uma exigência ou base legal nacional para a análise de custo-benefício em 9 (75%) dos países pesquisados. Contudo, em níveis estadual ou local, essas exigências ficavam em torno de 25% (3 dos países pesquisados). Na maioria dos casos, como na Costa Rica, em Honduras, no Panamá, no Paraguai e na República Dominicana, a análise de custo-benefício apresenta-se firmemente prescrita como uma ferramenta para a seleção de projetos tipicamente nos estudos prévios de viabilidade ou, em qualquer caso, nos estágios iniciais do processo de tomada de decisão. Além disso, 33% dos países, nomeadamente Argentina, Guatemala, México e Peru, relataram um crescimento do papel e da importância da análise de custo-benefício (OECD, 2016, p. 68; 114).

Quanto à AIR propriamente dita, não há um modelo único a ser seguido na implementação dessa ferramenta de política regulatória. O desenho e a evolução dos sistemas de AIR dependem do contexto institucional, social, cultural e legal de cada país ou jurisdição. Afora México e, em certa medida, Costa Rica, é relativamente recente o uso da AIR entre os países da América Latina, os quais ainda não o implementaram sistematicamente, embora tenham tomado medidas para adotar a ferramenta. Brasil, Equador e Colômbia, por exemplo, conduziram alguns projetos piloto com o fim de institucionalizar o uso da AIR. Entre os países pesquisados (Brasil, Chile, Colômbia, Costa Rica, Equador, México e Peru), apenas o México e a Costa Rica possuíam um órgão de supervisão que controla a qualidade da AIR realizada pelos reguladores, o qual, segundo a OCDE, assegura coerência e desenvolve entre os reguladores uma cultura de melhor definição para as suas intervenções regulatórias. Em todos os países pesquisados, exceto o Peru, foram desenvolvidos guias escritos sobre a preparação da AIR, não necessariamente utilizados por completo pelos reguladores, aos quais, em sua maioria, falta uma abordagem metodológica clara a ser desenvolvida e promovida (OECD, 2016, p. 118).

A avaliação *ex post* para verificação da efetividade de leis e regulamentos no alcance de seus objetivos não é, em geral, explorada nos países da LAC, semelhantemente à tendência entre os países da OECD, havendo casos isolados em pouquíssimos países onde há essa exigência. Na Colômbia, por exemplo, comissões reguladoras são obrigadas por lei a realizar, a cada três anos, avaliação *ex post* de toda a regulação adotada no período. No Chile, o departamento de avaliação das leis,

Law Evaluation Department, da Câmara dos Deputados, realizou várias revisões *ex post* para avaliação da efetividade de leis e fez, em cada caso, recomendações para melhorias adicionais ao procedimento, o que revela a complexidade para que se consiga concluir esse tipo de análise (OECD, 2016, p. 120). Em termos de supervisão e controle de qualidade, o governo chileno emitiu, segundo dados de 2017, uma instrução presidencial que, pela primeira vez, introduziu a obrigação de executar a AIR, com foco na produtividade, para os ministérios da economia (OECD, 2018, p. 59).

A OCDE, como divulgadora e incentivadora em nível internacional da metodologia, realiza constantes pesquisas em AIR, como parte de uma agenda de melhoria da qualidade regulatória. Para o organismo internacional, melhorar a base de evidências para a regulação por meio da AIR é uma das ferramentas reguladoras mais importantes disponíveis para os governos (OECD, 2018, p. 59). Assim, passa-se a analisar aspectos da utilização da AIR inicialmente nos países membros da OCDE, com o detalhamento do sistema adotado nos Estados Unidos, e posteriormente se examina o emprego da metodologia nos países em desenvolvimento, com ênfase no Brasil, que vem desenvolvendo programa oficial de incentivo à adoção do procedimento da AIR, tendo editado recentes medidas legislativas sobre a matéria.

3.1 Países membros da OCDE

A OCDE reúne 36 países-membros, a maioria com economias desenvolvidas, como Estados Unidos, Japão e países da União Europeia, segundo critérios como Produto Interno Bruto (PIB) *per capita*, distribuição de renda e aspectos relacionados ao bem-estar em geral, como níveis de empregabilidade, escolaridade e moradia, incluindo Chile e México, únicos representantes da América Latina, ressalvando-se que a Colômbia e a Costa Rica figuram como países candidatos, encontrando-se ainda em processo de implementação de medidas exigidas para se tornarem os próximos membros da OCDE. A utilização da AIR, amplamente difundida entre os países membros da OCDE, apresenta, contudo, desenhos e aplicações que variam significativamente. Em 1980, apenas três países adotavam a AIR. Porém, desde 2005, todos os países da OCDE já utilizavam rotineiramente alguma forma de AIR para a adoção de novas medidas regulatórias antes de finalizá-las e implementá-las (OECD, 2009, p. 15).

A AIR é hoje exigida em quase todos os países da OCDE para o desenvolvimento de normas primárias (aprovadas pelo parlamento ou congresso) e normas subordinadas (aprovadas por autoridade executiva, como chefe de governo, ministro, secretário, conselho, diretoria etc.), com um decréscimo, em relação a 2014 (dados do último *outlook* da OCDE), do número de países que a exigem para todas as normas, o que denota a adoção de uma abordagem mais proporcional para se determinar se uma AIR deve ser realizada diante de uma proposta regulatória. Nota-se, contudo, que a implementação se encontra atrasada, mas que a defasagem entre exigência e prática parece ter diminuído desde 2014, e é menor para as normas primárias do que para a normatização subordinada (OECD, 2018, p. 61).

Mais de um terço dos membros da OCDE têm exceções à realização da AIR, notando-se que, de 2014 para 2017, houve um aumento geral nos tipos de exceções disponíveis, entre as quais: a regulação faz parte de uma promessa eleitoral; a regulação está sendo introduzida em resposta a uma emergência; a regulação é considerada como tendo impactos insignificantes; a regulação deve ser introduzida antes de uma certa data; ou a regulação está implementando um tratado ou legislação internacional de uma organização inter ou supranacional (por exemplo, União Europeia). Somente em oito países da OCDE há a exigência de realização de uma revisão pós-implementação, caso a AIR não tenha ocorrido quando deveria ter sido realizada. Poucos países possuem um teste de limiar para realizar AIR (realizar/não realizar e completa/simplificada), e informações relacionadas a essa matéria são publicadas somente por México, Estados Unidos e União Européia (OECD, 2018, p. 62-64).

Os países da OCDE quantificam cada vez mais custos e benefícios, principalmente para leis primárias. O número de países que exigem a quantificação de benefícios para leis primárias aumentou, desde 2014, de 26 para 30, enquanto o requisito de quantificação de custos foi ampliado de 23 para 25 países, consideradas todas as leis primárias, e de 18 para 20 considerada a regulação subordinada. Todavia, a quantificação de benefícios ainda fica atrás da quantificação de custos, verificando-se que na maioria dos países da OCDE a quantificação de custos é necessária para todas as normas, enquanto a quantificação de benefícios geralmente é necessária apenas para algumas. A identificação dos efeitos distributivos da regulação, em 2017, mostrou-se necessária em menos países do que em 2014, e seu escopo de aplicação foi reduzido para menos propostas regulatórias (OECD, 2018, p. 64).

Os tipos de impacto avaliados com mais frequência são os impactos econômicos, como os impactos sobre a concorrência e sobre as pequenas empresas, impactos ambientais, sobre o setor público e o orçamento. Apesar de um aumento desde 2014, a análise dos impactos sociais, tais como sobre a desigualdade de renda e sobre a pobreza, continua comparativamente menos desenvolvida entre os países da OCDE. Da mesma forma, a avaliação dos impactos nas jurisdições estrangeiras permanece baixa em comparação com outros tipos de avaliação, com menos de dois terços dos países exigindo uma avaliação pelo menos para algumas normas. Observa-se, ainda, que houve um aumento significativo de países avaliando os impactos da regulação sobre inovação, passando de 23 para 29 países em 2017, em alinhamento com um ambiente tecnológico dinâmico (OECD, 2018, p. 66-67).

De modo geral, esses países seguem uma orientação baseada na experiência da organização internacional, advinda das pesquisas de componentes institucionais e contextuais necessários às melhores práticas na tomada de decisões regulatórias. Desde 1997, a OCDE publica roteiros, esquematiza os elementos necessários e sistematiza experiências colhidas em alguns países, de modo a facilitar a implantação e o aperfeiçoamento da AIR internacionalmente. Assim, reuniu essas recomendações (OECD, 2008, p. 29-55) em 10 boas práticas para uma efetiva introdução da AIR, contendo elementos iniciais a serem considerados, que podem servir de base para a introdução da ferramenta em países onde ainda não há um procedimento institucionalizado de AIR sistemática (precondições), e ações necessárias para o desenho e a implementação da metodologia:

 a) maximizar o compromisso político com a AIR – a AIR deve ser apoiada no mais alto nível político e também pelas diferentes instituições responsáveis pela elaboração de legislação e regras, sendo essencial a adesão dos agentes normatizadores ao procedimento, o qual exige uma mudança na cultura política do sistema; o apoio político depende da identificação das principais partes interessadas, dentro e fora da administração, que reconhecem a importância da introdução da AIR; o governo deve se comprometer com o uso da AIR através de uma declaração clara, uma diretriz oficial sobre como desenvolver um sistema de AIR, definindo padrões e princípios básicos de políticas reguladoras de qualidade; alguns países da OCDE fizeram isso através de uma lei ou decreto, especificando a cobertura e o método de RIA a ser usado, mas as fontes jurídicas de apoio à AIR variam de país para país (guia, diretriz, ordem presidencial, resolução e outros);

 b) alocar cuidadosamente as responsabilidades pelos elementos do programa de AIR – um objetivo principal inicial da equipe que trabalha no projeto do processo de AIR deve ser avaliar os recursos humanos dentro dos órgãos governamentais em termos das capacidades existentes para realizar a AIR, desenvolvendo uma equipe principal que tenha uma natureza "multifuncional", isto é, envolvendo indivíduos com diferentes origens e habilidades; em alguns casos, ministérios ou reguladores são responsáveis pela condução da AIR e uma unidade técnica apoia e coordena os trabalhos, inclusive avalia a qualidade das análises, com responsabilidades atribuídas a especialistas específicos das áreas envolvidas; não existe um modelo institucional único para o uso sistemático da AIR, mas, em geral, existem duas configurações institucionais nos países da OCDE, uma centralizada, que depende de um órgão de supervisão para a reforma regulatória localizado no centro do governo, outra descentralizada, em que as responsabilidades são normalmente compartilhadas por diferentes instituições reguladoras e ministérios, que usam mecanismos de consulta estendidos para encontrar acordos e consenso; em todo caso, é importante que os ministérios se envolvam com o novo sistema e os interesses entrincheirados que obstruem a implementação da AIR sejam cuidadosamente gerenciados, devendo-se incentivar os servidores públicos a pensar criativamente para superar os obstáculos que possam encontrar, como falta de cooperação para coletar dados de outras instituições ou relutância em participar de procedimentos de consulta e outros;

c) treinar os reguladores – a AIR requer *expertise* técnica e habilidades principalmente nos domínios político, jurídico, econômico e da comunicabilidade; em alguns países da OCDE, os elementos obrigatórios da AIR são estabelecidos por lei ou regulamento, e a par desses, na maioria dos países da OCDE, os órgãos centrais de supervisão da reforma regulatória são responsáveis pela elaboração e distribuição de diretrizes, que não são obrigatórias, possuindo um caráter consultivo que dá mais flexibilidade e deixa espaço para interpretação e aprimoramento, sem que a realização da AIR se descuide de seguir determinadas etapas essenciais; as diretrizes são ferramentas importantes para apoiar o treinamento e para a expansão do conhecimento entre reguladores e formuladores de políticas, devem ser acessíveis e explorar a teoria e a metodologia prática, além de fornecer orientações sobre como conduzir a AIR; as diretrizes tendem a abranger uma ampla gama de questões, mas geralmente são documentos que podem ser continuamente aprimorados à medida que a experiência e o conhecimento das questões de AIR são acumulados e novas técnicas ou mudanças metodológicas são adotadas; é recomendável como meta de longo prazo a elaboração de diretrizes adaptadas às especificidades de cada país, mas programas de treinamento que abranjam metodologias mais detalhadas de avaliação de impacto devem ser estabelecidos com base na experiência de profissionais do país e também em orientações internacionais; o treinamento é um processo importante e fundamental para mudar a cultura dentro da administração, mas não deve ser direcionado apenas aos funcionários que realizam a AIR, já que a sociedade civil e as organizações empresariais e outros órgãos governamentais podem se beneficiar do treinamento para a participação nos processos de consulta, para que estejam prontos para contribuir; a AIR não é comumente entendida e a familiarização do público em geral exigirá iniciativas inovadoras para melhorar a compreensão do sistema regulatório, promover a inclusão de todas as partes interessadas e criar confiança nas instituições de tomada de decisão;

d) usar um método analítico consistente, mas flexível – vários métodos de AIR são usados nos países da OCDE, entre os quais análise de custo-benefício (benefícios gerados menos custos impostos), análise de custo-efetividade ou custo/produto (custo para um dado nível de benefício), análise fiscal ou orçamentária, análise de impacto socioeconômico, análise de risco, análise de consequência, análise de custo de conformidade e testes de impacto nos negócios; nos estágios iniciais do desenvolvimento de um sistema de AIR, geralmente é dada mais atenção à avaliação de custos; no entanto, os benefícios também precisam ser incluídos na avaliação para melhorar a análise, a fim de verificar-se se os benefícios de uma proposta superam os custos, o que torna a análise mais complicada, pois os benefícios geralmente são mais difíceis de medir; os esforços da AIR devem ser dimensionados de acordo com as capacidades específicas de cada país, mas não significa dizer que a AIR seria inviável em circunstâncias de escassez de recursos, já que é mais relevante o processo de fazer as perguntas certas às pessoas certas (e assim criar uma estrutura para a formulação de políticas regulatórias) do que um processo de preparação de declarações de impactos tecnicamente precisas; a experiência internacional mostra que há uma tendência crescente para abordagens empíricas nas escolhas dos métodos analíticos a serem empregados na AIR; a análise custo-benefício completa é realizada por vários países, mas como esse método consome muitos recursos, aconselha-se um processo prévio de triagem para identificação dos casos que justificam mais esforços, considerando-se sua viabilidade, o tempo necessário e seus custos; não apenas os impactos quantitativos devem ser incluídos na análise, devendo-se também levar em consideração os impactos qualitativos, difíceis de medir; as dificuldades de medição muitas vezes demandam técnicas de utilização de dados substitutos, que guardam uma relação indireta com o objeto da pesquisa;

e) desenvolver e implementar estratégias de coleta de dados – a utilidade da AIR para avaliar o impacto de uma regulação proposta ou existente depende da qualidade dos dados usados, o que constitui elemento essencial e uma das etapas mais difíceis da AIR, porque pode consumir tempo e recursos, além de requerer uma abordagem sistemática e funcional; os governos precisam estabelecer uma estrutura para análises quantitativas os formuladores de políticas necessitam adquirir habilidades, pensar em termos quantitativos e se familiarizarem com a coleta de dados; os processos de consulta são um importante procedimento para levantamento de dados, mas existem diversas fontes para a obtenção de dados, entre as quais os conhecimentos e as experiências internos de economistas, advogados e analistas (estudos e informações existentes), os institutos nacionais de pesquisa, organizações e consultores de estatística, treinamento em técnicas e análises quantitativas para o desenvolvimento de capacidades no setor público, a formação de uma rede central de suporte mútuo para aqueles que conduzem as AIR, onde as "melhores práticas" da experiência internacional possam ser compartilhadas, fontes da União Europeia (dados do Eurostat e pesquisas do Eurobarômetro, relatórios, estudos e livros verdes), material internacional disponível na OCDE e no Banco Mundial, além de técnicas como entrevistas e questionários;

f) focar os esforços da AIR em prioridades – os formuladores de políticas devem direcionar a AIR para propostas regulatórias com o maior impacto na sociedade, garantindo-se que essas propostas se sujeitaram a um exame prévio para a realização da AIR, segundo os critérios de triagem (determinados propósitos midiáticos, impacto sensível no orçamento, na concorrência, no meio social ou no meio ambiente, limites monetários das despesas públicas necessárias etc); com recursos limitados e com o objetivo de familiarizar os servidores públicos e as partes interessadas com o novo processo, os esforços devem se concentrar nas áreas de regulação mais desafiadoras, nas questões econômicas, sociais ou ambientais; em países emergentes e em desenvolvimento, questões como impacto em pequenas empresas, oportunidades de emprego, acesso a crédito, impacto em gênero ou povos indígenas etc. podem ser de particular relevância e podem ser integradas ao processo de AIR para garantir que efeitos da regulação não afetem desproporcionalmente grupos vulneráveis; em países onde a redução da pobreza seja uma prioridade, ainda que apenas em certa região, há iniciativas com esse foco, como a denominada AIR em Favor dos Pobres (Pro-Poor Regulatory Impact Assessment);

g) integrar a AIR ao processo de elaboração de políticas, começando o mais cedo possível – parte da fase de avaliação, na preparação para a implementação da AIR, envolve a realização de uma análise detalhada dos processos existentes de decisão e de formulação de políticas, de forma a integrar a AIR nesses processos, mas sem substituí-los; como a metodologia fornece uma avaliação das alternativas regulatórias, é importante integrá-la no estágio inicial do processo, observando-se que a utilidade de uma AIR nessa fase reside no debate que ele pode criar e na capacidade de informar os tomadores de decisão de maneira sistemática, sem introduzir atrasos desnecessários no processo de tomada de decisão; a clareza deve ser um dos princípios básicos a serem respeitados no procedimento, porque facilita o acesso de pessoas de fora, melhorando o debate e outros processos de consulta; se a AIR é realizada quando as discussões se encontram muito avançadas, ela pode ser vista apenas como uma ferramenta política para justificar decisões, desprovida de um método rigoroso;

h) comunicar os resultados (publicitar) – dois aspectos principais da comunicação têm um grande impacto em um sistema AIR, primeiro, a comunicação dentro da administração pública para garantir coerência e coordenação, e segundo, a comunicação dos resultados a todas as partes envolvidas e interessadas que possam estar fora da administração, porque a AIR não é apenas uma ferramenta a ser usada e compreendida apenas pela administração pública, tendo-se a consulta como um elemento-chave do processo, razão pela qual os resultados também precisam ser compartilhados com cidadãos e empresas de maneira transparente, acessível e responsável; o contato entre equipes em diferentes departamentos deve ser estabelecida por meio de uma rede técnica de profissionais para trazer os benefícios da troca de informações e compartilhar experiências; a comunicação dos resultados e dos benefícios do uso da AIR é importante para obter suporte para a implementação; um grande impacto da AIR reside em sua capacidade de mostrar as diferentes maneiras possíveis de proceder ao apresentar uma proposta de regulação, e isso implica não apenas liberar a AIR, juntamente com os rascunhos de textos regulatórios, como parte do procedimento de consulta, mas também registrar os casos em que o sistema conseguiu eliminar propostas reguladoras ineficientes antes da promulgação; a comunicação da AIR também deve respeitar certos pré-requisitos de informações estabelecidos pelas autoridades reguladoras e manter um nível razoável de simplicidade e concisão, com as referências disponibilizadas em anexos para permitir que os usuários interessados encontrem as informações básicas usadas no procedimento;

i) envolver o público extensivamente – além dos interessados dentro da administração (autoridades e conselhos influentes no grupo governamental), o procedimento deve contar com a participação do público externo interessado, entre representantes de associações empresariais e de consumidores e acadêmicos, que possam aconselhar e ajudar a disseminar o conhecimento sobre a AIR; o apoio do público em geral pode ser promovido por meio de campanhas para aumentar a conscientização e criar confiança por meio de conferências, mídia geral e outros meios de comunicação; um sistema de AIR agrega valor na medida em que aumenta a transparência e a participação no processo regulatório, de maneira que as decisões tomadas possam realmente beneficiar o público; as partes interessadas podem participar nos estágios iniciais do processo (forças-tarefa ou painéis ministeriais de avaliação da necessidade de regulamentação) e, posteriormente, participar da elaboração do documento da AIR; isso também melhora a aceitação e a observância da regulação a ser implementada após o procedimento de AIR, pois a propriedade da regulação proposta é compartilhada com as partes interessadas; para ser eficaz, o processo de consulta requer condições prévias, tais como a definição clara dos objetivos para corretamente identificar as partes interessadas e o público-alvo da consulta (pode ser mais amplo que o público impactado ou interessado) e selecionar o método de consulta adequado, a identificação correta das partes interessadas, o envolvimento de outros departamentos e agências governamentais relacionados com o tema, a correta elaboração da natureza e da forma das perguntas incluídas nos documentos de consulta por escrito e o gerenciamento de riscos da consulta (baixas taxas de participação ou má apresentação de questões complexas, difíceis de entender); o público consultado, especialmente os mais afetados pela regulação, pode fornecer muitos dos dados necessários para concluir a AIR, acrescentando informações importantes sobre a viabilidade de propostas, as alternativas consideradas e o grau de intenção ou a sua disposição para a observância ou sujeição à regulação proposta; há, no entanto, o risco de que a coleta de dados por consulta pública possa levar à "captura de dados" e resulte em uma AIR tendenciosa (enviesada), quando as partes interessadas fornecem muitos dos dados necessários, mas esse risco pode ser gerenciado diversificando-se as fontes de dados e adotando-se uma abordagem de verificação e equilíbrio; quanto mais o processo for aberto e transparente, maior será a probabilidade de se evitar viés, além do que as suposições e dados usados na AIR devem ser aprimorados com testes após a execução da AIR, por meio de divulgação e novas consultas públicas;

j) aplicar a AIR à normatização existente e à nova em elaboração – os esforços para introduzir requisitos de qualidade na nova regulação podem ser prejudicados se a normatização existente permanecer com baixa qualidade; revisar a regulação existente é particularmente importante para os países em desenvolvimento, onde o estoque regulatório pode ter efeitos não intencionais e proporcionar encargos desnecessários aos agentes envolvidos; o acúmulo de normas mal monitoradas dificulta ao próprio governo determinar o que exige dos agentes regulados e dos cidadãos em geral; a Suécia foi pioneira numa ação política denominada "processo de guilhotina" (*guillotine process*), implementada para a redução da normatização desatualizada ou ineficaz; embora a AIR não seja utilizada por todos os países da OCDE para revisar o estoque regulatório, muitos países integram o seu uso dessa maneira; a avaliação de custos e benefícios na revisão da normatização existente pode constituir um segundo estágio da implementação da AIR, apresentando muitas semelhanças com o processo de direcionamento de nova regulação, e poderá ter a vantagem de dispor de mais e melhores informações.

Resumidas as 10 boas práticas recomendadas pela OCDE para uma efetiva introdução, desenho e implementação da metodologia, há também orientações do organismo internacional (OECD, 2008, p. 16-17) quanto às etapas que uma AIR deve incluir:

1) definição do contexto e dos objetivos da política regulatória, em particular a identificação do problema que demanda alguma ação do governo;
2) identificação e definição de todas as possíveis opções regulatórias e também não regulatórias que poderão servir aos objetivos e solucionar o problema da AIR;
3) identificação, quantificação e avaliação dos impactos das opções consideradas, incluindo custos, benefícios e outros efeitos;
4) consulta pública sistemática, com oportunidade para todas as partes interessadas participarem do processo regulatório, etapa que fornece informações importantes sobre os custos e benefícios das alternativas, incluindo sua eficácia;
5) desenvolvimento de estratégias de aplicação e conformidade para cada opção, incluindo uma avaliação de sua eficácia e eficiência;
6) desenvolvimento de mecanismos de monitoramento para avaliar o sucesso da proposta de política e utilizar essas informações no desenvolvimento de futuras ações regulatórias.

Em síntese, a OCDE afirma que essas experiências na aplicação da AIR produziram, em geral, resultados positivos, mostrando-se evidentes os benefícios da integração da AIR no processo de tomada de decisão política, mas reconhece a existência de desafios práticos enfrentados por todos os países que poderão ser superados por meio de uma estrutura consistente e bem pensada para a implementação da AIR, que é um processo de longo prazo, parte de uma mudança permanente na cultura administrativa, cuja a continuidade e o compromisso são essenciais para o sucesso dos resultados, independentemente das alternâncias no nível político (OECD, 2008, p. 57-58).

Entre os países membros da OCDE, específica análise do uso da AIR nos Estados Unidos da América justifica-se não só por estarem entre os precursores da utilização da AIR, como também em razão de o modelo norte-americano de regulação por agências ter inspirado a organização institucional de regulação no Brasil. O modelo de agencificação brasileiro é considerado uma reprodução parcial do padrão norte-americano, sendo que a primeira agência brasileira foi criada por lei em 1996 (Aneel), enquanto o modelo surgiu nos Estados Unidos em 1887, com a Interstate Commerce Comission (ICC), voltada para a regulação de atividades econômicas relacionadas ao sistema ferroviário interestadual, considerada um marco na implantação desse padrão burocrático na regulação americana (GUERRA, 2015, p. 15).

Na medida em que foram surgindo os monopólios naturais, intensificando-se a industrialização e estabelecendo-se os *trusts*, os cartéis, a concentração de riquezas, a corrupção na máquina estatal e os problemas sociais daí decorrentes, foi expandindo-se a burocracia americana e configurando-se a forma de atuação governamental denominada "Estado Administrativo", com a criação das agências reguladoras. Os fundadores dos Estados Unidos acreditavam que a sociedade não deveria ser regulada, sendo missão do Estado apenas garantir a propriedade privada e a liberdade contratual. Porém, a regulação foi sendo construída ante a crescente complexidade das relações comerciais, sob fundamento de que se alcançaria eficiência econômica por intermédio de decisões racionais proferidas por *experts* (GUERRA, 2015, p. 21-22; 46).

Assim é que a AIR foi incorporada como um elemento central do processo de regulação pelas agências federais, como parte de um processo iniciado desde 1947 com a Lei de Procedimento Administrativo (*Administrative Procedure Act*), que tinha o objetivo principal de estabelecer um conjunto de regras de orientação do procedimento de normatização administrativa. Dispunha sobre os tipos de normas que podiam ser editadas, seus procedimentos básicos de elaboração, mecanismos de publicidade e instâncias de participação dos cidadãos. Posteriormente, leis e decretos (*executive orders*) foram editados em complementação àquele marco legal geral, definindo critérios e princípios que obrigam as autoridades do governo federal a avaliar o eventual impacto das normas editadas. Desde então, disposições normativas são incorporadas para estabelecer os passos, mecanismos e regras a serem seguidos pelas diferentes agências federais na regulação, que influencia fortemente as condições econômicas, sociais, tecnológicas, ambientais e de saúde nos Estados Unidos (GORTÁZAR, 2013, p. 101-102).

Com a regulação em diversas áreas e o aumento na quantidade de normas administrativas produzidas pelo governo federal, surgiram questionamentos sobre a conveniência dessa atuação crescente da administração em matéria regulatória. Na década de 70 do século passado, em que se verificou concomitantemente um período de desaceleração econômica, começou-se a discutir o impacto que as regulações federais poderiam ter no desempenho econômico dos Estados Unidos, o que teve como resultado a incorporação de mecanismos de avaliação de impacto das normas administrativas federais. A metodologia foi se aperfeiçoando com o tempo. Primeiramente, o presidente Richard Nixon requereu que os projetos de normas em matéria ambiental, sanitária, de seguridade e de proteção ao consumidor fossem distribuídos às diferentes agências, para conhecerem o conteúdo e estarem em condições de apresentarem comentários e observações. Posteriormente, o presidente Gerald Ford requereu a avaliação de possíveis impactos das normas administrativas sobre a inflação, a ser efetuado pelas agências federais. Jimmy Carter determinou às agências que preparassem análises de impacto das normas administrativas e estabeleceu um grupo de revisão regulatória (*regulatory analysis review group*) para analisar o impacto de normas mais relevantes (GORTÁZAR, 2013, p. 103).

Da parte do Congresso dos Estados Unidos, em 1980 foi editada a Lei de Flexibilidade Regulatória (*Regulatory Flexibility Act*), com o objetivo de estabelecer como princípio que as agências deveriam adequar as exigências regulatórias e informacionais ao porte dos negócios, das organizações e das jurisdições governamentais sujeitos à regulação, considerando propostas regulatórias flexíveis, além de explicar a lógica de suas ações, para garantir que essas propostas teriam sido seriamente elaboradas, mediante a avaliação do impacto das normas e a análise de possíveis alternativas. Entre os motivos da lei, declarou-se que leis e regulamentos elaborados para aplicação em entidades de grande porte foram aplicados uniformemente a pequenas empresas, pequenas organizações e pequenas jurisdições governamentais, embora os problemas que deram origem à ação do governo não tenham sido causados por essas entidades menores, além do que exigências regulatórias lhes impuseram, em muitos casos, demandas desnecessárias e desproporcionalmente onerosas, incluindo custos legais, contábeis e de consultoria (USA, 1980, p. 2).

Progressivamente, o modelo norte-americano de AIR foi sendo aprimorado, notando-se um aumento no controle sobre a normatização oriunda das agências federais, conforme os ditames de diversas leis (*acts*) e ordens presidenciais (*executive orders*) que se seguiram, entre as quais cita Gortázar (2013, p. 104-115):
a) Lei de Redução de Trâmites (Paperwork Reduction Act), de 1980 – estabeleceu a necessidade de justificativa por parte das agências governamentais federais, inclusive das agências independentes, para qualquer coleta de informações, como forma de se evitarem burocracia e tramitação excessiva, devendo-se estimar o ônus imposto por sua coleta e demonstrar que se optou pela maneira mais barata de coletar informações;
b) Ordem Executiva nº 12.291, de 1981 – como um esforço para orientar o exercício dos poderes das autoridades federais ao decidir quando e como emitir regulação de escopo geral, teve a finalidade de aumentar a responsabilidade das agências por suas ações regulatórias, instituindo uma supervisão presidencial do processo regulatório, com vistas a minimizar a duplicidade de regras e o conflito regulatório, por meio de uma regulação bem fundamentada; estabeleceu as bases de como a análise de custo-benefício deveria ser usada, indicando o tipo de regulação administrativa a ser controlada, bem como os princípios a serem observados em sua aplicação;
c) Ordem Executiva nº 12.630, de 1988 – dispôs que os órgãos administrativos deveriam realizar AIR em matéria de direito da propriedade protegido constitucionalmente;
d) Ordem Executiva nº 12.866, de 1993 – tratou da revisão e do planejamento regulatórios, introduzindo modificações importantes nas disposições da Ordem Executiva nº 12.291 e abordando, com mais detalhes, os princípios orientadores da regulação por agências federais; estabeleceu que as agências deveriam considerar, além de benefícios econômicos, os benefícios líquidos ambientais, de saúde pública, de segurança e bem-estar, como também os possíveis impactos distributivos de ônus e possíveis efeitos nos segmentos mais pobres da sociedade; as agências federais passaram a considerar alternativas regulatórias com graus de flexibilidade e liberdade por parte dos regulados, o que se traduz na possibilidade de adoção de normas que permitam aos cidadãos tomar decisões mais informadas; dispôs sobre as instâncias de participação dos cidadãos beneficiados e prejudicados pela regulação e

sobre a facilidade de acesso público ao curso das ações regulatórias e aos respectivos antecedentes considerados; estabeleceu reformas relativas à análise retrospectiva da regulação;
e) Ordem Executiva nº 12.898, de 1994 – tratou das ações federais voltadas para a justiça ambiental, buscando evitar que a regulação tivesse efeito desproporcional sobre minorias e população de baixa renda, mediante a exigência a cada agência de desenvolvimento de uma "estratégia de justiça ambiental" que identificasse e considerasse os efeitos ambientais e de saúde de seus programas e políticas sobre esses grupos;
f) Lei de Mandatos sem Financiamento (Unfunded Mandates Reform Act), de 1995 – obrigou as agências federais a considerar os custos associados às regulamentações que comprometessem as autoridades estaduais, locais e tribais a fazerem desembolsos de cem ou mais milhões de dólares em um ano, não se aplicando às agências independentes;
g) Lei de Revisão do Congresso (Congressional Review Act), de 1996 – estabeleceu a oportunidade para o Congresso revisar e, eventualmente, contestar as normas emitidas pelo governo federal, antes da data de vigência das normas administrativas, quando ambas as casas do Congresso dos Estados Unidos adotarem uma resolução no sentido de rejeitar uma norma específica, prerrogativa que vale também para agências independentes;
h) Ordem Executiva nº 13.045, de 1997 – tratou da proteção das crianças contra riscos ambientais à saúde e riscos à segurança e estabeleceu que regulações que pudessem afetar desproporcionalmente a saúde ou a segurança das crianças fossem submetidas a uma análise mais cuidadosa pelas agências encarregadas;
i) Ordem Executiva nº 13.132, de 1999 – tratou de questão relacionada ao federalismo, buscando impedir que a regulação emitida pelo governo federal afetasse o exercício dos poderes dos governos dos diferentes estados da união, por meio da avaliação dos efeitos da normatização federal sobre as esferas políticas estaduais e locais;
j) Ordem Executiva nº 13.175, de 2000 – estabeleceu mecanismos para evitar efeitos sobre os interesses de certas tribos indígenas, obrigando as agências federais a consultarem os governos tribais sobre assuntos que pudessem fazer parte dessas áreas de sua competência;

k) Lei de Qualidade da Informação (*Information Quality Act*), de 2000 – exigiu que as agências federais desenvolvessem guias que garantissem a qualidade, a objetividade e a utilidade das informações fornecidas, além da obrigatoriedade de disporem de mecanismos administrativos que permitissem às pessoas afetadas solicitar e obter correções nas informações fornecidas pelos órgãos federais;
l) Ordem Executiva nº 13.211, de 2001 – tratou das ações relacionadas à regulação que afetasse significativamente o suprimento, a distribuição ou o uso de energia, exigindo que as agências avaliassem possíveis efeitos adversos nessas áreas, incluindo eventuais aumentos de preços, com a avaliação de possíveis alternativas e efeitos associados;
m) Ordem Executiva nº 13.563 de 2011 – reafirmou a importância da análise dos impactos distributivos de uma regulação e da importância de incorporar essa variável na análise de custo-benefício, além de destacar a relevância da participação do cidadão na elaboração das normas administrativas federais; estabeleceu a análise das áreas em que a regulação possa ter se tornado desnecessária, obsoleta, inefetiva, insuficiente ou excessivamente onerosa, e também exigiu a avaliação de áreas nas quais outras regulações possam ser necessárias; incluiu, entre os benefícios líquidos a serem avaliados pelas autoridades, além dos impactos distributivos, aqueles associados à equidade, à dignidade humana e à justiça.

Além dessas, merecem destaque:
a) Ordem Executiva nº 13.579, de 2011 (USA, 2011a, p. 3) – estendeu as obrigações estabelecidas na Ordem Executiva nº 13.563 para as agências reguladoras independentes, dispondo que decisões regulatórias qualificadas dependem da participação do público e de uma análise cuidadosa das prováveis consequências da regulação e, na medida permitida por lei, essas decisões devem ser tomadas somente após a consideração de seus custos e benefícios (quantitativos e qualitativos);
b) Ordem Executiva nº 13.609, de 2012 (USA, 2012, p. 1-2) – promoveu cooperação regulatória com outros países, considerando que as abordagens regulatórias adotadas por governos estrangeiros podem diferir das adotadas pelas agências reguladoras dos EUA para resolver problemas semelhantes e, em alguns casos, essas diferenças podem não ser necessárias e

podem prejudicar a capacidade das empresas americanas de exportar e competir internacionalmente, de modo que, para regulações significativas – que as agências, inclusive as independentes, identificarem como tendo impactos internacionais significativos –, deve-se considerar, na medida do possível, apropriado e consistente com a lei, quaisquer abordagens regulatórias de um governo estrangeiro que os Estados Unidos tenham concordado em adotar, sob a perspectiva de um plano de trabalho do conselho de cooperação regulatória;

c) Ordem Executiva nº 13.725, de 2016 (USA, 2016, p. 1-2) – estabeleceu medidas para aumentar a concorrência, dispondo que as agências, inclusive as agências independentes, devem identificar ações específicas que possam ser executadas em suas áreas de responsabilidade para eliminar encargos indevidos à concorrência, consultando outras partes interessadas para identificar maneiras de promover a concorrência por meio de regulação pró-competição, fornecendo aos consumidores e trabalhadores informações necessárias para fazer escolhas informadas e eliminando regulações que restringem a competição sem benefícios correspondentes para o público americano;

d) Ordem Executiva nº 13.771, de 2017 (USA, 2017, p. 1-2) – dispôs que, para cada nova normatização, fossem identificadas pelo menos duas normas anteriores para eliminação e que o custo da regulação planejada seja gerenciado e controlado com prudência por meio de um processo orçamentário; determinou que o diretor do OMB fornecesse aos chefes das agências orientações sobre, entre outras assuntos, processos de padronização da medição e da estimativa de custos regulatórios, padrões para determinar o que qualifica como regulamentos novos e compensatórios, normas para determinar os custos da regulação existente a ser considerada para eliminação, processos de contabilização de custos em diferentes exercícios, métodos para supervisionar a emissão de regras com custos compensados por economias, em momentos diferentes ou em diferentes agências e emergências, e outras circunstâncias que pudessem justificar exceções individuais aos requisitos estabelecidos; que as ações de desregulação deveriam seguir as mesmas etapas das novas normas, ser propostas para comentários do público e articular uma base fundamentada para as mudanças propostas.

Na Ordem Executiva nº 12866 (USA, 1993, p. 1), estabeleceu-se como preceito da filosofia regulatória que as agências federais deveriam regular apenas por exigência legal, por necessidade de interpretação da lei ou por imperiosa necessidade pública, em casos como falhas de mercados, visando a proteger ou melhorar a saúde e a segurança públicas, o meio ambiente ou o bem-estar do povo americano. Além disso, ao decidir se e como regular, as agências deveriam avaliar todos os custos e benefícios das alternativas regulatórias disponíveis, incluindo a alternativa de não regular, sendo que custos e benefícios deveriam incluir medidas quantificáveis (na maior medida possível de sua estimativa útil) e também medidas qualitativas de custos e benefícios difíceis de quantificar, mas essenciais a considerar.

Entre os princípios da regulação, cabe destacar o critério de custo-efetividade na maneira de realizar a regulação após escolhida a mais adequada para os objetivos buscados, considerando-se incentivos para inovação, consistência, previsibilidade, custos de aplicação e conformidade (para o governo, as entidades reguladas e o público), flexibilidade, impactos distributivos e equidade. Também, por princípio, reconhecendo-se que alguns custos e benefícios são difíceis de quantificar, deve-se, nesses casos, propor ou adotar uma regulação mediante apenas uma declaração fundamentada de que os benefícios da regulação pretendida justificam seus custos, além do que as agências devem basear suas decisões nas melhores informações científicas, técnicas, econômicas e outras, razoavelmente obtidas, relacionadas à necessidade e às consequências da regulação pretendida (USA, 1993, p. 2).

Ainda de acordo com o planejamento regulatório estabelecido na Ordem Executiva nº 12.866 (USA, 1993, p. 3), faz-se necessária a revisão coordenada da produção normativa das agências para garantir que a regulação seja consistente com a lei aplicável, com as prioridades do presidente e o com os princípios da regulação estabelecidos, bem assim para garantir que as decisões tomadas por uma agência não entrem em conflito com as políticas ou ações adotadas ou planejadas por outra agência. O vice-presidente dos Estados Unidos é o principal consultor do presidente e deve coordenar o desenvolvimento e a apresentação de recomendações relativas à política regulatória, ao planejamento e à revisão, e o OMB executará essa função de revisão por intermédio do Escritório de Informações e Assuntos Regulatórios (Office of Information and Regulatory Affairs – OIRA), que é o repositório de conhecimentos sobre questões regulatórias, incluindo metodologias e procedimentos que afetam mais de uma agência, os preceitos mencionados na própria ordem executiva e as políticas regulatórias do presidente.

O OIRA deve rever apenas as ações identificadas pela agência ou pelo próprio OIRA como ações regulatórias significativas (USA, 1993, p. 4; 8), assim entendidas aquelas que:
a) tenham um efeito anual na economia de cem milhões de dólares, ou que mais ou afetem adversa e materialmente a economia, um setor da economia, a produtividade, a competição, os empregos, o meio ambiente, a saúde ou a segurança pública ou governos ou comunidades estaduais, locais, ou tribais;
b) criem uma inconsistência séria ou interfiram de alguma forma com uma ação tomada ou planejada por outra agência;
c) alterem materialmente o impacto orçamentário de direitos, subvenções, taxas de uso ou programas de empréstimos ou os direitos e obrigações de seus beneficiários; ou
d) abordem novas questões jurídicas ou políticas decorrentes de ordens legais, das prioridades do presidente ou dos princípios estabelecidos na própria ordem executiva.

Para fins de interpretação das regras dispostas, deve-se, ainda, entender por "regulação" uma declaração da agência de aplicabilidade geral e efeito futuro, a qual se pretenda dar a força e o efeito da lei, elaborada para implementar, interpretar ou prescrever leis ou políticas ou para descrever as exigências de procedimento ou prática de uma agência (USA, 1993, p. 3). A Ordem Executiva nº 13.771 de 2017 (USA, 2017, p. 2) trouxe um conceito mais amplo, definindo regulação como uma declaração da agência de aplicabilidade geral ou particular e efeito futuro, elaborada para implementar, interpretar ou prescrever leis ou políticas ou para descrever as exigências de procedimento ou prática de uma agência, observadas as exceções que indica.

As "agências", em sentido geral, observadas as exceções expressamente indicadas no Título 44, §3502, do United States Code (USA, 2011b), são definidas como qualquer departamento executivo, departamento militar, corporação governamental, corporação controlada pelo governo ou outro estabelecimento no ramo executivo do governo (incluindo o escritório executivo do presidente), como também qualquer agência reguladora independente (USA, 2011b, p. 122). O termo "agência", no entanto, como referido na Ordem Executiva nº 12.866 (USA, 1993, p. 3), salvo indicação em contrário, exclui aquelas consideradas agências reguladoras independentes, indicadas nominalmente no 44 U.S.C. 3502 ou em legislação específica.

As agências reguladoras independentes (*independent regulatory comissions*), tais como a Federal Communications Commission e a Federal Energy Regulatory Commission, são mais semelhantes ao que se pretendeu instituir na burocracia brasileira em termos de regulação, ao criarem-se por lei as autarquias de regime especial, e com relação a elas se verifica, não obstante a regra de sua exclusão com ressalva prevista na Ordem Executiva nº 12866 (USA, 1993, p. 3), que, como visto antes, formas de controle são também exercidas sobre a sua produção normativa, aplicando-se-lhes, no que concerne especificamente à referida Ordem Executiva nº 12866, as exigências relativas a (USA, 1993, p. 4):

a) Agenda Regulatória Unificada (Unified Regulatory Agenda), que consiste na obrigatoriedade de cada agência preparar uma agenda de todas as normas em desenvolvimento ou revisão, no momento e da maneira especificados pelo administrador do OIRA, com a descrição de cada ação reguladora contendo, entre outros requisitos, um breve resumo da ação, a autoridade legal responsável e o prazo legal para a ação;

b) Plano Regulatório (The Regulatory Plan), considerado parte da Agenda Regulatória Unificada, consiste na obrigatoriedade de cada agência preparar um plano das ações regulatórias significativas mais importantes que a agência espera razoavelmente realizar na forma propositiva ou final no respectivo ano fiscal ou posteriormente, a ser aprovado pessoalmente pelo chefe da agência. Ele contém, entre outros requisitos, uma declaração dos objetivos e prioridades regulatórias da agência e como eles se relacionam com as prioridades do presidente; um resumo de cada ação regulatória significativa planejada, incluindo, na medida do possível, alternativas a serem consideradas e estimativas preliminares dos custos e benefícios previstos; um resumo da base jurídica de cada ação, incluindo se algum aspecto da ação é exigido por lei ou ordem judicial; e uma declaração da necessidade de cada uma dessas ações e, se aplicável, como a ação reduzirá os riscos à saúde pública, à segurança ou ao meio ambiente, bem como a magnitude do risco tratado pela ação se relaciona com outros riscos sob a jurisdição da agência.

Não obstante a influência norte-americana sobre o sistema de agências reguladoras introduzido no Brasil, observam-se diferenças técnicas e institucionais quanto ao uso de ferramentas como a AIR, havendo ainda grande distanciamento no domínio da metodologia para a efetiva regulação baseada em evidências, como em geral se verifica entre os países membros da OCDE e os países considerados em desenvolvimento, cuja implantação da AIR busca seguir o modelo difundido pela organização internacional, considerada a experiência acumulada de décadas.

3.2 Países em desenvolvimento

Crescente número de países em desenvolvimento está definindo e implementando novos sistemas de AIR, adaptando-os e integrando-os em seus processos de decisão e suas instituições. Embora pareçam ser iniciativas promissoras, alguns desses países enfrentam dificuldades, com implementação da metodologia mais lentamente do que o esperado, devido a uma combinação de fatores, tais como as metas de implementação excessivamente ambiciosas e a falta de capacidades e governança, além da falta de apoio de financiadores e consultores externos, o que remete a uma questão mais ampla de se e como a AIR pode ou deve ser transferida e adaptada aos contextos dos países em desenvolvimento (WORLD BANK, 2010, p. viii).

A maioria dos sistemas de AIR nesses países foram promovidos com o envolvimento de agências e organizações internacionais. A OCDE desempenhou um papel técnico importante no estabelecimento da AIR no Brasil por meio do Programa de Fortalecimento da Capacidade Institucional para Gestão em Regulação (Pro-Reg) e, também, juntamente como o Banco Interamericano de Desenvolvimento, prestou apoio técnico e financeiro à Malásia em suas tentativas de adotar a AIR. As Filipinas, o Camboja e o Laos obtiveram o apoio do Banco Asiático de Desenvolvimento para a implementação da AIR por meio de seu programa de assistência técnica. Na Tanzânia, a AIR foi introduzida como parte do programa bem mais amplo, "Fortalecimento do Ambiente de Negócios para a Tanzânia" (BEST), apoiado por quatro instituições, entre elas o Departamento de Desenvolvimento Internacional do Reino Unido (DFID), que também patrocinou a introdução da AIR na Uganda, no âmbito do Programa de Boas Práticas Regulatórias. No Vietnã, a AIR foi estabelecida com o apoio da Agência de Controle de Procedimentos Administrativos, da organização alemã GTZ, e da Iniciativa de Competitividade da USAID no Vietnã (ADELLE *et al.*, 2016, p. 6-7).

Assim, dados levantados pelo World Bank Group (2018a, p. 3) demonstram que, embora a prática da AIR venha ganhando cada vez mais destaque na área de boa governança nas economias em desenvolvimento, há um evidente descompasso na utilização da ferramenta entre os países conforme o nível de renda: 46 das 58 economias de alta renda (79,3%) realizam AIR, enquanto apenas 5 das 29 economias de baixa renda (17,2%) o fazem. O Vietnã, por exemplo, tornou a AIR obrigatória para todos os tipos de documentos legais, incluindo aqueles emitidos pelo comitê do povo da província local, adotados após julho de 2016. De forma semelhante, em março de 2015, o governo de Marrocos adotou a lei orgânica sobre a organização e as condutas do governo, que introduziu a AIR na legislação marroquina, embora as condições e os detalhes de tais avaliações ainda precisem ser determinados por regulamentos futuros (WORLD BANK, 2018a, p. 3).

Com efeito, há extensa literatura produzida nas últimas três décadas sobre a AIR nos países desenvolvidos, e mais recentemente vem se produzindo grande quantidade de estudos sobre a importância da metodologia nos países em desenvolvimento. Apesar disso, há pouca evidência quanto à sua aplicação efetiva em ambientes com recursos limitados (WORLD BANK, 2018a, p. 3). Até 2010, a literatura existente era frequentemente baseada na suposição (implícita) de que o objetivo final seria um modelo de melhores práticas; todavia, nos países em desenvolvimento, essa abordagem é problemática porque pode levar a um sistema de AIR excessivamente rígido e ineficiente, que não pode ser adequadamente implementado e mantido no contexto de baixa capacidade de muitos países em desenvolvimento, e também porque o objetivo final chamado de "melhores práticas" pode não ser alcançável ou não ser relevante a sua busca, devido à possível necessidade de outras reformas de maior prioridade (WORLD BANK, 2010, p. IX).

Acredita-se que há benefícios significativos em aplicar ferramentas de exame empírico dos impactos de novas propostas de regulação tanto nos países desenvolvidos quanto naqueles em desenvolvimento, mas a abordagem adotada para projetar e implementar o sistema de AIR deve considerar as circunstâncias específicas de cada país em questão, das diferentes prioridades de reforma e das restrições de recursos disponíveis. Assim, estruturou-se a chamada "RIA Light" ou "AIR Simples", uma abordagem que identifica "requisitos mínimos" para um sistema de AIR funcional, segundo um modelo mais simplificado do que o geralmente utilizado nos países desenvolvidos, considerado mais apropriado para os países em desenvolvimento (WORLD BANK, 2010, p. IX; 1).

Dessa forma, quando AIR completas não são viáveis, é possível aproximar os efeitos da regulação aos desejáveis por meio da AIR Simples, adaptada aos requisitos dos países em desenvolvimento, elencados e reiterados desde 2010 pelo World Bank Group (2018, p. 3) como segue:

1) existência de compromisso político para se estabelecer e operar um processo de AIR eficaz e autossustentável;
2) definição de uma unidade ou grupo de reformadores regulatórios (de preferência com base em uma área central do governo) que supervisione, comente e informe sobre a qualidade das propostas regulatórias antes que sejam tomadas decisões sobre regulação;
3) definição de critérios e regras clara e consistentemente aplicados no exame de propostas regulatórias;
4) adoção de um processo transparente de desenvolvimento de políticas regulatórias, que inclua consultas às partes interessadas;
5) implementação de um programa de capacitação, envolvendo a preparação de diretrizes, o treinamento dos funcionários encarregados da AIR e o estabelecimento de sistemas de monitoramento, avaliação e elaboração de relatórios.

Na AIR Simples, vários elementos considerados essenciais para que um sistema de AIR funcione corretamente não são incluídos, dadas as limitações institucionais, técnicas e materiais existentes nos países em desenvolvimento. Assim, um sistema de AIR Simples funcional não exige uma integração completa da AIR nos processos de desenvolvimento de políticas (claramente um objetivo desejável, mas não completamente alcançado mesmo em países desenvolvidos), o uso de análise de custo-benefício, a quantificação rígida de impactos ou a exigência de se considerarem sistematicamente alternativas. Nesse sistema, o processo e os documentos são limitados em escopo e aplicação devido a restrições de capacidade e/ou prioridades políticas, e a lógica é melhorar gradualmente a qualidade da regulação, tomando decisões com base em mecanismos mais transparentes e informações baseadas em evidências, bem como em consulta com as partes interessadas relevantes. Isso considera as particularidades dos países em desenvolvimento, especialmente as capacidades institucionais e humanas limitadas, a natureza discricionária da formulação de políticas e a escassez de dados confiáveis (WORLD BANK, 2010, p. IX; 21).

A seguir, enumeram-se alguns dos desafios de adaptação dos elementos das melhores práticas da AIR aos contextos dos países em desenvolvimento, segundo os estudos divulgados pelo World Bank Group (2010, p. 17-18), identificando-se quais são essenciais para começar a projetar um sistema de AIR e quais outros podem ser integrados gradualmente, após a implementação:

1) política de AIR formalmente estabelecida (compromisso político), com aprovação no alto nível político – requisito chave nos países desenvolvidos e em desenvolvimento, ainda mais relevante nos últimos, pois esses países são caracterizados, na maioria dos casos, por políticas e processos de tomada de decisão do alto escalão para baixo (descendente); defensores da AIR dentro da administração nos países em desenvolvimento são fundamentais para introduzir o uso dessa ferramenta e apoiá-la ao longo do tempo;
2) integração da AIR no processo político: um dos principais desafios para um sistema de AIR de sucesso, tanto em países desenvolvidos como em desenvolvimento, dificilmente alcançável no curto prazo, mas fundamental para tornar a AIR relevante em médio e longo prazos; nos países em desenvolvimento, é difícil esperar que ministérios e reguladores possam assumir total responsabilidade pela AIR, utilizando-a nos processos de decisão; essa prática deve ser gradualmente integrada e aprimorada;
3) aplicação consistente de AIR – requisito chave no estabelecimento de critérios claros que devem ser seguidos por todos os reguladores, sendo fundamental nos países em desenvolvimento para a introdução de mudanças na cultura administrativa e o fornecimento de orientações sobre os mecanismos de triagem;
4) requisitos metodológicos adequados – nos países em desenvolvimento, é difícil realizar uma análise completa de custo-benefício, mas alguns requisitos metodológicos são necessários, a serem expandidos gradualmente ao longo do tempo;
5) direcionamento dos esforços da AIR – nos países em desenvolvimento, é fundamental aplicar a AIR inicialmente à regulação mais significativa para mostrar a utilidade da ferramenta e uma seleção de propostas a serem submetidas à AIR é essencial para se aferir a magnitude dos esforços necessários;
6) mecanismos de consulta – requisito chave em qualquer sistema de AIR, é fundamental nos países em desenvolvimento, a fim tornar acessível o processo de tomada de decisão, reduzir a discricionariedade nas decisões e garantir a inclusão adequada das visões das partes interessadas;
7) estratégias de coleta de dados – nos países em desenvolvimento, a coleta de dados pode ser um desafio, pois as informações

não estão disponíveis e os dados não são sistematicamente coletados, mas é essencial introduzir algumas estimativas básicas nas AIR iniciais para fornecer aos tomadores de decisão informações baseadas em evidências;
8) supervisão central da AIR – requisito chave em qualquer sistema regulatório para garantir a qualidade das AIR; nos países em desenvolvimento, é particularmente relevante para a coordenação, o estabelecimento de critérios claros a serem aplicados em toda a administração e o desenvolvimento de capacidades dentro da administração;
9) desenvolvimento de capacidades adequadas – requisito chave nos países em desenvolvimento, cujas administrações públicas carecem, na maioria dos casos, de especialistas e capacidade para realizar tarefas associadas à AIR;
10) supervisão da qualidade jurídica – esse elemento está presente na maioria dos países, e alguns países em desenvolvimento possuem órgãos com pessoal bem atento à qualidade legal das propostas de lei. Um desafio nos países em desenvolvimento é vincular as capacidades existentes à supervisão da qualidade legal com o processo de AIR;
11) aplicação da ideia da AIR às normas existentes e também às proposições de normas – nos países em desenvolvimento, é necessário fazer uma escolha na aplicação da AIR, começando com novas propostas de normatização, e gradualmente expandindo-se a utilização da metodologia para outras normas existentes; no curto prazo, é difícil prever uma aplicação completa da RIA para toda a regulação.

Ainda nos países em desenvolvimento, observa-se uma tendência de optarem pelo estabelecimento de requisitos de AIR por meio de leis, com a finalidade de elevar a autoridade da ferramenta e obter uma melhor conformidade. Assim, requisitos legais de AIR não são amplamente utilizados no âmbito da OCDE (19 dos 33 países de alta renda o fazem) e, num levantamento geral, 29 países realizam AIR sem a obrigação legal de fazê-lo, incluídos alguns cujos sistemas de AIR já são consolidados, como Reino Unido, Austrália e Canadá. Nos países pesquisados que realizam AIR, 70% dos países de renda média têm suas AIR exigidas por lei, enquanto apenas 54% dos países de alta renda possuem essa exigência (WORLD BANK, 2018a, p. 7).

De uma forma geral, considera-se que uma das principais barreiras que limitam a qualidade da AIR nas economias em desenvolvimento e emergentes é a falta de capacidade institucional. Apesar dos esforços, em alguns casos, de programas de treinamento substanciais apoiados por patrocinadores internacionais, em muitos países a unidade central da AIR é composta apenas por alguns funcionários e insuficiente para obter a massa crítica necessária para promover com êxito a AIR em todo o governo. Há dificuldades em atrair e reter funcionários de alta qualidade nos níveis salariais disponíveis, o que significa que os planos de aumentar e treinar o pessoal nas unidades de AIR, em alguns casos, podem demorar a progredir. Além disso, há funcionários e especialistas de AIR dentro dos ministérios que frequentemente ocupam uma posição apenas por alguns anos, e podem ser substituídos pela equipe de entrada de um partido político recém-eleito, com novos programas de governo. Algumas vezes, ainda, busca-se suprir a falta de estrutura institucional com a *expertise* de consultores externos para realizar AIR, mas isso leva à falta de domínio da metodologia e dos resultados e à quase completa separação da AIR do processo de tomada de decisão (ADELLE et al., 2016, p. 11).

Outro desafio relatado com frequência é o de como desenvolver e implementar ferramentas e métodos de avaliação em um ambiente de regulação em que informações e dados quantitativos não estão prontamente disponíveis ou podem ser garantidos apenas com grandes esforços. A falta de dados e habilidades analíticas foi relatada como um problema em muitos dos países pesquisados, constatando-se que essa lacuna de dados é mais dificilmente preenchida quando se utilizam práticas inadequadas de consulta (ADELLE et al., 2016, p. 11).

Essas dificuldades se encontram presentes no Brasil, onde, desde 2002, identificam-se medidas consideradas precursoras da AIR, contidas no Decreto nº 4.176/2002 (BRASIL, 2002), já revogado, que estabelecia normas e diretrizes para a elaboração, a redação, a alteração, a consolidação e o encaminhamento ao presidente da República de projetos de atos normativos de competência dos órgãos do Poder Executivo Federal (SOUSA, 2012, p. 109-110). O referido decreto detinha-se na forma e na observância de preceitos legais e constitucionais dos atos normativos em elaboração, trazendo também disposições acerca de sua coordenação, para exame dos projetos quanto ao mérito, à oportunidade e à conveniência política, à compatibilização da matéria com as políticas e diretrizes de governo, e articulação com outros órgãos envolvidos; acerca da obrigatoriedade de sua justificação e fundamentação, ao tratar da exposição de motivos, e acerca da necessidade de consolidação dos atos normativos no âmbito do Poder Executivo, mediante a fundamentação de todas as supressões ou alterações realizadas nos textos (BRASIL, 2002).

Além disso, previa, em alguns casos, a possibilidade de criação de comissões de especialistas e de realização de consulta pública no processo normativo, e, quanto ao encaminhamento de projetos, obrigava a observância de seus anexos I e II, os quais já contemplavam diversos elementos que integram o procedimento de AIR, ao impor questionamentos a serem analisados na elaboração de atos normativos do Poder Executivo relacionados a objetivos pretendidos, razões da iniciativa, repercussões e consequências, destinatários alcançados, alternativas disponíveis, se nada for feito, eficácia da solução, competência, relação entre custos e benefícios, princípio da proporcionalidade quanto ao ônus imposto, impacto sobre o meio ambiente, entre outros (BRASIL, 2002). O posterior Decreto nº 9.191/2017 (BRASIL, 2017a), que o revogou, já alterado pelo Decreto nº 9.588/2018 (BRASIL, 2018a), repetiu muitas de suas fórmulas e detalhou o procedimento quanto à exposição de motivos, às consequências do ato normativo, às consultas públicas, à estimativa de impactos, à análise de custos e acompanhamento e avaliação de resultados.

A metodologia propriamente dita, contudo, sistematizada e designada AIR, veio à baila no cenário brasileiro apenas posteriormente, num panorama de preocupações do governo federal com o controle social das agências reguladoras e ao papel dessas autarquias na estrutura estatal brasileira, ao mesmo tempo que buscava definir ações de melhoria regulatória. Na linha dessas ações, o governo brasileiro solicitou à OCDE o *peer review*, que é um processo de avaliação por pares de políticas, leis e instituições de um país, comparando-se determinados padrões de boas práticas internacionais, com a finalidade de auxiliar o aperfeiçoamento institucional e de melhorar a qualidade das políticas públicas dos países, por meio de um processo de aprendizado mútuo (SOUSA, 2012, p. 110).

Esse estudo foi realizado em 2007 pela Divisão de Política Regulatória da Diretoria de Governança Pública e Desenvolvimento Territorial da OCDE, e coordenado pela Casa Civil, tendo por escopo o sistema regulatório nacional. O relatório final da revisão (*peer review*), entre outras recomendações para o aprimoramento do modelo brasileiro de regulação, apontou a necessidade de implantação de capacidades institucionais voltadas para a qualidade regulatória, de melhoria da qualidade do estoque regulatório para a eficiência dos objetivos econômicos e sociais e, ainda, a necessidade de implantação da AIR como ferramenta eficaz para a qualidade regulatória (SOUSA, 2012, p. 110).

Esse panorama, associado ao acentuado grau de discricionariedade técnica inerente à elaboração das políticas regulatórias, fez com que as agências reguladoras tenham assumido o protagonismo na utilização da AIR, inclusive para a definição técnica de modelos de eficiência a serem adotados na exploração dos setores regulados. Como parte das ações de melhoria regulatória, o Pro-Reg, instituído pelo governo federal por intermédio do Decreto nº 6.062/2007 (BRASIL, 2007a), incentivou o uso dessa ferramenta analítica pelas agências reguladoras federais, estaduais, distritais e municipais, percebendo-se, todavia, assistemática e, às vezes, experimental a sua adoção nos processos de decisão e normatização.

O diagnóstico das primeiras práticas nacionais apontou para uma desconfiança de que as AIR pudessem estar sendo adotadas "apenas como forma de conquistar a legitimidade perante órgãos internacionais como a OCDE e o Banco Mundial", questionando-se a efetividade desses processos em face da baixa adoção e pouca importância dada à implementação do instrumento, observando-se que os processos decisórios continuavam a ignorar a ferramenta, "como se o trabalho realizado para seu desenvolvimento tivesse objetivos apenas teóricos (ou retóricos?)" (VALENTE, 2013, p. 185). A adoção da AIR demanda, no entanto, convicção política acerca de sua importância e necessidade, além de capacitação técnica especializada, já que o procedimento pode traduzir-se em complexidade, demora e custos significativos, o que implica a adequada triagem de casos e definição de métodos aplicáveis.

Acenando para um comprometimento do governo federal com a adoção sistemática da ferramenta, e enquanto se encontrava em tramitação no Congresso Nacional o Projeto de Lei do Senado nº 52/2013 e posteriormente o Substitutivo da Câmara dos Deputados (SCD) nº 10/2018 (BRASIL, 2018e), dispondo sobre a gestão, a organização, o processo decisório e o controle social das agências reguladoras e propondo a positivação da AIR no ordenamento jurídico brasileiro, o Poder Executivo federal, em 2018, recomendou a utilização das *Diretrizes gerais e guia orientativo para elaboração de Análise de Impacto Regulatório – AIR* por toda a administração pública federal brasileira, "reconhecendo esses documentos como importantes instrumentos para a implementação da melhoria regulatória, um dos princípios da governança pública reconhecido no Decreto de Governança Pública" (BRASIL, 2018b, p. 8-9). Este dispõe sobre a política de governança da administração pública federal direta, autárquica e fundacional (BRASIL, 2017b).

As diretrizes e o guia foram elaborados por iniciativa da Subchefia de Análise e Acompanhamento de Políticas Governamentais (Casa Civil da Presidência da República), que coordenou as discussões de grupo técnico composto por representantes das agências reguladoras federais, dos ministérios da Fazenda e do Planejamento, Desenvolvimento e Gestão e do Instituto Nacional de Metrologia, Qualidade e Tecnologia (Inmetro), com a aprovação do Comitê Interministerial de Governança (CIG). Embora aplicáveis à edição de quaisquer atos com potencial de alterar direitos ou criar obrigações a terceiros, o foco preliminar das *Diretrizes gerais e guia orientativo* foi direcionado para as agências reguladoras, em função do projeto de lei então em andamento, acerca da gestão, da organização, do processo decisório e do controle social dessas entidades. Pautados nos princípios de que a AIR deve ser iniciada nos estágios iniciais do processo regulatório e de que a integração de mecanismos de participação social deve ser fomentada durante a fase de construção e elaboração da AIR, as *Diretrizes gerais e guia orientativo* (BRASIL, 2018b, p. 8-9) trazem a seguinte definição:

> Análise de Impacto Regulatório – AIR é o processo sistemático de análise baseado em evidências que busca avaliar, a partir da definição de um problema regulatório, os possíveis impactos das alternativas de ação disponíveis para o alcance dos objetivos pretendidos, tendo como finalidade orientar e subsidiar a tomada de decisão (...) (BRASIL, 2018b, p. 13).

Após esses avanços nos esforços de implantação da AIR no Brasil, a metodologia veio a ser finalmente positivada no ordenamento jurídico, seguindo a tendência já constante no projeto de lei e substitutivo respectivos, por meio da Lei nº 13.848/2019 (BRASIL, 2019c), no Capítulo I, intitulado "Do processo decisório das agências reguladoras", como segue:

> Art. 4º A agência reguladora deverá observar, em suas atividades, a devida adequação entre meios e fins, vedada a imposição de obrigações, restrições e sanções em medida superior àquela necessária ao atendimento do interesse público.
> Art. 5º A agência reguladora deverá indicar os pressupostos de fato e de direito que determinarem suas decisões, inclusive a respeito da edição ou não de atos normativos.
> Art. 6º A adoção e as propostas de alteração de atos normativos de interesse geral dos agentes econômicos, consumidores ou usuários dos serviços prestados serão, nos termos de regulamento, precedidas da realização de Análise de Impacto Regulatório (AIR), que conterá informações e dados sobre os possíveis efeitos do ato normativo.

> §1º Regulamento disporá sobre o conteúdo e a metodologia da AIR, sobre os quesitos mínimos a serem objeto de exame, bem como sobre os casos em que será obrigatória sua realização e aqueles em que poderá ser dispensada.
> §2º O regimento interno de cada agência disporá sobre a operacionalização da AIR em seu âmbito.
> §3º O conselho diretor ou a diretoria colegiada manifestar-se-á, em relação ao relatório de AIR, sobre a adequação da proposta de ato normativo aos objetivos pretendidos, indicando se os impactos estimados recomendam sua adoção, e, quando for o caso, quais os complementos necessários.
> *§4º A manifestação de que trata o §3º integrará, juntamente com o relatório de AIR, a documentação a ser disponibilizada aos interessados para a realização de consulta ou de audiência pública, caso o conselho diretor ou a diretoria colegiada decida pela continuidade do procedimento administrativo.*
> §5º Nos casos em que não for realizada a AIR, deverá ser disponibilizada, no mínimo, nota técnica ou documento equivalente que tenha fundamentado a proposta de decisão (BRASIL, 2019c, grifos nossos).

Na referida lei, verifica-se ainda a tônica conferida à necessidade de participação da sociedade na tomada de decisões das agências reguladoras, chegando a ser redundante quanto a essa participação no procedimento de AIR:

> *Art. 9º Serão objeto de consulta pública, previamente à tomada de decisão pelo conselho diretor ou pela diretoria colegiada, as minutas e as propostas de alteração de atos normativos de interesse geral dos agentes econômicos, consumidores ou usuários dos serviços prestados.*
> §1º A consulta pública é o instrumento de apoio à tomada de decisão por meio do qual a sociedade é consultada previamente, por meio do envio de críticas, sugestões e contribuições por quaisquer interessados, sobre proposta de norma regulatória aplicável ao setor de atuação da agência reguladora.
> §2º Ressalvada a exigência de prazo diferente em legislação específica, acordo ou tratado internacional, o período de consulta pública terá início após a publicação do respectivo despacho ou aviso de abertura no Diário Oficial da União e no sítio da agência na internet, e terá duração mínima de 45 (quarenta e cinco) dias, ressalvado caso excepcional de urgência e relevância, devidamente motivado.
> *§3º A agência reguladora deverá disponibilizar, na sede e no respectivo sítio na internet, quando do início da consulta pública, o relatório de AIR, os estudos, os dados e o material técnico usados como fundamento para as propostas submetidas a consulta pública, ressalvados aqueles de caráter sigiloso.*
> §4º As críticas e as sugestões encaminhadas pelos interessados deverão ser disponibilizadas na sede da agência e no respectivo sítio na internet

em até 10 (dez) dias úteis após o término do prazo da consulta pública.

§5º O posicionamento da agência reguladora sobre as críticas ou as contribuições apresentadas no processo de consulta pública deverá ser disponibilizado na sede da agência e no respectivo sítio na internet em até 30 (trinta) dias úteis após a reunião do conselho diretor ou da diretoria colegiada para deliberação final sobre a matéria.

§6º A agência reguladora deverá estabelecer, em regimento interno, os procedimentos a serem observados nas consultas públicas.

§7º Compete ao órgão responsável no Ministério da Economia opinar, quando considerar pertinente, sobre os impactos regulatórios de minutas e propostas de alteração de atos normativos de interesse geral dos agentes econômicos, consumidores ou usuários dos serviços prestados submetidas a consulta pública pela agência reguladora (BRASIL, 2019c, grifos nossos).

E no tocante à participação social, além das consultas públicas, as agências reguladoras poderão, inclusive no procedimento de AIR, convocar audiência pública e, ainda, elaborar outros meios de participação de interessados nas decisões:

Art. 10. A agência reguladora, por decisão colegiada, poderá convocar audiência pública para formação de juízo e tomada de decisão sobre matéria considerada relevante.

§1º A audiência pública é o instrumento de apoio à tomada de decisão por meio do qual é facultada a manifestação oral por quaisquer interessados em sessão pública previamente destinada a debater matéria relevante.

§2º A abertura do período de audiência pública será precedida de despacho ou aviso de abertura publicado no Diário Oficial da União e em outros meios de comunicação com antecedência mínima de 5 (cinco) dias úteis.

§3º A agência reguladora deverá disponibilizar, em local específico e no respectivo sítio na internet, com antecedência mínima de 5 (cinco) dias úteis do início do período de audiência pública, os seguintes documentos:
I - para as propostas de ato normativo submetidas a audiência pública, o relatório de AIR, os estudos, os dados e o material técnico que as tenha fundamentado, ressalvados aqueles de caráter sigiloso;

II - para outras propostas submetidas a audiência pública, a nota técnica ou o documento equivalente que as tenha fundamentado.

§4º A agência reguladora deverá estabelecer, em regimento interno, os procedimentos a serem observados nas audiências públicas, aplicando-se o §5º do art. 9º às contribuições recebidas.

Art. 11. A agência reguladora poderá estabelecer, em regimento interno, outros meios de participação de interessados em suas decisões, diretamente ou por meio

> *de organizações e associações legalmente reconhecidas, aplicando-se o §5º do art. 9º às contribuições recebidas.*
>
> Art. 12. Os relatórios da audiência pública e de outros meios de participação de interessados nas decisões a que se referem os arts. 10 e 11 deverão ser disponibilizados na sede da agência e no respectivo sítio na internet em até 30 (trinta) dias úteis após o seu encerramento.
>
> Parágrafo único. Em casos de grande complexidade, o prazo de que trata o *caput* poderá ser prorrogado por igual período, justificadamente, uma única vez (BRASIL, 2019c, grifos nossos).

Posteriormente, foi promulgada a Lei nº 13.874/2019 (BRASIL, 2019d), designada Lei de Liberdade Econômica, que dispõe sobre a AIR em capítulo específico (Capítulo IV), dessa vez como procedimento prévio aos atos normativos de interesse geral de agentes econômicos ou de usuários dos serviços prestados, nestes termos:

> Art. 5º As propostas de edição e de alteração de atos normativos de interesse geral de agentes econômicos ou de usuários dos serviços prestados, editadas por órgão ou entidade da administração pública federal, incluídas as autarquias e as fundações públicas, serão precedidas da realização de Análise de Impacto Regulatório, que conterá informações e dados sobre os possíveis efeitos do ato normativo para verificar a razoabilidade do seu impacto econômico.
>
> Parágrafo único. Regulamento disporá sobre a data de início da exigência de que trata o *caput* deste artigo e sobre o conteúdo, a metodologia da Análise de Impacto Regulatório, os quesitos mínimos a serem objeto de exame, as hipóteses em que será obrigatória sua realização e as hipóteses em que poderá ser dispensada (BRASIL, 2019d).

Relevante mencionar que essa lei trouxe, no art. 4º, um elenco de ações que configuram o chamado "abuso do poder regulatório", segundo tipos descritivos abertos o suficiente para deixar incertezas quanto ao que poderá enquadrar-se ou não em termos de ações regulatórias abusivas, causando insegurança jurídica no ato de validação regulatória e responsabilização de agentes reguladores. Com efeito, há discussões relevantes sobre o que seria "indevidamente", entre outras ações, "criar reserva de mercado ao favorecer, na regulação, grupo econômico, ou profissional, em prejuízo dos demais concorrentes", "redigir enunciados que impeçam a entrada de novos competidores nacionais ou estrangeiros no mercado" ou "exigir especificação técnica que não seja necessária para atingir o fim desejado", medidas eventualmente discutidas e consideradas no ambiente a ser regulado. Nessa zona de incertezas, certamente que a adoção da AIR poderá lançar luzes sobre o que deve ser admitido em termos de fundamentação e adequação das medidas regulatórias e também propiciar a adequada responsabilização de agentes no processo decisório.

Já no ano anterior, a Lei nº 13.655/2018 (BRASIL, 2018d) havia incluído no Decreto-Lei nº 4.657/1942 (BRASIL, 1942), designado Lei de Introdução às Normas do Direito Brasileiro, disposições que visavam a conferir segurança jurídica e eficiência na criação e na aplicação do direito público, enfatizando a necessidade de motivação e consideração das consequências em face de possíveis alternativas decisórias (art. 20), impondo ponderações na aplicação de sanções aos agentes decisores (art. 22).

Essas disposições foram regulamentadas pelo Decreto nº 9.830/2019 (BRASIL, 2019b), segundo o qual a motivação da decisão "conterá os seus fundamentos e apresentará a congruência entre as normas e os fatos que a embasaram, de forma argumentativa", bem como "indicará as normas, a interpretação jurídica, a jurisprudência ou a doutrina que a embasaram", e "poderá ser constituída por declaração de concordância com o conteúdo de notas técnicas, pareceres, informações, decisões ou propostas que precederam a decisão" (art. 2º), dispondo, ainda, que "o agente público somente poderá ser responsabilizado por suas decisões ou opiniões técnicas se agir ou se omitir com dolo, direto ou eventual, ou cometer erro grosseiro, no desempenho de suas funções" (art. 12), do que se depreende a potencialidade de adequada justificação por meio do procedimento de AIR.

Ambas as leis nº 13.848/2019 (BRASIL, 2019c) e nº 13.874/2019 (BRASIL, 2019d) remeteram a uma futura regulamentação, a dispor sobre "o conteúdo, a metodologia da AIR, os quesitos mínimos a serem objeto de exame, as hipóteses em que será obrigatória sua realização e as hipóteses em que poderá ser dispensada". Essa regulamentação veio a concretizar-se recentemente por meio do Decreto nº 10.411/2020 (BRASIL, 2020b), à semelhança do que já dispunham as *Diretrizes gerais e guia orientativo*, com mais algumas balizas, inclusive quanto a prazos para a implementação do processo de AIR nos órgãos e nas entidades da administração federal, o que deverá favorecer a implantação sistematizada do processo analítico no país, não obstante as agências reguladoras federais já se encontrarem anteriormente autorizadas por lei a disporem no seu regimento interno sobre a operacionalização da AIR em seu âmbito e já virem adotando a ferramenta com alguma variação de procedimentos a critério de cada entidade, seguindo em processo de sistematização com a orientação da Casa Civil.

Embora a legislação, as *Diretrizes gerais e guia orientativo* não vinculem as agências reguladoras estaduais e municipais, há uma tendência dessas entidades à adoção dos mesmos parâmetros ali indicados, com o incentivo da Associação Brasileira de Agências Reguladoras (ABAR), encontrando-se, em diferentes estágios de implementação, experiências adiantadas em algumas agências, como na Agência Estadual de Regulação dos Serviços Públicos Delegados do Rio Grande do Sul (AGERGS), a exemplo da Análise de Impacto Regulatório nº 01/2019-DT (RIO, 2019), elaborada para subsidiar o processo de tomada de decisão para a revisão do sistema de Transporte Intermunicipal de Passageiros (TIP) da Aglomeração Urbana do Litoral Norte (AULINOR), e iniciativas mais embrionárias, como a prevista na Resolução nº 151/2011 (CEARÁ, p. 2, 2011), da Agência Reguladora de Serviços Públicos Delegados do Estado do Ceará (ARCE), que disciplina seu processo decisório, com a previsão de elaboração de um relatório de impactos específico para as questões a serem submetidas às decisões regulatórias do Conselho Diretor, com a indicação de conteúdo bem simplificado (arts. 5º e 6º).

A implantação da AIR de forma eficaz, com custos módicos e dados confiáveis, ainda é um grande desafio para todos os países, inclusive para os que partiram na frente em busca do seu aperfeiçoamento, mas em meio ainda a muitos debates acerca de aspectos controvertidos de suas metodologias, "poucos discordam que elas provocam um aumento do grau de responsabilização dos legisladores e gestores públicos por suas decisões", além de ser "uma ferramenta bastante útil para informar ao gestor público os prováveis impactos das políticas e regulações para os cidadãos" (SOUSA, 2012, p. 104), parecendo evidentes os benefícios potenciais de sua utilização para uma boa governança regulatória. No Brasil, não obstante as iniciativas do governo federal e a adesão de algumas agências reguladoras locais no que se refere a um processo decisório baseado em evidências, o que se tem observado é que há decisões regulatórias importantes não baseadas em AIR, nem mesmo em documentação equivalente que tenha fundamentado a proposta de decisão, ou baseadas em AIR com fins meramente formais, como se verifica no estudo de casos dos capítulos a seguir.

CAPÍTULO 4

RAZÕES POLÍTICAS NA REGULAÇÃO DE UTILIDADES E SERVIÇOS PÚBLICOS: ESTUDO DE CASOS

A busca por critérios que possam orientar a relativa liberdade de atuação do administrador público, mais particularmente a discricionariedade técnica que permeia as decisões tomadas no âmbito das utilidades e dos serviços públicos, justifica-se como providência necessária à sua eficiência, à congruência dos motivos e à observância da finalidade pública a que estão voltados. Naturalmente, a finalidade pública é aquela legitimada pelo ordenamento jurídico, compatível com os princípios jurídicos, a qual inúmeras vezes não se encontra alinhada com exclusivos propósitos político-partidários, objetivos eleitorais ou de grupos de interesses específicos, em detrimento do bem comum.

A medida administrativa que se espera do Estado Regulador, segundo os parâmetros constitucionais da boa administração, é aquela a ser aprovada no exame de conformidade dos elementos vinculados às regras do ordenamento jurídico e de compatibilidade dos elementos discricionários com os princípios jurídicos, e, no que toca o núcleo meritório, à míngua de critérios positivados no Direito, a medida deve estar suficientemente motivada para afastar qualquer pecha de arbitrariedade.

Como explica Flávio José Roman (2013, p. 273), a expressão discricionariedade técnica justifica-se na hipótese em que a discricionariedade exige motivação baseada em argumento de índole técnica, quando a administração, para além de juízos subjetivos de conveniência e oportunidade da medida adotada, não poderá deixar de expor as razões técnicas de sua decisão, sob pena de traduzir-se em mero capricho, juridicamente censurável. Percebe-se, com efeito, que o tema da discricionariedade é recorrente no estudo das decisões regulatórias, e a ele retorna para uma melhor contextualização analítica de casos.

A AIR, enquanto baliza apta a racionalizar assim a tomada de decisões regulatórias, é, contudo, ferramenta de implantação tardia, especialmente em países de economia periférica como o Brasil, diante do que se mostra relevante investigar como se deu a atuação administrativa nesse campo, tomando por base casos emblemáticos em dois setores regulados, da maior importância para economia do país, relacionados à exploração de seus recursos energéticos. O estudo de casos utiliza uma abordagem econômica aplicada ao comportamento de instituições governamentais diante de decisões de seus agentes na condução dos setores regulados.

4.1 Grupos de pressão e uso político dos setores regulados

Em 1908, Arthur Bentley publicou livro pioneiro usando uma abordagem econômica sobre grupos de pressão política. Segundo o autor, pressão é sempre um fenômeno de grupo, que indica empurro e resistência entre grupos, incluindo desde batalhas e tumultos até raciocínios abstratos e moralidade sensível, e o equilíbrio dessa pressão é o estado atual da sociedade (BECKER, 1983, p. 371-372).

Na esteira de Bentley, Gary Becker desenvolveu uma teoria de grupos de pressão, com base na aplicação de princípios econômicos ao comportamento humano. Em 1992, ganhou o prêmio Nobel de Economia por considerar-se que estendeu o domínio da análise microeconômica a uma ampla gama de comportamentos e interação humana, com a inclusão de comportamentos não comerciais (NOBELPRIZE, 1992). Para Becker, a premissa da abordagem econômica para o comportamento político é que opções políticas são determinadas pelos esforços de indivíduos e grupos para promover seus próprios interesses. Assim, grupos competem no contexto de regras que transformam despesas com pressão política em influência política e acesso a recursos políticos, e essas regras podem estar nas Constituições políticas e em outros procedimentos políticos, incluindo até "regras" sobre o uso da força para tomar o poder (BECKER, 1983, p. 371; 374).

Gary Becker afirma que indivíduos pertencem a grupos particulares, definidos segundo ocupação, habilidades, renda, geografia, idade e outras características, que usam influência política para aumentar o bem-estar de seus membros, sendo a competição por influência política entre esses grupos de pressão o que determina a estrutura de equilíbrio de taxas, subsídios e outros favores políticos. Enfatiza que a sua análise não se limita a taxas (tributos) e subsídios, e também explica despesas com defesa ou outros bens públicos, taxas de poluição e outras atividades governamentais, e que a influência política não é simplesmente fixada pelo processo político, podendo incluir gastos de tempo e dinheiro em contribuições de campanha, propaganda política e outros meios de se exercer pressão política (BECKER, 1983, p. 372-373).

Analisando as possíveis razões pelas quais as atividades governamentais teriam crescido rapidamente nos países democráticos do Ocidente durante o século XX, Becker (1983) observa que esse crescimento não poderia ser inteiramente explicado pela maximização do bem-estar social por governos benevolentes, porque algumas medidas governamentais, então exemplificadas como subsídios para agricultura, restrições de entrada na indústria aérea, indústria de transporte de cargas e outras, taxação sobre importação japonesa e muitas outras regulações e atividades públicas, não seriam consistentes com qualquer função de bem-estar social tradicional (BECKER, 1984, p. 3).

Becker (1984, p. 30) conclui que muitas mudanças contribuíram para esse crescimento em todos os países, inclusive o declínio na ideologia do *laissez-faire*, embora muito dessa modificação na ideologia tenha provavelmente sido induzida pelos argumentos e outros esforços de muitos grupos que buscavam a generosidade pública. Segundo o autor, a questão crucial dos detalhes desse crescimento está, substancialmente, nas mudanças de acesso da influência política por grupos de interesse.

Com base na teoria de grupos de pressão de Gary Becker, Eduardo Monteiro e Edmilson dos Santos (2010, p. 17-18) desenvolveram metodologia e analisaram diversas hipóteses de uso político do setor elétrico brasileiro. Para isso, conceituaram "uso político" com base em quatro critérios, os quais, quando identificados, conjunta ou isoladamente, configuram indício de uso político do setor. São eles:
  a) critério temporal "benefício no curto prazo – custo no longo prazo", identificado quando uma ação produz efeito aparentemente benéfico para o setor no curto prazo, mas representa destruição de valor no longo prazo;
  b) critério "benefício definido – custo indefinido", presente quando uma ação que afeta o setor promove benefícios bem definidos e quantificados para alguns grupos de interesses,

sem que haja transparência sobre o custo que a ação representa e sobre quais grupos responderão pelo seu custeio;
c) critério "subsídio do setor para o Estado" – definido quando o setor é visto como fonte de viabilização de objetivos externos ao próprio setor, sendo usado como fonte de recursos para projetos políticos;
d) critério "estratégico se sobrepõe ao Econômico" – identificado quando decisões que implicam desrespeito claro a padrões mínimos de rentabilidade e de governança corporativa são tomadas, com fundamento em argumentos centrados na "importância estratégica" da decisão, sem maiores explicações objetivas, racionais e verificáveis sobre tal importância.

Além disso, a partir da formulação matemática desenvolvida por Becker, Eduardo Monteiro e Edmilson dos Santos (2010, p. 14-15) sintetizaram as seguintes proposições e corolários:

a) proposição 1 – "um grupo que se torna mais eficiente na produção de pressão política é mais capaz de reduzir seus impostos ou aumentar seus subsídios";
b) corolário da proposição 1 – "a eficácia política de um grupo não é determinada pela sua eficiência absoluta, mas por sua eficiência relativa a outros grupos de pressão";
c) proposição 2 – "como o peso-morto gerado pelos impostos encoraja o exercício de pressão dos pagadores de impostos e desencoraja a pressão dos recebedores de subsídios (...), os pagadores de impostos têm uma vantagem intrínseca no exercício de pressão";
d) corolário da proposição 2 – "políticas públicas que aumentam a eficiência têm maiores chances de adoção em relação a políticas que diminuem a eficiência"; explica-se, "como o aumento do número de pessoas tributadas diminui a alíquota necessária para obter uma certa receita, reduzindo por consequência o peso-morto marginal da tributação, o aumento do número de contribuintes reduziria a produção de pressão", razão pela qual "grupos preferem que seu subsídio seja viabilizado por impostos com pequenas alíquotas individuais pagas por um número alto de pessoas";
e) proposição 3 – "grupos bem-sucedidos politicamente tendem a ser pequenos em relação aos grupos tributados que viabilizam os pagamentos dos subsídios que beneficiam os primeiros";

f) proposição 4 – "a competição entre grupos de pressão favorece a construção de métodos eficientes de tributação".

Em complementação, os autores mapearam as instituições formais e informais que constituem o setor estudado, abordando suas interfaces complexas com o sistema de interesses políticos e sociais do país. Essas instituições incluem órgãos e entidades dos poderes Executivo (ministérios, agências reguladoras, empresas estatais, comitês e conselhos), Legislativo (câmara dos deputados, senado federal e tribunal de contas) e Judiciário (tribunais competentes para a matéria), além de empresas privadas que atuam no setor e demais atores que possam influenciar, tais como organizações não governamentais, movimentos sociais e associações de classe (MONTEIRO; SANTOS, 2010, p. 25-26).

Com base nesses elementos, Eduardo Monteiro e Edmilson dos Santos (2010, p. 43-44) identificaram algumas hipóteses de manifestação de uso político no setor elétrico brasileiro e submeteram-nas à metodologia de análise desenvolvida, a qual pode ser assim sintetizada:

a) a hipótese é testada no primeiro filtro: "enquadra-se em pelo menos um dos quatro tipos de uso político?"; se não, não será considerada manifestação de uso político; se sim, passa-se ao próximo item;

b) a hipótese é testada no segundo filtro: "enquadra-se em alguma proposição da Teoria de Grupos de Pressão?"; se não, não será considerada manifestação de uso político; se sim, passa-se ao próximo item;

c) elaboração de mapa com a seleção de grupos de pressão relevantes para a manifestação de uso político;

e) etapa de processamento em que as hipóteses são analisadas "de forma a correlacionar os tipos de uso político, as proposições da Teoria de Grupos de Pressão e os atores envolvidos na manifestação de uso político" (análise integrada);

f) etapa conclusiva: tem-se a manifestação de uso político explicada pela Teoria de Grupos de Pressão.

Essa metodologia, embora desenvolvida para análise do setor elétrico brasileiro, apresenta graus de abstração e de generalidade suficientes para ser empregada no exame de casos relacionados aos demais setores de serviços regulados. Assim, utilizando-se dos parâmetros dessa metodologia, passa-se ao exame de casos em que serão testadas algumas hipóteses de razões políticas utilizadas na condução de serviços de interesse público sob regulação estatal, inclusive no setor elétrico.

A verificação de hipóteses do uso de razões políticas nas decisões e na condução de utilidades e serviços públicos regulados contribui para um diagnóstico das capacidades institucionais do Estado, apontando eventuais vícios de motivos e desvios de finalidade da atuação pública, a suscitar a busca de meios hábeis a corrigir ou minimizar tais distorções. Com essa finalidade, analisam-se hipóteses em dois setores regulados, a título de amostras representativas da facticidade, ou pelo menos da potencialidade, do uso de razões políticas que ensejam vícios decisórios na atuação pública.

4.2 Caso do setor elétrico

No setor elétrico brasileiro, percuciente análise foi feita por Eduardo Monteiro e Edmilson dos Santos acerca dos leilões para contratação de geração de energia elétrica pelo governo federal, especificamente o leilão de energia existente ("Energia Velha"), assim entendida aquela proveniente de usinas geradoras já construídas (em graus de amortização e depreciação variável), promovido em 2004 pelo Ministério de Minas e Energia. Contextualizam o referido leilão no ambiente político de um novo governo eleito com programa eleitoral presidencial, que tinha no modelo elétrico uma bandeira da sua agenda de reformas, com objetivos de promover a modicidade tarifária (barateamento dos preços de energia) e a expansão do sistema, diante do cenário de crise no abastecimento e de racionamento de energia (MONTEIRO; SANTOS, 2010, p. 69).

Nesse episódio, o próprio governo era formulador das novas regras dos leilões de energia, como parte da elaboração de um novo modelo para o setor, e, simultaneamente, competidor no mercado de geração de energia, por ser controlador das empresas estatais geradoras, possuindo interesse em reverter o então acentuado nível de descontratação das estatais Eletronorte, Chesf e Furnas, bem como promover a redução das tarifas de energia, que havia sido promessa de campanha (MONTEIRO; SANTOS, 2010, p. 71).

O leilão foi concebido na modalidade "leilão reverso", ou seja, venceria o vendedor que oferecesse a menor tarifa por unidade de energia para cada um dos tipos de produto, definidos conforme o ano de início de entrega da energia (Produto 2005, Produto 2006 e Produto 2007). Como resultado, verificou-se que as estatais ofereceram preços finais bem inferiores às expectativas de preços feitas por analistas de bancos, que cobriam o setor elétrico com regularidade à época do leilão. Além disso, "o leilão foi predominantemente ocupado por empresas estatais, que venderam 93,4% do total da energia e obtiveram 93,6%

do total da receita", e destas, apenas "três empresas estatais federais (Eletronorte, Chesf e Furnas) venderam juntas 64,6% (10.995 MW médios) de todo o volume contratado no leilão", as quais "são agrupadas na *holding* Eletrobrás, cujo presidente do Conselho de Administração é o ocupante da cadeira de Ministro de Minas e Energia, também o mesmo responsável pela formulação das regras do leilão em análise" (MONTEIRO; SANTOS, 2010, p. 79; 86).

Se comparados, contudo, os preços finais de venda com os preços esperados pelos analistas de bancos, tidos como preços razoáveis segundo o mercado, constata-se que se os preços estimados pelos analistas fossem praticados pelas empresas estatais e privadas, a receita total obtida no leilão seria "R$ 12,5 bilhões superior aos R$ 74,7 bilhões verificados, ou 16,8% superior ao verificado", e, se isolados os resultados obtidos pelas empresas estatais, "o mesmo exercício revela que a receita seria R$ 11,5 bilhões superior, ou 16,5% superior. Nesse panorama, verificou-se, ainda, queda nos preços das ações das estatais nos dois fechamentos (Bovespa) após o leilão, impactando os índices consolidados do setor elétrico (-6,22%) e da Bolsa de Valores de São Paulo ou IBovespa (-2,59%) (MONTEIRO; SANTOS, 2010, p. 93-94).

Ante essas considerações, Eduardo Monteiro e Edmilson dos Santos (2010, p. 81) avaliam que "as mesmas pessoas encarregadas de definir as regras tomavam parte do processo de definição da estratégia comercial de um dos competidores (no caso, as empresas estatais federais)", num claro cenário de assimetria de informações e de concentração de mercado, já que empresas estatais federais e estaduais concentravam, à época, cerca de 50% da capacidade de produção de energia no Brasil. Essa evidência levou o então secretário do Tesouro Nacional a questionar qual seria a função das estatais no setor elétrico e como deveriam se comportar nos leilões.

Em síntese, o secretário do Tesouro mostrou-se preocupado fundamentalmente em "proteger o patrimônio público, inclusive o das estatais federais, construídas ao longo de décadas com recursos dos contribuintes e que, teoricamente, devem dar o retorno adequado aos seus acionistas (os próprios contribuintes, representados pelo Estado)", sob pena de configurar-se uso ineficiente de recursos públicos, com menosprezo aos interesses dos contribuintes e acionistas minoritários, que naturalmente nutrem expectativas de retorno financeiro. Num contexto em que o setor elétrico brasileiro conta com diversos projetos de baixíssima eficiência econômico-financeira, sendo constantemente alvo de apropriações indevidas por grupos de pressão econômicos ou políticos, se a função-objetivo da participação em processos competitivos como leilões não for a busca de maximização de lucro, pergunta-se qual seria uma outra alternativa, maximização de "objetivos estratégicos" intangíveis ou maximização de posições políticas? (MONTEIRO; SANTOS, 2010, p. 82).

Nesse panorama, Eduardo Monteiro e Edmilson dos Santos formularam e testaram as seguintes hipóteses de uso político do setor elétrico:

> *Hipótese 1:* A imposição pelo Governo Federal de um mecanismo de contratação que forçou a adoção, pelas estatais, de estratégias de venda de altos volumes de energia em curtíssimo espaço de tempo, afastando a ameaça de descontratação por parte das geradoras estatais e diminuindo o risco de crise de abastecimento de energia.
> *Hipótese 2:* O uso do conceito de 'energia velha' e do alto volume de energia descontratada dos geradores existentes, estatais e privados, mas predominantemente estatais, como 'colchão' para forçar a modicidade tarifária e restringir o impacto inflacionário, bandeiras de alto valor político e macroeconômico para o governo federal (MONTEIRO; SANTOS, 2010, p. 96-97).

Aplicando a metodologia desenvolvida, com base nos quatro critérios de conceituação de "uso político", identificaram dois tipos:

> Benefício no Curto Prazo – Perda no Longo Prazo: os baixos preços praticados pelas estatais geraram aparentes conquistas comerciais no curto prazo (energia disponível foi vendida), mas reduziram sua capacidade de geração de caixa para investimentos futuros.
> Benefício Definido – Custo Indefinido: assumindo-se que os beneficiados foram o governo federal e consumidores atuais (menor impacto inflacionário e tarifas menores, respectivamente), as estatais e o Estado brasileiro são os grupos de pressão que arcaram com o custo deste subsídio (MONTEIRO; SANTOS, 2010, p. 97).

Positivadas as hipóteses no primeiro filtro da metodologia, passando à análise das proposições e dos corolários da Teoria de Grupos de Pressão, efetuaram o seguinte enquadramento acerca da "Hipótese 1":

> A *Proposição 3 da Teoria de Grupos de Pressão de Becker (Grupos bem-sucedidos politicamente tendem a ser pequenos em relação aos grupos tributados que viabilizam os pagamentos dos subsídios que beneficiam os primeiros)* nos permite, portanto, considerar a hipótese de uso político das estatais como provedoras da segurança de oferta de energia – que todo governo busca – à medida em que um pequeno grupo de pessoas, com interesses político-eleitorais bem definidos, foram capazes de impor suas decisões

(que destruíram valor econômico para as estatais submetidas a tais imposições e, em última análise, para todos os contribuintes brasileiros) com base na dispersão individual do subsídio proporcionado pelos milhões de contribuintes que, pode-se dizer, foram tributados de forma indireta com a perda de valor imposta às estatais (MONTEIRO; SANTOS, 2010, p. 99, grifos nossos).

Em complementação, adotaram o "Corolário da Proposição 1 da Teoria de Grupos de Pressão de Becker (A eficácia política de um grupo não é determinada pela sua eficiência absoluta, mas por sua eficiência relativa a outros grupos de pressão)" para explicar como as geradoras privadas foram ineficientes em pressionar comportamentos mais racionais no leilão, uma vez que se encontravam limitadas a uma menor participação de mercado e ao controle do governo sobre as estatais, de maneira que "suas funções-influência foram relativamente menores que as funções-influência das estatais". O mesmo ocorreu em relação aos executivos das estatais, limitados pela submissão às decisões políticas advindas do governo federal, não obstante sua missão implícita de criação de valor para suas empresas (MONTEIRO; SANTOS, 2010, p. 99).

Acerca da "Hipótese 2", enquadraram assim:

A Proposição 3 da Teoria de Grupos de Pressão de Becker (Grupos bem-sucedidos politicamente tendem a ser pequenos em relação aos grupos tributados que viabilizam os pagamentos dos subsídios que beneficiam os primeiros) é novamente ferramenta útil para entender os resultados do leilão.

O Governo Federal, grande beneficiado político com as tarifas baixas provenientes dos baixos preços praticados pelas estatais (menor impacto inflacionário e boas mensagens eleitorais), pode ser caracterizado como um grupo pequeno (e que recebeu subsídios indiretos) em relação aos milhões de contribuintes brasileiros que foram tributados indiretamente pelas potenciais perdas bilionárias geradas pelo leilão (MONTEIRO; SANTOS, 2010, p. 100, grifos nossos).

No mapeamento de grupos de pressão relevantes para as hipóteses de manifestação de uso político, entendeu-se que "a dinâmica dos Leilões de Energia em vigor no Setor Elétrico Brasileiro coloca pressão sobre as empresas privadas, empresas estatais e sobre o Tesouro Nacional", ao tempo que essa "pressão é originada nos Governos, principalmente o Governo Federal, e, paradoxalmente, nas próprias empresas estatais" (MONTEIRO; SANTOS, 2010, p. 95). Pode-se acrescentar, ainda, a pressão exercida sobre a Aneel, cuja função de zelar pelo serviço adequado, segundo condições de regularidade, continuidade, eficiência, segurança, atualidade e modicidade tarifária sustentável, fica neutralizada ante a pressão governamental.

Integralmente processadas as hipóteses, os tipos de uso político identificados, a proposição e o corolário da Teoria de Grupos de Pressão de enquadramento e mapeados os grupos de pressão relevantes, concluiu-se que

> não é possível descartar as hipóteses de uso das empresas estatais como ferramentas de condução de políticas públicas e de uso político e eleitoral, relegando a segundo plano a maximização de funções-objetivo orientadas à rentabilidade e à sustentabilidade econômica (MONTEIRO; SANTOS, 2010, p. 104).

O comportamento temerário do governo revela que o novo modelo elétrico desenvolvido centrava-se em manobras de ocasião, sem transparência quanto a possíveis impactos futuros no setor regulado, fragilizando a capacidade das estatais de assumirem compromissos de investimentos mínimos necessários e, com isso, deixando no campo das incertezas a suficiência de suprimento futuro e a eventual explosão tarifária.

4.3 Caso do setor de petróleo e gás

O setor de petróleo e gás no Brasil é estruturado como monopólio da União, na forma do art. 177 da Constituição de 1988 (BRASIL, 1988), e vem sendo protagonizado pela atuação da empresa estatal Petróleo Brasileiro S.A. (Petrobras), que teve a exclusividade de exploração e produção de petróleo, de gás natural e de outros hidrocarbonetos fluidos até 1997, quando entrou em vigor a Lei nº 9.478/1997 (BRASIL, 1997b), com novas disposições sobre as atividades relativas ao monopólio do petróleo, com a permissão advinda da Emenda Constitucional nº 9/1995 (BRASIL, 1995b), que modificou o art. 177 da Constituição de 1988 (BRSIL, 1988).

A Petrobras tem ocupado o centro de muitos escândalos relacionados à corrupção, especialmente a partir de 2014, quando deflagrada a primeira fase ostensiva da Operação Lava Jato,[3] conduzida pelo Ministério

---

[3] A Operação Lava Jato, conforme publicado no *site* da Polícia Federal (BRASIL, 2016g) foi deflagrada pela Polícia Federal no dia 17 de março de 2014, como resultado da unificação de quatro investigações menores (Dolce Vita, Bidone, Casablanca e Lava Jato) acerca da prática de crimes financeiros e desvio de recursos públicos. Segundo informações do Mi-

Público Federal. Segundo divulgação oficial, o material apreendido nas buscas determinadas pela Justiça Federal, bem como informações de investigados e réus colaboradores, demonstraram "a indicação política de agentes públicos que promoviam e facilitavam a contratação fraudulenta de bens e serviços com sobrepreço" e "a formação de cartéis em diversos setores econômicos", causando graves prejuízos financeiros às empresas públicas contratantes, com constatações de fraudes em processos licitatórios, "para permitir a celebração de contratos das empreiteiras envolvidas no esquema criminosos com diversos setores da Petrobras" (BRASIL, 2016g, p. 1). Importa ao presente estudo, contudo, analisar especificamente a deterioração financeira ocorrida na empresa estatal, sob a perspectiva de sua relação com a gestão de política industrial e de contenção de preços dos derivados do petróleo.

Na medida em que a Operação Lava Jato prosseguia com o seu trabalho, verificava-se uma queda acentuada no valor das ações da Petrobras. No entanto, os motivos para isso diversificam-se entre erros em projetos, política do governo de manutenção dos preços de combustíveis defasados e falhas de gestão perceptíveis ao mercado. Em meio às notícias, em 2014 o país encontrava-se em ano de eleições presidenciais e a candidata à reeleição sustentava em campanha a "defesa" da estatal contra os "inimigos" (NETTO, 2016, p. 130).

Em 2010, o governo conduziu alteração no modelo de exploração do pré-sal, sobre o qual recaía grandes expectativas de receitas, desenvolvimento e autossuficiência para o país. Por meio da Lei nº 12.351/2010 (BRASIL, 2010), o regime de concessão, em que a produção era da concessionária em troca de *royalties*, participação especial e tributos, foi modificado para o regime de partilha de produção, entre a empresa exploradora e o país, com operação preferencial da Petrobras dos blocos a serem contratados (art. 4º).

Na avaliação de Vladimir Netto (2016, p. 131), essa alteração "paralisou por anos a atração de investidores estrangeiros" e levou ao endividamento da Petrobras "para tocar todos os investimentos que o governo queria que ela liderasse", muitos deles do interesse de aliados políticos do governo, como também de empresas contratadas a preços superfaturados, segundo revelações da Operação Lava Jato, com condenações já ocorridas de diretores da estatal e empreiteiros.

---

nistério Público Federal (BRASIL, 2016g), essa operação é considerada "a maior iniciativa de combate à corrupção e lavagem de dinheiro da história do Brasil", cujas investigações apontaram irregularidades na Petrobras e uma estimativa do volume de recursos desviados dos cofres públicos da ordem de bilhões de reais.

Além disso, complementa, "o governo quis acelerar investimentos para gerar o crescimento necessário à campanha da candidata indicada" pelo então presidente da República, considerando-se a ambiência de eleição presidencial.

Segundo Venina Velosa da Fonseca, geóloga, ex-gerente executiva de abastecimento da Petrobras, foi-lhe pedido pelo diretor de Abastecimento um plano para que a refinaria Abreu e Lima entrasse em funcionamento mais rápido. A aceleração do processo industrial teve um custo de quatro bilhões de reais, conforme relatório da Comissão Interna de Apuração da Petrobras, e o projeto era prioridade do governo, acompanhado diretamente pela Casa Civil (NETTO, 2016, p. 128-129).

Ocorre que os primeiros estudos de viabilidade para o Complexo Petroquímico do Rio de Janeiro (Comperj), a Refinaria Abreu e Lima (Rnest) e a Petroquímica de Suape, avaliados pela Petrobras em documentos sigilosos, demonstravam que os resultados futuros não remunerariam os valores investidos, aprovados na ordem de 26 bilhões. Comperj e Rnest constavam no Programa de Aceleração do Crescimento (PAC), "concebido em 2007 como uma das principais vitrines políticas do governo federal", já que o Brasil não construía refinarias desde a década de 1980. As obras dos complexos industriais foram realizadas no período de 2010 a 2014, em que a Petrobras manteve os preços dos combustíveis defasados em relação ao mercado internacional, como tentativa de controle da inflação pelo governo (VALENTI; VIEIRA, 2016).

Patrícia Oliveira e Edmar Almeida explicam que a abertura do mercado brasileiro levou à liberalização dos preços de derivados de petróleo no início dos anos 2000, mas o governo tem influenciado indiretamente os preços da gasolina, dísel e GLP por intermédio da Petrobras. Em razão do diferencial de preços do mercado interno em relação ao internacional, considerando-se, ainda, a necessidade de importação para atender a demanda interna e as receitas de vendas desses derivados aos preços domésticos, a estatal sofre grandes perdas e "os valores que a empresa deixa de receber pela defasagem podem explicar grande parte da deterioração financeira da empresa desde 2011" (OLIVEIRA; ALMEIDA, 2014, p. 1).

Prosseguem Patrícia Oliveira e Edmar Almeida (2014, p. 10) esclarecendo que o segmento de vendas de derivados do petróleo apresenta baixa atratividade, pela posição dominante da Petrobras na oferta interna de combustíveis, e que a política discricionária de preços tem tornado os investimentos em refino ainda mais dependentes da estatal. E concluem:

O diferencial de lucro no segmento de refino da empresa influencia negativamente o nível de investimento da Petrobras no setor. Como apresentado, o acúmulo de perdas no segmento de vendas de derivados foi significativo e somou R$ 86 bilhões (ou R$ 140 bilhões, considerando-se o custo de oportunidade), estando no mesmo patamar do crescimento de seu endividamento líquido, que foi de R$ 103 bilhões em 2011 para R$ 222 bilhões em 2013. A defasagem dos preços dos derivados parece um fator bastante importante para a fragilidade da empresa que terá ainda de fazer frente a vultosos investimentos exigidos pelo pré-sal nos próximos anos (p. 9-10).

As circunstâncias abordadas mostram-se suficientes para a formulação e teste, com base na metodologia de Eduardo Monteiro e Edmilson dos Santos, da seguinte hipótese de uso político do setor de petróleo e gás: a contenção de preços dos derivados de petróleo, defasados frente ao mercado internacional, e a gestão de política industrial, com investimentos deficitários, que contribuíram para a deterioração financeira da Petrobras. Em relação a essa hipótese, identificam-se os seguintes tipos de uso político:

a) critério temporal "Benefício no Curto Prazo – Custo no Longo Prazo" – os baixos preços de combustíveis em relação aos valores do mercado internacional propiciaram o controle inflacionário no curto prazo, nos anos que antecederam o pleito eleitoral presidencial de 2014, mas representaram destruição de valor no longo prazo, na medida em que se descapitalizou a Petrobras para os investimentos necessários de longo prazo, especialmente em razão das atividades de exploração do pré-sal e da política industrial concentradas pelo governo na estatal;

b) critério "Benefício Definido – Custo Indefinido" – o controle inflacionário e o início das obras do Comperj, da Rnest e da Petroquímica de Suape representaram benefícios para o governo federal, por assegurarem promessas de campanha e manterem boa vitrine eleitoral, como também beneficiaram consumidores, de forma imediata, pelos baixos preços de combustíveis, a sociedade pela baixa inflação e empreiteiras, políticos e diretores envolvidos no superfaturamento de contratos; porém não havia transparência sobre o custo que tais medidas representavam, já que a análise indicativa dos investimentos deficitários nas petroquímicas e refinaria constava de documentos sigilosos da Petrobras e se negligenciava o impacto da perda de receitas pela defasagem dos preços

praticados, e muito menos sobre quais grupos responderiam pelo seu custeio, sendo certo que a empresa estatal, seus investidores e o próprio Estado brasileiro são grupos de pressão prejudicados;
c) critério "Subsídio do Setor para o Estado" – as atividades do setor de petróleo e gás foram usadas para a viabilização de objetivos externos ao próprio setor, notadamente como fonte de recursos para projeto político de controle inflacionário pela contenção dos preços de combustíveis, não sustentável no longo prazo, que acabou por contribuir para a deterioração financeira da Petrobras, com diminuição de competitividade e da capacidade de expansão e investimentos no setor;
d) critério "Estratégico se sobrepõe ao Econômico" – a decisão de controle inflacionário, enquanto estratégia de política econômica, às custas de um desalinhamento dos preços interno dos derivados em relação aos preços de referência internacional, foi determinante para o endividamento e a fragilização financeira da empresa estatal e o investimento de bilhões em refinaria e polos petroquímicos, sabendo-se que jamais dariam retorno correspondente, como parte de Programa de Aceleração do Crescimento, são decisões que implicam inobservância a padrões mínimos de rentabilidade e de governança corporativa.

Positivada a hipótese no primeiro filtro, pode-se, ainda, enquadrá-la na proposição e corolário da teoria de grupos de pressão a seguir:
a) "um grupo que se torna mais eficiente na produção de pressão política é mais capaz de reduzir seus impostos ou aumentar seus subsídios" – um grupo de pessoas, com interesses político-eleitorais e financeiros bem definidos, foi capaz de impor suas decisões (que destruíram valor econômico para a estatal submetidas a tais imposições e para todos os acionistas), obtendo os benefícios almejados; cumpre aqui lembrar que a análise de Gary Becker não se limita a impostos e subsídios (BECKER, 1983, p. 372-373), podendo-se aplicar a outros ônus e benefícios relacionados às atividades governamentais;
b) "a eficácia política de um grupo não é determinada pela sua eficiência absoluta, mas por sua eficiência relativa a outros grupos de pressão" – explica a ineficiência dos acionistas em fazer valer comportamentos mais racionais na gestão da Petrobras; limitados pela falta de transparência nas informações

de gestão (assimetria de informações), suas funções-influência foram relativamente menores que as funções-influência do governo, políticos, diretores e empreiteiras beneficiados.

Feitos esses enquadramentos no segundo filtro, os grupos de pressão relevantes para as hipóteses de manifestação de uso político podem ser assim mapeados: o perfil analisado de gestão da Petrobras exerce pressão sobre a estatal, seus acionistas e o próprio Estado, a sociedade, que inicialmente se beneficia do controle inflacionário, mas depois arca com a recuperação de preços e prejuízos advindos da gestão temerária, como também sobre a Agência Nacional de Petróleo, Gás Natural e Biocombustíveis (ANP), que fica enfraquecida na sua função de promover a regulação e a fiscalização das atividades econômicas integrantes da indústria do petróleo, do gás natural e dos biocombustíveis (art. 8º da Lei nº 9.478/1997). Essa pressão, por seu turno, é originada no governo federal, que aufere benefícios político-eleitorais, nos empreiteiros, diretores e políticos beneficiados com contratações superfaturadas, e na própria Petrobras, cuja máquina é utilizada para a execução das medidas.

Integralmente processada a hipótese segundo os tipos de uso político identificados, o enquadramento na proposição e no corolário da Teoria de Grupos de Pressão e o mapeamento dos grupos de pressão relevantes, conclui-se que é factível a hipótese de uso do setor como instrumento de condução de políticas macroeconômicas e de uso político e eleitoral, com negligência da análise de impacto das medidas governamentais e da transparência de motivos e informações, em detrimento das funções-objetivo do sistema de petróleo e gás, orientadas à rentabilidade e à sustentabilidade econômica da estatal e ao desenvolvimento do setor.

Com efeito, resta demonstrada a suscetibilidade dos setores analisados, a servirem como instrumentos de condução de políticas públicas personalizadas por interesses político-eleitorais e financeiros de grupos de influência fortalecidos no contexto da máquina governamental estatal, cabendo consignar-se que o mesmo teste metodológico pode ser aplicado a outros setores regulados com resultados semelhantes.

Marcos Juruena Villela Souto (2007, p. 105), discorrendo sobre o então novo marco regulatório do setor elétrico brasileiro, voltado para a modelagem energética introduzida no início deste milênio, em retrospectiva histórica já observava a tônica das políticas públicas adotadas para o setor, permeada por objetivos macroeconômicos e populistas:

O papel assumido pelo Estado muitas vezes teve uma visão mais *política* do que *técnica*, o que causou impacto nos critérios de definição das tarifas públicas, que passaram a ser utilizadas para outras finalidades que não a manutenção, expansão e aprimoramento do setor elétrico; em outras palavras, as tarifas eram instrumento, basicamente, *de controle* da *inflação* e do *populismo*, para fins, muitas vezes, eleitorais.

Isso contribuiu, em muito, para se criar um cenário de dificuldade de manutenção das próprias empresas estatais criadas para a exploração das atividades do setor elétrico. Nesse modelo, de forte dependência dos capitais públicos, e por conta dessa política tarifária demagógica, a tônica era a dificuldade de o Estado continuar a abastecer a população com o aumento de energia. Era uma política tarifária equivocada, porque voltada para a remuneração artificial do custo dessas usinas hidrelétricas e porque se preocupava, apenas, com os *custos históricos* e não necessariamente refletia os custos de ampliação e manutenção do parque industrial brasileiro. Pois bem, esse não era um cenário que atraía o capital privado para investir na geração de eletricidade (SOUTO, 2007, p. 105, grifos do original).

O tema da discricionariedade técnica no Direito americano, que influenciou sobremaneira o desenho institucional regulatório no Brasil, foi fundamental na definição de competências das agências reguladoras, constituídas sobre os pilares da especialização, da neutralidade e da descentralização técnica. A especialização justificou-se ante a multiplicidade e a complexidade de novas funções absorvidas pelo Estado do Bem-Estar, intervindo fortemente na ordem econômica e social, sem capacidade para exercer por seus três poderes atribuições sobre temas tão variados. Essa especialização implicou em expressivo grau de discricionariedade atribuída às agências reguladoras, traduzida na descentralização técnica que mitigava a revisão judicial, restringindo-a a hipóteses em que se configurasse "ato manifestamente arbitrário, absurdo, caprichoso, contrário à intenção do legislador". Já no aspecto da neutralidade, acreditava-se que as agências estariam a salvo das influências políticas e independentes dos chefes do poder executivo, pela estabilidade das funções diretivas (DI PIETRO, 2012, p. 110-111).

Nos Estados Unidos, a partir da década de 1960, contudo, esses pilares da regulação foram abalados. Na perspectiva da especialização, deixou-se de proteger interesses dos setores regulados, para preocupar-se com o interesse público, de forma a lidar com problemas sociais mais complexos que exigiam conhecimentos multidisciplinares, para além da técnica específica das agências, as quais passaram a submeter-se a políticas governamentais, sob controle do Poder Executivo. A ideia de neutralidade passou a integrar a necessidade de juízos políticos de valor, implantando-se procedimentos administrativos que favorecessem a transparência e a participação dos cidadãos e propiciassem a demonstração de observância da relação custo-benefício (razoabilidade) das medidas estatais, na tentativa de evitar o favorecimento de grupos determinados (DI PIETRO, 2012, p. 112).

A discricionariedade técnica, por sua vez, passou a ser mais controlada pelo Poder Judiciário, com a exigência de motivação, a fim de examinar os fatos levados em consideração na decisão regulatória e verificar a racionalidade da medida, se levou em consideração todos os dados e conhecimentos obtidos para a decisão final, ou seja, o processo decisório deveria ser documentado com todos os dados que permitissem examinar a racionalidade da regulação (DI PIETRO, 2012, p. 112-113).

No Brasil, apenas na década de 1990 se deu o surgimento das primeiras agências reguladoras, inspiradas no modelo norte-americano e instituídas com os mesmos pilares originais, nos termos das respectivas leis criadoras, com *status* de autarquias de regime especial, com autonomia reforçada, especializadas, politicamente neutras e tecnicamente independentes da administração central. Nos casos antes analisados, no entanto, já nos leilões de energia ocorridos em 2004 (caso do setor elétrico) e posteriormente nos eventos envolvendo a Petrobras (caso do setor de petróleo e gás), observam-se setores regulados com o protagonismo do poder central, segundo seus interesses de ocasião, com agências reguladoras enfraquecidas e relegadas a um plano secundário na organização do ambiente regulado.

Com efeito, diferentemente do que se verificou nos Estados Unidos, o enfraquecimento dos pilares estruturantes das agências reguladoras no Brasil, nos casos analisados, não parece estar associado a um maior controle das políticas regulatórias, na medida em que as políticas governamentais setoriais, conforme a metodologia empregada, mostram-se personalizadas por interesses político-eleitorais e financeiros de grupos de influência fortalecidos no contexto da máquina governamental estatal, distanciando-se do interesse público visado pelo Direito, do juízo político de valor legítimo e da racionalidade da regulação.

Referindo-se aos objetivos da regulação, Gaspar Ariño Ortiz (2006, p. 48-49) ressalta que não se deve fazer da regulação um instrumento político, seja a serviço do emprego, da luta contra a inflação, do desenvolvimento regional ou da redistribuição de rendas, porque para isso servem a política laboral, a política monetária, a política industrial, territorial ou fiscal de um Estado. Explica que a política regulatória deve ter como objetivo único e exclusivo a defesa e a boa ordenação do sistema de prestações regulado, conforme as melhores condições possíveis de segurança, qualidade, preços e eficiência, para hoje e para amanhã, o que exige empresas solventes, estáveis, dinâmicas e rentáveis.

Em sentido semelhante, considerado o ordenamento jurídico brasileiro, Marcelo Vieira (2018, p. 4-5), referindo-se à medida de atuação do Estado na economia, inclusive por meio das empresas estatais, afirma que, numa perspectiva jurídica, a estatal pode assumir um papel mais contido ou de maior protagonismo na economia, advertindo que a atividade econômica exercida pelo Estado em parceria com o particular deve conformar o "interesse público justificador da criação da empresa estatal com a lucratividade dissociada daquela justificativa pública de sua criação", o que decorre diretamente das disposições do art. 238 da Lei nº 6.404/1976 (BRASIL, 1976) e do art. 4º, §1º, da Lei nº 13.303/2016 (BRASIL, 2016e).

Explica Vieira (2018, p. 5-7) que é lícito às estatais se afastarem da lógica lucrativa em benefício de sua finalidade pública criadora, mas não de qualquer finalidade pública genérica, para a qual devem direcionar-se as políticas públicas de Estado e não serem realizadas pela estatal, o que pode levar, inclusive, à responsabilização do acionista controlador. Assim, a estatal pode ser guiada para níveis "subótimos" de lucratividade ou até mesmo suportar algum grau de prejuízo, por um intervalo de tempo razoavelmente definido e sem comprometimento de sua estrutura financeira, desde que seja para a execução de atividade diretamente ligada à causa pela qual foi criada a estatal.

Relevante anotar nessa matéria que, justamente em razão da indeterminação do conceito de "interesse público" justificador da criação da estatal, a fim de que não seja manipulado para a consecução de fins alheios ao mandamento legal e acabe por configurar-se desvio de finalidade, o art. 8º, inciso I, da Lei nº 13.303/2016 (BRASIL, 2016e) trouxe norma de governança, traduzida em transparência, previsibilidade e segurança jurídica, que impõe a elaboração de carta anual pelo Conselho de Administração das estatais em que conste a explicitação dos compromissos de consecução de objetivos de políticas públicas da empresa e de suas subsidiárias, em conformidade com o interesse coletivo ou o imperativo de segurança nacional que justificou a autorização para suas respectivas criações, "com definição clara dos recursos a serem empregados para esse fim, bem como dos impactos econômico-financeiros da consecução desses objetivos, mensuráveis por meio de indicadores objetivos".

A necessidade de planejamento e clareza dos objetivos públicos a serem alcançados, debatidos no ambiente corporativo pode ser vantajoso para a acomodação dos interesses lucrativos em face da finalidade pública visada pela estatal, viabilizando um maior controle das medidas de gestão e aumentando a previsibilidade do retorno econômico do capital público e privado investido. Enfatiza Marcelo Vieira (2018, p. 9) que esses debates devem acontecer dentro da estrutura orgânica das empresas estatais, observados naturalmente os ditames da política regulatória em que se inserem as suas atividades, porque, do contrário, fora do ambiente corporativo, a decisão possivelmente seria operada no campo político, sem que pudessem ser tecnicamente analisados e ponderados as metas para alcance do interesse público justificador da criação da empresa estatal e também os legítimos interesses de retorno econômico dos acionistas.

Alexandre Santos de Aragão, para explicar que "a lucratividade da estatal pode ser ponderada apenas com os objetivos públicos que justificaram a sua criação", e que "a violação desses limites qualitativos violaria até mesmo a própria competência da estatal dada pela lei que autorizou a sua criação, já que estaria lhe impondo funções para as quais não foi criada, violando também o princípio da especialidade, apresenta exemplo de situação hipotética envolvendo estatal de petróleo:

> Em outro exemplo, poderíamos citar a construção por estatal de petróleo de gasoduto que não tenha possibilidade de ser lucrativo, mas que seja capaz de promover a integração energética nacional e até sul-americana, o que nos parece um possível objetivo institucional de uma estatal desse setor. O mesmo não se poderia dizer se, diante de grande evento esportivo a ser realizado no Brasil, a mesma estatal fosse levada a investir desbragadamente em patrocínios de jovens e desconhecidos atletas, para tentar assegurar ao Brasil uma posição razoável na competição a ser realizada em alguns anos. Mais uma vez: por mais que o fomento ao desporto seja um interesse público muito relevante, de previsão inclusive constitucional (art. 217, CF), ele não é especificamente pertinente ao setor de petróleo, não podendo ser razoavelmente imaginado como uma das razões para o Estado ter instituído uma companhia petrolífera (ARAGÃO, 2018, p. 311).

Nesse diapasão, não se coaduna com os objetivos institucionais públicos de estatais dos setores de energia e petróleo e gás, conforme os casos analisados acima, o sacrifício de objetivos lucrativos e da organização e da eficiência de políticas energéticas para serem usadas visando a objetivos macroeconômicos de controle inflacionário ou interesses político-eleitorais. Outros casos poderiam ainda ser mencionados, sugestivos desses desvios, que, embora não rigorosamente testados pela metodologia antes apresentada, circunstanciam o possível uso desses setores como instrumento político, para o atendimento de objetivos alheios à defesa e ordenação do sistema de prestações regulado, sem que vise às melhores condições possíveis de segurança, qualidade, preços e eficiência.

É o caso da renovação dos contratos de concessão de geração, transmissão e distribuição de energia elétrica ocorrida no governo federal do período de 2011 a 2014. Antes do vencimento dos contratos, foi editada a Medida Provisória nº 579/2012 (BRASIL, 2012), convertida na Lei nº 12.783/2013 (BRASIL, 2013), que estipulou regras distintas das insertas nos respectivos contratos e condicionou a prorrogação à renúncia de direitos pré-existentes das concessionárias (art. 11, §4º), com alterações nos critérios de fixação da tarifa praticada e modificações nas características essenciais dos contratos.

O governo tinha então como objetivos conter a inflação e atrair investimentos privados, mas advieram efeitos inversos, porquanto concessionárias de geração de energia cujos contratos venceram na vigência da medida provisória optaram por não os prorrogar. A interferência de viés político (controle da inflação), em momento que antecedia o pleito eleitoral de 2014, juntamente com a ausência de chuvas devida a prévio período de seca prolongada, foi interpretada como indício de insegurança jurídica e de instabilidade regulatória, afastando os investidores do setor. Em consequência, usinas termoelétricas precisaram ser acionadas pelo Operador Nacional do Sistema (ONS), para compensar a diminuição da capacidade das usinas hidrelétricas e combater a insegurança no abastecimento, evitando-se um novo "apagão". O aumento do uso das térmicas aumenta o Encargo do Serviço do Sistema (ESS), encarecendo a tarifa do serviço de distribuição de energia elétrica oferecida ao consumidor final, além do que a energia assim adquirida no mercado à vista possui preço mais alto do que o praticado nos leilões (GONDIM, 2013, p. 66).

Diretamente relacionada aos contratos de distribuição, foi elaborada pelo Ministério Público Federal a *Nota técnica sobre a prorrogação das concessões de distribuição de energia elétrica* (BRASIL, 2016f), com o objetivo de analisar a responsabilidade dos agentes do Poder público no contexto da Medida Provisória nº 579/2012 (BRASIL, 2012), da Lei nº 12.783/2013 (BRASIL, 2013) e do tardio Decreto nº 8.461/2015 (BRASIL, 2015a), que viabilizaram a prorrogação das concessões de distribuição de energia elétrica, nunca antes licitadas, por mais trinta anos, contrariando a regra licitatória da Constituição Federal, da Lei Geral de Concessões de Serviços Públicos, além de outras normas aplicáveis.

A referida nota técnica alberga o entendimento de que a renovação automática foi concebida pelo governo federal como uma das soluções para a crise econômica, admitindo que a Eletrobras acumulou perda bilionária com a redução das tarifas de energia elétrica desde o início do ano de 2013 e precisou negociar com o governo federal uma compensação financeira indireta, o que se daria com a venda de distribuidoras de energia sob o comando da Eletrobras, após a antecipação da renovação das concessões, aumentando assim a arrecadação com a venda e resolvendo parte dos seus problemas de caixa (BRASIL, 2016f, p. 23-24).

Além disso, no âmbito do Tribunal de Contas da União, embora tenha sido autorizada a prorrogação dos contratos, trecho da análise da Unidade Técnica (SeinfraElétrica) daquela Corte de Contas (BRASIL, 2015e, p. 45) consignou que, em relação à conduta do governo de não realizar licitações ante os contratos então vincendos, "não foi apresentada evidência de que o poder concedente tenha aprofundado estudos que pudessem indicar vantagens e desvantagens, riscos, medidas mitigadoras ou soluções de eventuais problemas com a troca de concessionários". Acrescenta que o "MME, na resposta dada à oitiva da Medida Cautelar, não caracteriza essa situação excepcional, sendo evidente a ausência de estudos sobre a matéria. As respostas apresentadas são meramente argumentativas, sem lastro técnico decorrente de estudos específicos".

A par desse episódio, pode-se também citar o caso da greve de caminhoneiros, que ameaçou o abastecimento de insumos básicos para a população em 2018. Para conter o movimento grevista e contornar a crise política do governo, o então presidente da República fechou acordo com os caminhoneiros, anunciando redução no preço do óleo dísel até o fim daquele ano, definindo que a política de reajuste da Petrobras deixaria de ser diária e passaria a ser mensal e que a estatal não poderia reajustar valores pelos próximos sessenta dias, com compensações financeiras da União à Petrobras (subsídio público), para bancar o preço do dísel junto à Petrobras, e corte de tributos federais (Cide e PIS-Cofins sobre o dísel) (BRASIL, 2018c).

Além disso, dispôs por meio da Medida Provisória nº 832/2018 (BRASIL, 2018), posteriormente convertida na Lei nº 13.703/2018 (BRASIL, 2018), que a Agência Nacional de Transportes Terrestres (ANTT) publicaria tabela com os preços mínimos referentes ao quilômetro rodado na realização de fretes (art. 5º), para a execução da Política de Preços Mínimos do Transporte Rodoviário de Cargas

(PNPM-TRC), criada pelo governo federal em resposta à manifestação dos caminhoneiros, ocorrida em maio de 2018 (BRASIL, 2020c).

Com efeito, concordando com Gilberto Bercovici (2010, p. 26), "o crescimento econômico é o principal objetivo da política econômica, cuja direção e sentido são disputados por vários grupos sociais", inclusive por grupos políticos situados no governo e – impõe-se a ressalva – cujo objetivo principal, no entanto, nem sempre é o crescimento econômico e a eficiência das prestações públicas. Ainda que considerados o petróleo uma *"political commodity"* (BERCOVICI, 2010, p. 45) e os mananciais hidroelétricos como recursos naturais estratégicos, não podem esses recursos, e justamente por isso, ficar à mercê de decisões políticas motivadas por interesses de ocasião, infensos à governança regulatória, segundo os parâmetros constitucionais e legais que balizam as suas finalidades públicas.

Com efeito, alinhar a política energética com os preceitos basilares da boa política regulatória, atenta a regras de concorrência e eficiência, não implica a dominação de ideologia de mercado voltada essencialmente para o lucro, porque esses preceitos devem ser considerados quando se tem por objetivos utilidades e serviços públicos adequados, assim entendidos aqueles que satisfazem, na dicção da Lei nº 8.987/1995 (BRASIL, 1995c), "as condições de regularidade, continuidade, eficiência, segurança, atualidade, generalidade, cortesia na sua prestação e modicidade das tarifas" (art. 6º, §1º). Acrescente-se que a eficiência "não deve ser entendida apenas como maximização do lucro, mas sim como um melhor exercício das missões de interesse coletivo que incumbe ao Estado", isto é, "a maior realização prática possível das finalidades do ordenamento jurídico", com os menores ônus para o próprio Estado e para as liberdades dos cidadãos (ARAGÃO, 2009, p. 1-2).

Interferir na forma de prestação e uso de utilidades e serviços públicos por meio de regulação sem motivação válida, inteligível e convincente, não voltada para o melhoramento desses serviços, torna ilegítimas as medidas regulatórias e causa insegurança jurídica regulatória, na medida em que se libera a discricionariedade de quaisquer parâmetros técnico-jurídicos para se dar espaço a arbitrariedades, causando desconfiança, resistência e judicialização excessiva das questões regulatórias, além de prejudicar a eficiência das prestações.

Na sequência, passa-se à análise de caso concreto verificado por ocasião da (des)regulação da franquia de bagagens aéreas objeto da Resolução nº 400, de 13 de dezembro de 2016, da ANAC, contra a qual se insurgiram diversas instituições públicas, desencadeando-se, em consequência, várias demandas judiciais e um processo legislativo, com o propósito de sustar, em parte, a resolução, abordando-se o problema da desconfiança e ilegitimidade que recaem sobre as escolhas regulatórias, fragilizando a autonomia das agências na perspectiva dos diálogos institucionais.

CAPÍTULO 5

CREDIBILIDADE MITIGADA E INSEGURANÇA JURÍDICA NAS DECISÕES REGULATÓRIAS: O CASO DA FRANQUIA DE BAGAGEM AÉREA

A Agência Nacional de Aviação Civil (ANAC), criada pela Lei nº 11.182, de 27 de setembro de 2005 (BRASIL, 2005), no exercício de sua discricionariedade técnica, editou a Resolução nº 400, de 13 de dezembro de 2016 (BRASIL, 2016c), dispondo sobre as condições gerais de transporte aéreo de passageiros, doméstico e internacional. No que interessa ao tema, assim dispunha:

> Art. 4º A oferta de serviços de transporte aéreo de passageiros, em quaisquer canais de comercialização, conjugado ou não com serviços de turismo, deverá apresentar o valor total da passagem aérea a ser pago pelo consumidor.
> (...)
> §2º *O valor final a ser pago será acrescido de eventuais serviços opcionais contratados ativamente (regra opt-in) pelo consumidor no processo de comercialização da passagem aérea.*
> (...)
> Art. 13. *O transporte de bagagem despachada configurará contrato acessório oferecido pelo transportador.*
> §1º A bagagem despachada poderá sofrer restrições, nos termos desta Resolução e de outras normas atinentes à segurança da aviação civil.
> §2º As regras referentes ao transporte de bagagem despachada, ainda que realizado por mais de um transportador, deverão ser uniformes para cada trecho contratado.

Art. 14. *O transportador deverá permitir uma franquia mínima de 10 (dez) quilos de bagagem de mão por passageiro de acordo com as dimensões e a quantidade de peças definidas no contrato de transporte.*

§1º Considera-se bagagem de mão aquela transportada na cabine, sob a responsabilidade do passageiro.

§2º O transportador poderá restringir o peso e o conteúdo da bagagem de mão por motivo de segurança ou de capacidade da aeronave (BRASIL, 2016c, grifos nossos).

Entendeu-se que o art. 4º, §2º, transcrito, trata especificamente da possibilidade de se inserir como serviço acessório o custo no transporte da bagagem. Com efeito, a norma estabeleceu que o transporte de bagagem despachada configuraria contrato acessório ao contrato de transporte de passageiros oferecido pelo transportador aéreo e suprimiu a franquia mínima de bagagem, antes existente (23 kg, em território nacional e duas malas de 32 kg em voos internacionais sem custo extra, além da bagagem de mão não superior a 5 kg), a ser despachada pelas companhias aéreas. Publicada no *Diário Oficial da União* de 14 de dezembro de 2016 e retificada no dia seguinte, na publicação de 15 de dezembro de 2016, dispôs que entraria em vigor noventa dias após a sua publicação, tempo previsto para adequação das rotinas de operação das companhias aéreas e para implementação dos procedimentos de controle da ANAC.

Cinco dias depois, em 20 de dezembro de 2016, foi distribuída à 10ª Vara Federal da Seção Judiciária do Ceará a Ação Civil Pública nº 0816363-41.2016.4.05.8100 (BRASIL, 2016l), proposta pelo Departamento Municipal de Proteção e Defesa dos Direitos do Consumidor, órgão do Município de Fortaleza (Procon Fortaleza), em que se reporta, entre outras questões, à desregulamentação da franquia de bagagem como violação a direitos do consumidor ou concessão de vantagem excessiva ao fornecedor. Segundo o Procon Fortaleza (petição inicial), os usuários dos serviços da aviação civil poderiam vir a arcar com elevados custos decorrentes da nova regulação, havendo incertezas quanto às novas regras, ante a ausência de elementos técnicos produzidos pela ANAC:

> Mantida a regulação nos termos acima passaria o consumidor a custear as despesas com o transporte de sua bagagem, resultando em elevação significativa no preço final do serviço de transporte, convertendo-se em prática abusiva capitulada no art. 39, incisos V e X do Código de Defesa do Consumidor.

A presente interpretação se dá em razão da incerteza decorrente da nova regulação, considerando a ausência de elementos técnicos produzidos pela ANAC que indiquem ao consumidor algum tipo de benefício ou garantia da melhoria da qualidade dos serviços e ainda de qualquer economia.

Referido entendimento se fortalece em razão das informações do Superintendente da ANAC ao declarar a imprensa *"que não existem garantias para que os preços seja[m] reduzidos, diante da existência de outros fatores, como a grave crise econômica que atinge o Brasil e a alta do dólar frente ao Real"* (BRASIL, 2016l, p. 9, grifos nossos).

O Procon Fortaleza argumenta ainda que, pelo princípio da gravitação jurídica, o acessório segue o principal – portanto, no valor total do contrato de transporte de pessoas, estaria incluído o transporte de suas bagagens – e que "a tese de adequação a realidade internacional que está associada às viagens de baixo custo (*low cost*), em que as bagagens são cobradas em separado, definitivamente não se aplica às companhias aéreas brasileiras", enquanto a ANAC "sequer teve a cautela de apresentar elementos aos consumidores que pudessem justificar as novas medidas, limitando-se a vinculação a realidade internacional em detrimento de uma realidade nacional de vulnerabilidade do consumidor" (BRASIL, 2016l, p. 9; 11).

No mesmo dia 20 de dezembro de 2016, também foi distribuída à 9ª Vara Federal da Seção Judiciária de Pernambuco a Ação Civil Pública nº 0810187-28.2016.4.05.8300 (BRASIL, 2016k), ajuizada pela Gerência de Proteção e Defesa do Consumidor (Procon-PE), remetida por conexão e prevenção para a referida 10ª Vara Federal do Ceará, sob o fundamento de que, nesse juízo, a distribuição ocorrera horas antes.

Em 11 de janeiro de 2017, foi proposta pelo Conselho Federal da Ordem dos Advogados do Brasil (OAB) a Ação Civil Pública nº 752-93.2017.4.01.3400 (BRASIL, 2017f), perante a 4ª Vara do Distrito Federal, arguindo-se que a extinção da franquia de bagagens despachadas é desvantajosa para os usuários/consumidores, e que não existe qualquer garantia de que haverá queda nos preços das tarifas, deixando o usuário/consumidor à mercê das políticas de livre tarifação que queiram as empresas praticar. Quer dizer, com a medida, as empresas aéreas poderão reverter exclusivamente em lucro a enorme redução dos seus custos operacionais, findando-se por aumentar o custo final do serviço para o usuário/consumidor.

A OAB argumenta, ainda, que a medida onera excessivamente a parte vulnerável da relação de consumo, desequilibra os contratos de adesão de transporte aéreo de passageiros e vulnera a principiologia que inspirou o Código de Defesa do Consumidor e o Código Civil Brasileiro, com violação ao princípio constitucional da proibição de retrocesso, transferindo para o consumidor, sem exigir do transportador qualquer contrapartida, a responsabilidade e os custos operacionais do serviço de despacho de bagagem – operação inerente ao transporte de passageiros, na medida em que o transporte de pessoas inclui, necessariamente, juntamente com o próprio passageiro, a bagagem que este carrega consigo (BRASIL, 2017f).

Além disso, segundo a OAB, considerando-se que o limite de franquia de bagagem estabelecido pela ANAC não é compatível com as dimensões continentais do Brasil e as variações climáticas entre suas várias regiões, nem mesmo com as condições das viagens internacionais, a extinção da franquia mínima de bagagem de porão forçará o consumidor adquirente do bilhete de passagem a contratar um segundo serviço, necessariamente com o mesmo transportador, a fim de despachar a bagagem excedente ao volume único de 10 kg, o que viola o direito básico à liberdade de escolha do consumidor e resvala no proibitivo da prática comercial denominada "venda casada" (BRASIL, 2017f).

Por fim, com distribuição em 7 de março de 2017, ainda no curso da *vacatio legis*, uma semana antes da data prevista para a entrada em vigor da Resolução nº 400/2016, foi ajuizada na 22ª Vara Cível Federal da Subseção Judiciária de São Paulo pelo Ministério Público Federal (MPF) a Ação Civil Pública nº 0002138-55.2017.4.03.6100 (BRASIL, 2017g), sob fundamento de que a desregulamentação da regra de franquia de bagagem não acarretaria redução de preços e sim aumento, retirando um direito conquistado pelo consumidor, com evidente retrocesso social.

O MPF afirma que a Resolução nº 400/2016 tem como argumento principal eventuais benefícios hipotéticos de redução de preço das passagens aéreas, mas sem qualquer garantia de efetividade, apostando-se na solução simplória do mercado fornecedor na ambiência da competição concorrencial. Segundo a perícia econômica realizada pelo Ministério Público Federal, contudo, o objetivo das empresas não é subsidiar os consumidores de menor poder aquisitivo a partir da cobrança mais elevada para a diversificação dos serviços, mas sim ampliar lucros por meio da degradação da qualidade dos pacotes mais baratos, tornando os pacotes mais completos mais caros (BRASIL, 2017g).

O MPF argumenta, ainda, a existência de controvérsia quanto aos ganhos sociais da medida, apontando deficiências na análise técnica da ANAC, já que "não foram identificadas análises de impacto regulatório que estimassem quantitativamente ou qualitativamente os impactos da mudança da franquia de bagagens sobre os diferentes grupos de agentes", destacando "os consumidores com menor poder aquisitivo" (BRASIL, 2017g, p. 7). Reporta-se à manifestação de assessoria pericial nestes termos:

> A Assessoria Pericial a Secretaria de Acompanhamento Econômico do Ministério da Fazenda (SEAE) também manifestou, no seu Parecer nº 93 COGTL/SEAE/MF, preocupação com a possibilidade de os custos 'recaírem sobre o segmento social beneficiário da medida', e que por isso *seria desejável que a agência tivesse feito estimativa quantitativa e qualitativa "dos impactos da proposição sobre esses agentes"* Nas conclusões, a SEAE ponderou a *necessidade de "aperfeiçoamento da Análise de Impacto Regulatório na agência, em especial quanto à mensuração dos custos e dos benefícios para os diversos agrupamentos sociais impactados"* (fl. 34v) (BRASIL, 2017g, p. 7, grifos nossos).

Conquanto negada a suspensão liminar da eficácia dos dispositivos da Resolução nº 400/2016 no juízo da 10ª Vara Federal da Seção Judiciária do Ceará, o MPF obteve, antes de sua entrada em vigor, a concessão liminar na 22ª Vara Cível Federal da Subseção Judiciária de São Paulo, onde foi acatada a plausibilidade da pretensão, suspendendo-se a vigência dos arts. 13 e 14, §2º, da resolução. No que interessa ao presente estudo, entendeu o decisor que se estaria obrigando o consumidor a realizar, com a mesma empresa que lhe vendeu a passagem, contrato de transporte acessório para a bagagem despachada, o que caracterizaria a prática abusiva de venda casada, vedada pelo Código de Defesa do Consumidor (inciso I do artigo 39), já que não se concebe razoavelmente a compra da passagem por uma companhia e o despacho da bagagem por outra (BRASIL, 2017g, p. 3-4).

Acrescenta que, no Brasil, não se costuma dissociar o contrato de transporte de passageiros do transporte de bagagens, tanto no transporte aéreo como no transporte terrestre, havendo presunção de que está incluído o custo do transporte das bagagens (nos limites das franquias) no preço atual das passagens aéreas, não havendo evidências de que essa dissociação traria redução no preço das passagens do consumidor que não tenha bagagem para despachar, o que seria apenas uma suposição da ANAC. Admite que, na prática, tal seria de difícil constatação, "uma vez que o preço das passagens varia muito conforme a companhia aérea, o dia da semana, a proximidade do voo, o fato de ser realizado em feriado prolongado, o trajeto ou o horário"; porém, de qualquer forma, não existiriam parâmetros seguros que permitissem calcular os percentuais que correspondem ao custo do transporte do passageiro e ao custo do transporte da bagagem, de maneira a possibilitar uma cobrança separada, evitando prejuízo para o consumidor. Isso tornaria a medida vulnerável a práticas abusivas das grandes companhias aéreas brasileiras, dominantes do mercado (BRASIL, 2017g, p. 3-4).

Suspensas, assim, as novas regras estabelecidas pela ANAC (artigos 13 e 14, §2º, da Resolução nº 400/2016), foi mantida a medida liminar em instância recursal pelo presidente do Tribunal Regional Federal da 3ª Região, na Suspensão de Liminar ou Antecipação de Tutela (144) nº 5001695-83.2017.4.03.0000 (BRASIL, 2017h), por entender ausentes os requisitos legais da suspensão da liminar, afirmando que a manutenção da norma até então vigente (Resolução nº 676/2000), a qual assegurava há mais de uma década aos consumidores o direito a uma franquia mínima de bagagem, não poderia ocasionar grave risco de lesão à ordem pública (ordem administrativa).

A ANAC suscitou, então, perante o Superior Tribunal de Justiça o Conflito de Competência nº 151.550/CE (BRASIL, 2017e), por meio do qual foi designada a 10ª Vara Federal da Seção Judiciária do Ceará para resolver, em caráter provisório, as medidas urgentes (decisão monocrática publicada no *Diário de Justiça* de 20 de abril de 2017), determinando a suspensão dos feitos de números 0000752-93.2017.4.01.3400 (BRASIL, 2017f), em curso na 4ª Vara Federal da Seção Judiciária do Distrito Federal; 0002138-55.2017.4.03.6100 (BRASIL, 2017g), em trâmite na 22ª Vara Federal da Seção Judiciária de São Paulo; e 0810187-28.2016.4.05.8300 (BRASIL, 2016k), já em curso na 10ª Vara Federal da Seção Judiciária do Ceará, até o julgamento do referido conflito de competência, em razão da anterior distribuição da Ação Civil Pública nº 0816363-41.2016.4.05.8100 (BRASIL, 2016l) à referida Vara Federal da Seção Judiciária do Ceará, na oportunidade já com sentença proferida, tendo em vista a existência de conexão entre os feitos e a possibilidade, já materializada, de decisões conflitantes.

Com base nessa decisão monocrática proferida no aludido conflito de competência, a ANAC ajuizou perante a 10ª Vara Federal da Seção Judiciária do Ceará pedido incidental de tutela de urgência (Tutela Antecipada Antecedente nº 0805454-03.2017.4.05.8100) (BRASIL, 2017i), com o fito de reverter a liminar concedida pelo Juízo da 22ª Vara Cível Federal de São Paulo na Ação Civil Pública nº 0002138-55.2017.4.03.6100 (BRASIL, 2017g) proposta pelo Ministério Público Federal, e obteve o levantamento da suspensão da vigência dos artigos 13 e 14, §2º, da Resolução nº 400/2016 da ANAC, restabelecendo-se a vigência integral do referido ato normativo até o julgamento final do Conflito de Competência nº 151.550/CE (BRASIL, 2017e) pelo Superior Tribunal de Justiça, que veio a ocorrer em 24 de abril de 2019, com a declaração definitiva de competência do Juízo Federal da 10ª Vara da Seção Judiciária do Estado do Ceará, o primeiro suscitado, nos termos do voto da ministra relatora.

Paralelamente às ações ajuizadas, no âmbito do Senado Federal foi protocolizado, no mesmo dia 15 de dezembro de 2016, o Projeto de Decreto Legislativo (SF) nº 89, de 2016 (BRASIL, 2016i), de autoria do senador Humberto Costa (PT/PE), com o propósito de sustar, em parte, a Resolução nº 400/2016 da ANAC. Em sua redação final dada pelo Senado Federal, conforme o anexo ao Parecer nº 1.023-A, de 2016, da Comissão Diretora, o projeto susta, nos termos dos incisos V e XI do art. 49 da Constituição Federal, o art. 13 da referida Resolução nº 400/2016, revigorando as normas anteriores pertinentes ao contrato de transporte aéreo de passageiros no que tange a bagagens despachadas (BRASIL, 2016i).

Tendo sido aprovado pelo Plenário do Senado Federal, atualmente o referido projeto se encontra em tramitação na Câmara dos Deputados como Projeto de Decreto Legislativo nº 578 (BRASIL, 2016h), para onde foi remetido em 21 de dezembro de 2016, submetido à análise das comissões competentes. Na justificação do projeto de decreto legislativo, o senador proponente argumenta, em síntese, que a ANAC, ao editar a resolução em questão, não evidenciou estudos que demonstrassem implicação entre redução de preços de passagens aéreas e extinção da franquia de bagagens despachadas por passageiros, ressentindo-se a medida de maiores avaliações de seu impacto sobre os diversos agentes e de sua efetividade nos diversos segmentos de passageiros (BRASIL, 2016h, p. 1-2).

Acrescenta o senador que, ao tornar o serviço de despacho de bagagem acessório e sujeito a normas de livre acordo com o passageiro, conferindo liberdade às empresas aéreas para fixação de suas tarifas e eliminando o direito à franquia de bagagem despachada, a ANAC teria a estratégia de deixar ao alvedrio da empresa de aviação a precificação de cada volume ou faixa de volume transportado, sem qualquer garantia de que as empresas de transporte aéreo estariam se comprometendo publicamente a reduzir as tarifas ou proporcionar outras medidas compensatórias. Ante essas constatações, a resolução da ANAC representaria um retrocesso para o direito do consumidor, com restrição a direitos já estabelecidos, o que fugiria ao talante regulamentador da agência (BRASIL, 2016h, p. 1-2).

Sob o ponto de vista dos diálogos institucionais, verifica-se, portanto, que a medida regulatória, *prima facie*, não convenceu de sua legitimidade e acerto o Departamento Municipal de Proteção e Defesa dos Direitos do Consumidor (Procon Fortaleza), o Procon-PE, o Conselho Federal da OAB, o Ministério Público Federal, o juízo da 22ª Vara Cível Federal da Subseção Judiciária de São Paulo e nem mesmo o Plenário do Senado Federal, órgãos representativos dos poderes Executivo, Judiciário e Legislativo, como também as instituições que desempenham funções essenciais à justiça, de expressivo protagonismo social, como o MPF e a OAB, que se insurgiram contra a normatização da ANAC.

Tal constatação semeia insegurança e desconfiança no ambiente regulado, vulnerando a premissa fundamental de autonomia das agências reguladoras, no sentido explicitado por Pereira Neto, Lancieri e Adami (2014, p. 164), segundo os quais a "autonomia das agências reguladoras não se dá exclusivamente por medidas jurídico-formais, mas é fruto de um espaço de atuação delimitado pelas relações entre os diversos atores institucionais".

Na decisão proferida pelo juízo da 10ª Vara Federal da Seção Judiciária do Ceará ante o pedido incidental de tutela de urgência da ANAC (Tutela Antecipada Antecedente nº 0805454-03.2017.4.05.8100), que reverteu a suspensão liminar obtida pelo MPF na 22ª Vara Cível Federal de São Paulo (com o restabelecimento da vigência integral do referido ato normativo até o julgamento final do Conflito de Competência), tal como fundamentado na anterior sentença do mesmo magistrado, feitas as devidas ponderações de acautelamento, referindo-se à necessidade de acompanhamento e fiscalização para coibir eventuais abusos que possam vir a ser cometidos pelas companhias aéreas, o julgador acabou por acatar os argumentos da ANAC quanto aos benefícios da medida para os consumidores e à expectativa de redução dos preços das tarifas a serem praticadas no mercado nacional.

Ponderou o magistrado que a desregulamentação da franquia de bagagem despachada, *per se*, não representaria violação a direitos do consumidor ou concessão de vantagem excessiva ao fornecedor e que se tratava, além de um serviço de interesse público, de uma atividade empresarial, mesmo que regulada pelo poder público, a qual, vocacionada a proporcionar lucro às pessoas jurídicas que a exploram, implica que quaisquer custos impostos à sociedade empresária acabam por ser repassados para o consumidor no preço final do produto ou serviço, de maneira que a companhia aérea não venha a sofrer prejuízos que inviabilizem, no tempo, a continuidade dos serviços prestados e a sua própria existência (BRASIL, 2017i, p. 693).

Em sua análise, a desregulamentação permitiria em curto prazo o pagamento de tarifas mais baratas pelos passageiros que desejassem viajar sem ou com pouca bagagem despachada, de maneira a não terem que arcar com os custos de uma franquia que não pretendessem utilizar. E não representaria necessariamente o fim das franquias de bagagem despachada, as quais poderiam continuar a ser oferecidas, a critério das companhias aéreas, dentre as opções tarifárias disponibilizadas aos passageiros (BRASIL, 2017i, p. 693-694).

O magistrado considerou ainda, que, contrariamente ao consignado na decisão adversada da 22ª Vara Cível Federal de São Paulo, a disciplina do transporte de bagagem anterior à Resolução nº 400/2016 seria bem mais prejudicial aos consumidores, na medida em que obrigava a quem viajasse sem bagagem ou com pouca bagagem a subsidiar, via tarifa de sua própria passagem, outros passageiros que se utilizassem de todo o limite da franquia vigente, pois não havia, então, a opção de dispensa da franquia de bagagem disponibilizada (ou imposta) àqueles que pretendessem viajar com pouca ou nenhuma bagagem (BRASIL, 2017i, p. 694).

No entanto, decorridos vários meses desde o restabelecimento da vigência integral do ato normativo da ANAC e adotadas as novas regras desde junho de 2017 pelas companhias aéreas, permanece incerto e controverso o acerto das medidas. Em 26 de setembro de 2017, o Departamento de Proteção e Defesa do Consumidor (DPDC), órgão ligado à Secretaria Nacional do Consumidor (Senacon) do Ministério da Justiça e Segurança Pública (MJSP), instaurou averiguação preliminar para apurar a veracidade das informações divulgadas pela Associação Brasileira das Empresas Aéreas (Abear) sobre redução dos preços das passagens (BRASIL, 2017d).

Segundo a Abear, os preços dos bilhetes aéreos teriam caído de 7% a 30%, de acordo com dados colhidos entre julho e setembro, como resultado da adoção pelas companhias aéreas da cobrança pela bagagem despachada. No entender da área técnica do DPDC, "existem indícios de inconsistência dos resultados apresentados, principalmente diante da não divulgação da metodologia e dos critérios aplicados" (BRASIL, 2017d).

Em outra frente, a Fundação Procon-SP, órgão vinculado à Secretaria da Justiça e Defesa da Cidadania, notificou a Abear (Voar Brasil), em 25 de outubro de 2017, para que comprovasse a informação de queda no custo das passagens, solicitando: apresentação de dados (planilhas e relatórios) que embasaram a notícia divulgada pela Associação; esclarecimento sobre a metodologia de pesquisa aplicada e fontes de dados (companhias aéreas onde foi feito o monitoramento), com os respectivos documentos comprobatórios (SÃO PAULO, 2017).

Pesquisas da Fundação Getúlio Vargas (FGV) e do Instituto Brasileiro de Geografia e Estatística (IBGE), ao contrário das informações veiculadas pela Abear, revelaram um aumento no preço das tarifas, desde que foi iniciada a cobrança de bagagens. Entre junho e setembro de 2017, essa alta chegou a 35,9%, segundo dados da FGV, e, de acordo com levantamento do IBGE, a elevação foi mais moderada, de 16,9% (SÃO PAULO, 2017). Em meio à discussão, noticiou-se que a ANAC, em nota, considerara ser prematura uma avaliação apenas quatro meses depois de a mudança começar a ser implementada, afirmando:

> A análise do comportamento dos preços das passagens aéreas ao longo do tempo não é trivial, pois envolve diversos fatores que afetam esse mercado e que exercem diferentes forças. Nesse sentido, não se deve desprezar os efeitos da sazonalidade na formação dos preços do setor, em especial na hipótese de comparação com o mês imediatamente anterior. Nos dados apresentados, observa-se que os meses de junho a setembro apresentaram comportamento predominantemente similar nos últimos 5 anos. Pelos motivos expostos e tendo em vista que os ganhos de eficiência são esperados a médio e longo prazo, a Agência entende ser prematura uma avaliação neste período inicial de transição, em que tanto empresas quanto passageiros ainda estão se adaptando ao novo ambiente regulatório (DYNIEWICZ, 2017, p. 3).

Em 25 de junho de 2018, o Conselho Federal da Ordem dos Advogados do Brasil (CFOAB), na Apelação nº 0816363-41.2016.4.05.8100 (BRASIL, 2017j), requereu a concessão de tutela de urgência incidental para suspender a eficácia do art. 13, *caput*, entre outros dispositivos, da Resolução nº 400/2016 da ANAC, alegando a ocorrência de fatos novos, demonstrados mediante a colação ao processo de diversas notícias veiculadas pela imprensa ao longo do ano de 2018, consubstanciados na constatação de que a expectativa de redução do valor dos bilhetes de passagens aéreas não se concretizou e só aumentou o desconforto dos usuários do serviço. O pedido não foi conhecido.

Por outro lado, o plenário do Tribunal de Contas da União (TCU), em 12 de dezembro de 2018, avaliou os efeitos da desregulamentação da franquia de bagagem despachada e concluiu que foi precedida de estudos regulatórios consistentes e de ampla discussão com os interessados, além do que tende a ser favorável ao consumidor, ressaltando a importância de a avaliação ser feita em médio ou longo prazo. O ministro relator destacou que já vinha sendo observada a abertura do mercado aéreo, de natureza concorrencial, com a manifestação de interesse de empresas de baixo custo (*low cost*) no mercado brasileiro, observando que uma delas já estava operando em voos internacionais (BRASIL, 2018f). De fato, cinco empresas estrangeiras de baixo custo vieram para o país desde a desregulação da franquia de bagagem até 2019, segundo informações da ANAC (BRASIL, 2019a).

Na Câmara dos Deputados, o mencionado Projeto de Decreto Legislativo nº 578 (BRASIL, 2016h) obteve, em 23 de abril de 2019, parecer favorável do relator na Comissão de Viação e Transportes, mas já consta voto em separado divergente, apresentado em 3 de setembro de 2019 pela rejeição do projeto, no qual o deputado discordante, da mesma comissão, afirma que a resolução em a análise não fere o poder regulamentador do Poder Executivo e que "não é possível e nem justo concluir que não houve um impacto no preço das passagens aéreas", já que outros fatores influenciaram "uma não redução visível de preços após a retirada da obrigatoriedade das bagagens", observando que, entre 2017 e 2019, houve o aumento de 23% do preço do Dólar, com repercussão direta no setor, e o aumento de 6,8% da inflação, além de aproximadamente 82% de aumento no preço do QAV-1, combustível utilizado nos aviões.

No voto divergente (BRASIL, 2016h), o deputado menciona ainda a discussão havida em torno da Medida Provisória nº 863/2018 (posteriormente convertida na Lei nº 13.842/2019, que altera a Lei nº 7.565/1986, o Código Brasileiro de Aeronáutica), quando se incluiu por meio de emenda a fixação de franquia mínima de bagagem a ser ofertada pelas companhias aéreas, o que foi objeto de veto presidencial, justificado por razões formais do processo legislativo e pelo interesse público. Observa que o veto foi solicitado por diversas organizações da iniciativa privada ligadas ao setor aéreo e também por várias instituições públicas, entre elas: ANAC, Secretaria Nacional de Aviação Civil do Ministério (SAC), Ministério do Turismo, Secretaria Especial do Programa de Parcerias de Investimentos (PPI), Departamento de Estudos Econômicos e Presidência do Conselho Administrativo de Defesa Econômica do Ministério da Justiça e Segurança Pública (Cade), Departamento de Proteção e Defesa do Consumidor da Secretaria Nacional do Consumidor do Ministério da Justiça e Segurança Pública (SENACON/DPDC), antiga Secretaria de Acompanhamento Econômico do então Ministério da Fazenda (SEAE), Tribunal de Contas da União (TCU), Controladoria-Geral da União (CGU), Consultoria Legislativa da Câmara dos Deputados e Justiça Federal do Ceará (10ª Vara).

Mais recentemente, no julgamento da Apelação nº 0816363-41.2016.4.05.8100 (BRASIL, 2017j), ocorrido em 3 de dezembro de 2019, encontra-se consignado no voto do relator que o Fórum Nacional das Entidades Civis de Defesa do Consumidor (FNECDC) e o Instituto Brasileiro de Política e Direito do Consumidor (BRASILCON) ingressaram no feito na qualidade de *amicus curiae*, com a alegação do primeiro de que "a expectativa otimista da ANAC não se concretizou nos preços das passagens", como também se registra que a Abear e o Conselho Federal da Ordem dos Advogados do Brasil (CFOAB) ingressaram no processo como assistentes simples do apelante Procon Fortaleza, pedindo a reforma integral da sentença. Há referência ainda ao parecer do Ministério Público Federal em segundo grau, agora pelo desprovimento recursal.

O voto condutor da decisão colegiada, inclina-se pelo entendimento de que o ato normativo em questão goza de presunção de veracidade e legitimidade, porquanto o poder de polícia da ANAC, de regulamentar a política tarifária da aviação no Brasil, no espectro do princípio da liberdade tarifária disposta no art. 49, §1º, da Lei nº 11.182/05, foi exercido dentro de seus limites, observando que a resolução objeto da controvérsia foi precedida de estudos e debates em audiência pública e pontuando a previsão em seu art. 42 de que a Superintendência de Acompanhamento de Serviços Aéreos (SAS) deverá submeter à Diretoria, após cinco anos de vigência da Resolução nº 400/2016, relatório sobre sua aplicação, eficácia e resultados, com a indicação de possíveis pontos para revisão. O acórdão tornou-se definitivo em março do corrente ano de 2020, mantendo-se por unanimidade a sentença da 10ª Vara Federal da Seção Judiciária do Ceará, nos termos do voto do relator.

Com efeito, recaem sobre o tema diversos questionamentos e controvérsias que refletem o desconhecimento ainda atual de informações relevantes acerca do impacto da nova regulação implementada. Tamanha insegurança e tantas incertezas quanto aos aspectos técnicos e impactos sociais da política regulatória adotada não se coadunam, contudo, com os critérios metodológicos, com o rigor científico e tecnológico, ao lado da necessária participação social, que devem pautar os estudos preparatórios e decisivos das escolhas regulatórias, os quais são os meios de balizar a margem de liberdade do regulador e conferir legitimidade e confiabilidade às medidas adotadas no âmbito do que se denomina discricionariedade técnica.

Vêm a calhar, nesse ponto, as considerações de Sylvia Di Pietro (2012, p. 25), que percebe a existência de dificuldades por parte do Judiciário para entender "onde termina a legalidade e começa a discricionariedade administrativa", diante do que acaba por "deter-se diante do mal definido "mérito" da atuação administrativa, eventualmente permitindo que prevaleça o arbítrio administrativo onde deveria haver discricionariedade exercida nos limites estabelecidos em lei". Acerca desse tema, percebe-se que há, por parte do Judiciário, frequente deferência aos atos administrativos das agências reguladoras, o que tem contribuído para um necessário período inicial de consolidação do Estado regulador no Brasil, mas já se faz premente um processo de maturação na revisão do mérito das decisões regulatórias, das justificativas específicas de medidas adotadas, inclusive de atos normativos, por meio de testes de razoabilidade e proporcionalidade, diante do risco de se tornarem arbitrárias (PEREIRA NETO; LANCIERI; ADAMI, 2014, p. 174).

Como observam Pereira Neto, Lancieri e Adami (2014, p. 175-176), o Poder Judiciário desempenha "um papel essencial de elevar o crivo de justificativas das agências para intervir nos setores regulados", sem, todavia, substituir seu julgamento técnico, no exercício de um difícil equilíbrio fundamental para o desenvolvimento do Estado Democrático de Direito no Estado regulador. Em comparação internacional, ilustram esse exercício com o que ficou conhecido nos Estados Unidos, já nas décadas de 1970 e 80, como Doutrina Hard Look e doutrina Chevron, a partir de precedente da Suprema Corte norte-americana.

A Doutrina Hard Look baseia-se em dois casos em que a Suprema Corte dos Estados Unidos da América estabeleceu parâmetros para o exame material de decisões técnicas proferidas pelas agências reguladoras, com ênfase na avaliação da motivação dos atos administrativos. No primeiro caso, em que havia sido questionada a liberação por parte da autoridade de transportes para um projeto rodoviário que atravessaria um parque público, não obstante a alegação de que as ações do agente público gozavam de presunção de legalidade e de haver um testemunho de que teria feito a análise necessária, a Suprema Corte assentou que esta presunção não afasta a competência judicial para a revisão do ato administrativo, cabendo ao juiz verificar se a decisão não foi arbitrária, caprichosa, abuso de discricionariedade ou desrespeitosa ao Direito. Na oportunidade, entendeu-se que o Poder Judiciário deve verificar o cumprimento do devido processo legal, exigindo à agência que fundamente sua decisão com argumentos razoáveis e racionais, inclusive com avaliação de alternativas viáveis e apresentação de documentos e estudos (PEREIRA NETO; LANCIERI; ADAMI, 2014, p. 179-181).

No segundo caso, em querela judicial, uma grande seguradora americana apontou como imotivada e desarrazoada a revogação por parte da agência de segurança automobilística da obrigatoriedade de implementação de *air bags* ou cintos de segurança automáticos em todos os veículos produzidos, escolha que ficava a critério das montadoras. Na ocasião, foi considerada pelos julgadores arbitrária a decisão administrativa por inadequada a motivação da agência americana para a revogação da norma, calcada no argumento de que a maioria dos veículos acabava por utilizar cintos de segurança automáticos, facilmente desabilitados pelos motoristas, o que, sob uma análise de custo-benefício, significava um elevado custo de instalação para as montadoras ante uma medida de baixa efetividade, por não ser adotada pelos cidadãos. Entendeu-se que a agência deveria ter analisado outras possibilidades para prevenir a desabilitação dos cintos de segurança ou a possibilidade de se adotar obrigatoriamente *air bags* em todos os veículos, ficando assentada a necessidade de o Poder Judiciário revisar no detalhe a motivação dos atos administrativos, assegurando, assim, a modernização do Poder Executivo, com limites no exercício de sua discricionariedade (PEREIRA NETO; LANCIERI; ADAMI, 2014, p. 181-182).

O outro paradigma em matéria de revisão judicial dos atos administrativos, conhecido como doutrina Chevron, consolidou a deferência do Poder Judiciário aos órgãos reguladores quanto à análise e à interpretação dos termos das leis que os tutelam, desde que o Congresso americano tenha deixado de esclarecer o conceito que buscava empregar a determinada expressão, algo semelhante ao que se tem na jurisprudência brasileira com decisões entre "indiferentes jurídicos", e desde que, concomitantemente, fosse considerado razoável o entendimento da agência reguladora, afastando-se qualquer entendimento "arbitrário, caprichoso ou manifestamente contrário ao disposto no estatuto" (PEREIRA NETO; LANCIERI; ADAMI, 2014, p. 176-177).

O caso Chevron é considerado um dos mais importantes julgados da história recente da Suprema Corte norte-americana, por ter sistematizado uma forma consistente de raciocínio para o exercício do controle judicial dos atos administrativos e ter afirmado a autonomia das agências na definição das políticas públicas que envolvem alto grau de conhecimento técnico. Tratou, com efeito, do controle judicial do poder regulamentar das agências naquele país, ao decidir que deveria prevalecer o entendimento da Agência de Proteção Ambiental (Environmental Protection Agency – EPA) sobre o conceito de "fonte estacionária", termo definido na Lei do Ar Puro (Clean Air Act) como sendo "qualquer construção, instalação ou estrutura que emita ou possa emitir qualquer poluente do ar" (PEDROLLO, 2011, p. 267). O caso pode ser resumido assim:

A questão central do Caso Chevron diz respeito à permissão, pela EPA, mediante regulamento, da utilização, pelos Estados, nos seus planos de alcance de parâmetros (*standards*) de poluição do ar do chamado "conceito bolha". Segundo o conceito, todas as fontes de poluição aérea dentro de um mesmo grupo industrial poderiam ser consideradas como integrantes de uma mesma "bolha", para fins de avaliar a quantidade de poluição emitida. Nesse sentido, alterações (para maior) ou criações de novas fontes de poluição dentro de uma mesma planta industrial poderiam ser criadas, desde que fossem compensadas pela diminuição da taxa de emissão na mesma proporção em outras fontes na mesma planta (PEDROLLO, 2011, p. 266).

Dessa forma, acabou prevalecendo a interpretação ampla do termo, correspondente à planta industrial como um todo (conceito bolha), de maneira a permitir que as empresas pudessem compensar o aumento da emissão de poluentes em uma atividade da planta com a diminuição em outro setor da mesma indústria. Esse entendimento foi questionado judicialmente por defensores do meio ambiente que pretendiam diminuir a emissão de poluentes. Do ponto de vista dos empresários, defendia-se que uma planta industrial poderia reduzir a emissão de poluentes com redução do custo do controle, sem reduzir a fonte de poluição mais custosa, com o mesmo resultado no total da emissão, ou seja, quando cada planta era colocada sob uma "bolha" e autorizada a unidade a procurar e desenvolver seu próprio conjunto de controles, o custo para obter o mesmo índice de redução de poluição cairia significativamente (PEDROLLO, 2011, p. 272).

No julgado da Suprema Corte, encontra-se extensa e minuciosa análise da lei e da sua história legislativa, com base em diversos documentos, em especial, os relatórios das comissões da Câmara e do Senado, mostrando que o Congresso americano não manifestou qualquer intenção quanto a utilizar-se ou não o "conceito bolha", a demonstrar que pretendia "conferir à EPA ampla discricionariedade para estabelecer as políticas de efetivação dos objetivos do Clean Air Act, entendendo-se, ao final, que a interpretação dada à lei pela EPA, a merecer deferência, teria acomodado razoavelmente interesses manifestamente concorrentes: de um lado, o objetivo de buscar crescimento econômico razoável, e de outro, os objetivos de preservação do meio ambiente (PEDROLLO, 2011, p. 271; 273). Vale ressaltar a necessidade e a suficiência das explicações da agência, consideradas pela Suprema Corte razoáveis e aptas a afastar qualquer entendimento arbitrário, caprichoso ou manifestamente contrário à lei.

No caso concreto apresentado neste trabalho, as diversas reações institucionais, contrárias ao novo disciplinamento do transporte de bagagens despachadas de passageiros implementado pela ANAC, retratam a desconfiança na atuação regulatória no caso em pauta e fragilizam a autonomia, a legitimidade e a credibilidade das agências reguladoras. Embora tenha sido por fim sustentada a perspectiva da ANAC na questão relativa à franquia de bagagens pelo Judiciário e por meio do veto presidencial, percebe-se que outro poderia ter sido o desfecho se a questão tivesse prosseguido na jurisdição paulista ou sob uma presidência da República de distinta ideologia política.

Assim, é justamente no campo da discricionariedade técnica inerente às políticas regulatórias que se insere a necessidade de ferramentas e métodos que venham a propiciar efetividade e atuação segura às agências reguladoras de utilidades e serviços públicos delegados. No caso concreto em estudo, a ANAC elaborou o "Formulário de análise para proposição de ato normativo" (BRASIL, 2016b), disponibilizado por ocasião da Audiência Pública nº 03/2016 como arquivo intitulado "formularioair", constando como "Assunto do normativo" a "Revisão e consolidação das Condições Gerais de Transporte". Observa-se no referido documento, contudo, que a agência reguladora orientou toda a análise de impacto para uma abordagem genérica, acerca da necessidade de compilação e atualização da normatização atinente às condições gerais de transporte, sem se ater ao exame de cada medida técnica *per se* a ser implementada.

Assim, definiu o "problema" a ser solucionado como a existência de normativos esparsos e desatualizados acerca da matéria e como "objetivo" consolidar todos os assuntos em somente um normativo, com a revisão e consolidação das Condições Gerais de Transporte Aéreo (CGTA), correção de falhas e aperfeiçoamento da regulação técnica da agência. Considerou o que poderia ocorrer caso não atualizasse seus regulamentos, em termos de possível frustração da expectativa da sociedade, risco de regulamentação política do Congresso Nacional sobreposta à regulação técnica e possibilidade de aumento do número de demandas judiciais. Mas nada disso toca o exame de fundo material da nova regulamentação.

E prosseguiu com a análise simplesmente formal das mudanças anunciadas, quanto às alternativas consideradas para a resolução do problema: a) manter os regramentos como estavam; b) consolidar os regramentos em uma única norma sem revisar o conteúdo e c) consolidar os regramentos acerca das Condições Gerais de Transporte em uma única norma, aproveitando a oportunidade para revisar e melhorar o conteúdo da norma. Até aqui, no entanto, nenhuma análise de alternativas às novas condições operacionais e financeiras, propriamente ditas, de prestação do serviço aéreo.

Nos pontos de maior relevância da metodologia, relacionados aos custos e benefícios da nova normatização (itens 10 e 11 do "Formulário de análise para proposição de ato normativo"), que devem servir como parâmetros significativos da escolha regulatória, verifica-se a superficialidade da análise no relato apresentado, sem qualquer menção específica a cada um dos novos regramentos, assumindo-se no próprio documento que "a análise de custos não foi realizada de forma detalhada", ausentes, ainda, quaisquer informações quantitativas de custos e benefícios, sejam históricas, atuais ou prospectivas, para os usuários do serviço ou para as empresas aéreas ou mesmo para a sociedade em geral.

Embora a ANAC tenha arguido em sua defesa que se subsidiou de elementos técnicos e históricos para empreender a alteração regulatória veiculada na Resolução nº 400/2016, e que realizou dois níveis de estudos para fundamentar a proposta de desregulamentação das franquias de bagagem, *benchmarking* internacional e análise de impacto econômico da medida no âmbito nacional, considera-se que essa AIR realizada no caso descrito não corresponde, com efeito, à metodologia estudada e elaborada pela doutrina especializada e recomendada pelos organismos internacionais, tal como apontada neste trabalho.

Vale observar no caso estudado que, desde 2016 até o desfecho final em 2020 das ações judiciais movidas contra a normatização da ANAC, contam-se quatro anos de instabilidade normativa, gerando incertezas que afetam a tomada de decisões e dificultam a estruturação adequada das empresas aéreas, seja para permanecer ou entrar no mercado de aviação, em conformidade com as novas regras, sempre vulneráveis aos múltiplos questionamentos. Do outro lado, usuários do serviço sentem-se prejudicados pela cobrança do transporte de malas despachadas, acreditando estar pagando a conta do pretenso benefício concedido às companhias aéreas, a cada movimento noticiado das entidades de defesa dos consumidores ou mesmo da OAB contra a medida nas ações em curso, ou nas moções legislativas que endossavam o descabimento dessa cobrança.

A falta de análise segundo uma metodologia claramente definida (análise de custo-benefício, análise de custo-efetividade, análise de custos, análise de benefícios, análise de risco) ou realizada segundo um critério de custo-benefício com objetivos apenas retóricos, como menciona Patricia Valente (2013, p. 185), sem demonstrar a efetividade dos estudos para os resultados alcançados, causa desconfiança na sociedade e nas instituições que a representam, dificulta o entendimento recíproco nos debates participativos (audiências e consultas públicas), acabando por fragilizar a legitimidade e a autonomia das agências reguladoras, em meio a incertezas e subjetivismos, dando margem a todo tipo de ingerência, por vezes tecnicamente desautorizada, nas escolhas regulatórias, destacadamente do Poder Judiciário, em face do princípio da inafastabilidade da jurisdição.

Esclareça-se que, no presente estudo, nada se pretende concluir quanto ao acerto ou equívoco das novas regras de regulação veiculadas na Resolução nº 400/2016 da ANAC do ponto de vista material, nem mesmo acerca das decisões judiciais a elas relacionadas, mas demonstrar-se que todas essas circunstâncias refletem a insegurança e a desconfiança instauradas no ambiente regulado, vulnerando a premissa fundamental de autonomia das agências reguladoras na perspectiva dos diálogos institucionais, a demandar a adoção por essas agências de instrumentos que conduzam efetivamente a uma acreditação social da atividade regulatória, minimizando as fragilidades dos processos de regulação das utilidades e dos serviços públicos.

O embasamento técnico vacilante das decisões regulatórias prejudica a atuação das agências reguladoras em diversos aspectos, vulnerando suas atividades finalísticas e esvaziando o núcleo do conceito dessas entidades naquilo que se refere à necessidade de especialização. Para além da atividade normativa das agências, como demonstrado no caso da ANAC, a falta de análise consistente impacta outras áreas da regulação, como na fiscalização da atividade regulada e na aplicação de penas aos infratores, ilustrando bem esse aspecto pesquisa de casos de celebração de Termo de Ajustamento de Conduta (TAC) ocorridos na Agência Reguladora de Serviços Públicos Regulados do Estado do Ceará (ARCE), como substitutivo de medida punitiva visando à eficiência dos serviços regulados.

Segundo a pesquisa de Leitão e Lima (2019, p. 144), no âmbito da celebração dos TAC pela agência reguladora estadual, constatou-se a existência de uma discricionariedade ampla e desregrada, nos termos da normatização interna, que deixa ao arbítrio da autoridade competente o nível de especificação e controle do seu conteúdo, além do procedimento decisório propriamente dito, que acolhe ou não a opção pela suspensão condicional dos processos punitivos. Verificou-se que, embora consultadas as áreas técnicas, as justificativas usualmente apresentadas de necessidade de prazo (médio ou longo) para as providências de correção das infrações, ou mesmo a genérica alegação de existência de interesse público na solução definitiva das irregularidades, constituem-se mero exame de conveniência e oportunidade, insuficientes para atender as exigências de documentação e estudos técnicos prévios capazes de justificar as decisões regulatórias, segundo parâmetros de razoabilidade e proporcionalidade das medidas, afora as exigências de moralidade, impessoalidade, isonomia e transparência.

Diante dessas constatações que afetam a efetividade da fiscalização dos serviços regulados pela agência estadual, recomendou-se, ao final da pesquisa, a utilização da AIR, como ferramenta de planejamento apta a sistematizar os processos decisórios, conferindo-lhes qualidade e eficiência, sem prejuízo de buscar-se um "direito sancionatório mais flexível, permeável à consensualidade e efetivo, que possa conduzir a resultados mais aderentes ao interesse público baseando-se em estimativa discricionária da sua utilidade social", mas levando-se em consideração os danos, as vantagens, os custos e os benefícios causados à comunidade envolvida. Abordou-se, com efeito, a necessidade de ferramentas e métodos que propiciem efetividade à atuação corretiva das agências reguladoras diante das infrações dos agentes regulados, subsidiando-se as decisões regulatórias com dados e análises que possam conferir uma orientação de caráter técnico (LEITÃO; LIMA, 2019, p. 145-146).

Em termos de experiência nacional com a AIR, destacou-se a Anvisa desde os primeiros esforços de implantação dessa metodologia no Brasil, mas estudo recente de avaliação da maturidade da metodologia executada pela agência de vigilância sanitária demonstra, não obstante o seu pioneirismo no desenvolvimento e na aplicação das técnicas de AIR, que muito ainda deve ser feito para se alcançarem as boas práticas regulatórias recomendadas nacional e internacionalmente.

Segundo o estudo de Cruz Neto *et al.* (2019, p. 621-622), realizado após a publicação do *Diretrizes gerais e guia orientativo para elaboração de Análise de Impacto Regulatório – AIR* da Casa Civil (BRASIL, 2018b), mas tendo avaliado processos de AIR já em curso antes da recomendação dessas diretrizes, "a Agência não apresentou mecanismos adequados para prover de forma satisfatória a transparência no processo de AIR e o fomento à participação do setor regulado", além do que o "processo de participação social também não foi considerado ideal para prover legitimidade adequada ao processo regulatório, de forma a reduzir a assimetria de informações entre as partes interessadas", vislumbrando-se potencial de aperfeiçoamento "no âmbito do Plano de Integridade, com vistas a definir o conjunto de mecanismos e procedimentos internos para prevenir, detectar e remediar o conflito de interesse durante o

Processo Regulatório", bem como na "identificação dos riscos inerentes ao alcance dos objetivos do processo de AIR".

Assim, seja pela constatação de hipóteses de uso político dos setores regulados, tal como demonstrada na seção anterior, seja pela adoção de procedimentos decisórios incapazes de conferir segurança jurídica ao ambiente regulado, conforme as circunstâncias analisadas na presente seção, decisões regulatórias não baseadas em evidências suscitam vícios de motivos, desvios de finalidade e ilegitimidade, desafiando as noções de razoabilidade e proporcionalidade, com efeitos colaterais indesejáveis traduzidos em desconfiança, resistência e judicialização excessiva das questões regulatórias, a prejudicar a eficiência das prestações. A implantação da AIR de forma sistemática, segundo as práticas recomendadas pelos organismos internacionais como a OCDE e o Banco Mundial com base na experiência dos países mais desenvolvidos, que foram pioneiros no uso dessa metodologia e já contam atualmente com técnicas bem elaboradas, representa, contudo, um grande desafio para países que enfrentam dificuldades institucionais de diversas naturezas.

Nos casos concretos avaliados, verifica-se como as utilidades e os serviços públicos regulados são afetados por fatores institucionais relacionados ao próprio Estado, à mercê de influências políticas, jurídicas, sociais e econômicas circunstanciais, sujeitando-se a competências públicas muitas vezes enfraquecidas diante da pressão de diferentes grupos de interesse, a exemplo das agências reguladoras que têm muitas vezes desnaturado ou inviabilizado o exercício de suas atribuições. Todos esses fatores não podem ser ignorados no planejamento regulatório e devem ser examinados quando se pretende adotar a AIR de forma efetiva. Dessa maneira, um ponto fundamental para a adoção universalizada, efetiva e útil das práticas de AIR – para que ela não represente um recurso simplesmente retórico de pretensa qualidade da regulação ou um cumprimento simplesmente protocolar para justificativas de conformidade com atos normativos – é que as experiências dos países que partiram na frente sejam compartilhadas, mas personalizadas, adaptadas e graduadas sob a perspectiva das características institucionais de cada nação, o que se passa a bordar no capítulo seguinte.

CAPÍTULO 6

INSTABILIDADES INSTITUCIONAIS E SUA INFLUÊNCIA NA ANÁLISE DE IMPACTO REGULATÓRIO: PROPOSIÇÕES

Os dois capítulos anteriores expõem obstáculos ao êxito de qualquer projeto de país que vise a soluções regulatórias baseadas em evidências: o uso político dos setores regulados a mercê dos grupos de pressão e a fragilidade das decisões oriundas dos entes reguladores na perspectiva de suas relações institucionais. Revelam, ademais, que a atuação governamental nos setores regulados pode se dar com a negligência de regras de competência e finalidades estabelecidas na Constituição e nas leis, provocando consequências danosas ao patrimônio público e privado, traduzindo-se em ineficiência da regulação estatal da economia.

Vem de longa data a discussão acerca da existência de maiores vantagens ou de indiscutíveis desvantagens quando se aborda o tema da atuação estatal na economia. O debate contemporâneo norte-americano remonta à década de 1930, quando se implantou o programa de recuperação da economia conhecido como New Deal, promovendo-se uma ampla reforma administrativa nos Estados Unidos, com o fortalecimento da administração federal e a criação de diversas agências reguladoras, sob a justificativa de que o bem-estar econômico seria alcançado pela correção das falhas de mercado, resgatando-se a economia da grande depressão daquela década (MATTOS, 2017, p. 22-23). As denominadas "falhas de mercado" são comumente relacionadas aos monopólios e oligopólios (concorrência imperfeita com abuso do poder no mercado), às externalidades negativas (efeitos adversos da atividade econômica), à assimetria informacional dos agentes (informação incompleta) e aos bens públicos (provisão insuficiente por não atrair o mercado).

Em 1944, os países mais industrializados do mundo, reunidos nas conferências de Bretton Woods, definiram um sistema de regras, instituições e procedimentos voltado para a regulação política econômica internacional, influenciados pelas contribuições teóricas da escola econômica Keynesiana, convencidos da necessidade de intervencionismo estatal na economia. John Maynard Keynes (1996, p. 345-346), ainda que considerasse válidas as vantagens tradicionais do individualismo, quanto ao exercício da iniciativa e da responsabilidade privadas, acreditava que o Estado deveria exercer uma influência orientadora sobre a economia, defendendo a ampliação das funções do governo, para a tarefa de ajustar a propensão a consumir com o incentivo para investir, como o único meio exequível de evitar a destruição total das instituições econômicas da época e como condição de um bem-sucedido exercício da iniciativa individual (KEYNES, 1996, p. 347).

As críticas mais contundentes a essa ampliação das funções do governo na economia vieram na década de 1970 da Escola de Chicago, baseadas na teoria econômica da regulação, segundo a qual as falhas de governo coexistiriam com as falhas de mercado, por vezes superando-as, o que invalidaria e tornaria inócuo o esforço do Estado, resultando em uma regulação que protegia os interesses da indústria regulada ou servia a uma política de coalizões em que políticos maximizariam as suas vantagens com a distribuição de benefícios aos diversos grupos de interesse que participavam do jogo regulatório, de modo que não promovia o bem-estar-social (MATTOS, 2017, p. 23-25).

Seguindo esse pensamento, George Stigler (2017, p. 31-43) escreveu em artigo publicado em 1971 que, em regra, a regulação é adquirida pela indústria regulada, sendo concebida e operada fundamentalmente em seu benefício (regulação benéfica), isto é, o Estado tem poderes que podem aumentar a lucratividade do setor regulado, pelo oferecimento de políticas regulatórias traduzidas em subvenção direta em dinheiro, controle sobre a entrada de novos concorrentes, controle sobre produtos substitutivos e complementares e fixação de preços, tudo mediante um custo para se obter essa regulação, representado pelas duas coisas que o revendedor apropriado (o partido político) do poder político precisa: votos e recursos financeiros.

Em 1974, Richard Posner (2017, p. 58; 67) publicou artigo expondo as teorias da regulação econômica existentes, basicamente diversas versões da teoria do interesse público e da teoria do grupo de interesse ou teoria da captura, incluindo entre estas últimas a teoria defendida por George Stigler, que ele denominou "a teoria econômica da regulação". Segundo a teoria do interesse público, em sua versão original, reconheciam-se os mercados como extremamente frágeis e prontos para funcionarem de maneira ineficiente, ou não equitativa, se deixados à própria sorte, e a regulação governamental praticamente não apresentava custos, de maneira que a intervenção estatal na economia, tal como considerava a regulação de serviços públicos de infraestrutura e de transporte público, entre outras formas, eram respostas simples do governo a demandas públicas pela retificação de ineficiências e desigualdades no funcionamento do livre mercado, podendo-se identificar uma imperfeição de mercado, por trás de cada esquema regulatório (POSNER, 2017, p. 58-59).

    Na concepção de Posner (2017, p. 59), contudo, pesquisas teóricas e empíricas já haviam desfeito o "conceito de governo como um instrumento sem custos, fidedigno e efetivo de alteração do comportamento de mercado", demonstrando-se que a regulação governamental não se justifica por argumentos de que aumenta a riqueza ou promove a justiça social. Nem mesmo a teoria reformulada de que as agências reguladoras são criadas para propósitos públicos idôneos, mas são mal administradas, ou de que a regulação é uma tentativa honesta, mas frequentemente malsucedida na promoção do interesse público por erros de concepção do modelo, devido ao acúmulo de tarefas que inviabilizam os resultados, ou o custo da supervisão do seu desempenho, poderia racionalmente sustentar-se, segundo Posner (2017, p. 60-64). Além disso, ela aponta um problema comportamental político de que a ação legislativa que norteia a regulação nem sempre traduz uma concepção de interesse público.

    Para Richard Posner (2017, p. 65), mesmo as várias versões da teoria do grupo de interesse ou teoria da captura não se sustentavam, porquanto algumas evidências da importância dos grupos de interesse em processos legislativos e administrativos para a definição de políticas públicas não possuíam suficiente substrato teórico, na medida em que não explicavam por que alguns interesses são representados, e outros não, no processo político, e quais condições interferiam no êxito ou fracasso dos grupos de interesse na obtenção de uma regulação favorável. Embora insatisfatórias todas essas teorias, à míngua de suporte empírico significativo, Posner (2017, p. 83-84) acreditava que a teoria econômica da regulação inaugurava uma área de estudo em que o pressuposto geral da economia, da compreensão do comportamento humano como resposta de seres racionais individualistas ao meio, passaria a ter ampla aplicação no processo político.

Em meio às teorias da regulação, o que se verificou a partir do final da década de 1970 foi um amplo processo de desregulação da atividade econômica nos Estados Unidos, especialmente nos setores de transporte aéreo, terrestre de cargas e ferroviário, de serviços telefônicos de longa distância e de petróleo e gás natural. Essa ocorrência negava a tese da teoria econômica da regulação, que justificava a existência da regulação como resposta ao interesse dos agentes regulados, o que levou a uma reformulação dessa teoria (MATTOS, 2017, p. 24-25).

Com efeito, Peltzman (2017, p. 86-87), em artigo publicado em 1989, avalia o movimento de desregulação ocorrido nas décadas de 1970 e 80, considerando que foi influenciado por políticas macroeconômicas do final da década de 1970 no combate à inflação e também "por uma generalizada desilusão com a eficácia da intervenção estatal", mas admite que a teoria econômica da regulação, diante desse quadro, mostrou-se incapaz de fornecer "uma mesma explicação para ondas regulacionistas e movimentos de desregulação". Aponta, não obstante, contribuições importantes dessa teoria ao considerar que os agentes políticos são maximizadores do seu próprio interesse e afirma que permanecem válidas ideias como a especificação dos objetos concretos de escolha na função de utilidade dos políticos:

> Esses objetos são votos e dinheiro. Em outras palavras, uma consequência da política regulatória será que os membros dos grupos afetados votarão a favor ou contra o político responsável pela decisão. Uma vez que o objetivo último desse político é garantir e aumentar o seu poder, ele opta por decisões que beneficiarão eleitores que são seus simpatizantes. Ademais, decisões sobre políticas regulatórias podem também gerar contribuições de campanha, propinas ocasionais, ou trabalhos bem pagos após a vida pública. Como as campanhas que dispõem de maiores recursos financeiros e melhores profissionais tendem a ser mais bem-sucedidas, e como o político que age em interesse próprio também valoriza a riqueza, ele (o político) vai se preocupar tanto com os recursos (financeiros) que pode captar com a decisão regulatória, como também com as consequências eleitorais dessa decisão. Consequentemente, grupos que são muito pequenos para oferecer votos em troca de determinada política regulatória podem influenciar essa política contribuindo com outros recursos valiosos (PELTZMAN, 2017, p. 91).

Aproveitando as contribuições dadas pela teoria econômica da regulação, Peltzman (2017, p. 93-94) a reformula com a noção de que "a autoridade regulatória não é capturada por um único interesse econômico", extraindo "um equilíbrio no qual políticos maximizadores das suas utilidades alocam benefícios entre os grupos de maneira ótima", de forma que "a pura proteção dos produtores não será, em geral, a estratégia política dominante", uma vez que "consumidores podem oferecer votos ou dinheiro em contrapartida a um pequeno distanciamento das condições de equilíbrio cartelizadas". E acaba por concluir que a teoria econômica parece ter maior poder explicativo da lógica regulatória, mesmo apresentando falhas e ainda deixando perguntas por responder, tendo fornecido algumas ideias acerca das forças que atuam sobre os alicerces institucionais da regulação, mas sem uma análise completa dos escopos e das formas dessas instituições (PELTZMAN, 2017, p. 103; 126).

Na Europa Ocidental, após a Segunda Grande Guerra, as economias nacionais enfraquecidas enfrentavam um período de reconstrução, por meio de políticas públicas que priorizavam a redistribuição de renda e a administração discricionária de variáveis macroeconômicas, enquanto o mercado assumia a função de gerador dos recursos necessários ao pagamento da generosidade governamental, justificando-se a intervenção estatal ante qualquer evidência de falha de mercado, o que se dava muitas vezes de forma invasiva, pela alocação centralizada de capitais e pela nacionalização de setores estratégicos da economia; essas centralização e discricionariedade ilimitada na definição de políticas públicas eram consideradas as bases da governança eficaz (MAJONE, 2017, p. 57). A influência keynesiana na Europa era, então, patente, mas aos poucos também se tornaram visíveis as falhas no setor público (falhas de governo), apontando para um fracasso do Estado Interventor (Positivo):

> A importância atribuída às políticas de redistribuição e à administração discricionária da demanda agregada revelou-se sob os rótulos de "Estado do bem-estar", "Estado keynesiano' ou "Estado keynesiano do bem-estar" que se tornaram populares naquele período. No entanto, o consenso social-democrático sobre o papel beneficente do Estado positivo – como planejador, produtor direto de bens e serviços e, em última instância, como empregador – começou a desmoronar nos anos 1970. A combinação de crescimento do desemprego com o crescimento das taxas de inflação não podia ser explicada dentro dos modelos keynesianos da época, enquanto a despesa pública discricionária e as generosas políticas de bem-estar eram cada vez mais vistas como parte do problema do desempenho econômico insatisfatório (MAJONE, 2017, p. 57).

A partir da década de 1980, influenciados pela desregulação e pela liberalização da economia promovidas pelo governo Reagan nos

Estados Unidos, muitos outros países efetuaram alguma forma de privatização dos serviços públicos e de empresas estatais, a exemplo do Reino Unido, o qual realizou profundas reformas liberalizantes que serviram de modelo especialmente para países em desenvolvimento como o Chile e o Brasil (REICH, 2017, p. 27). Esse movimento de retirada dos Estados do protagonismo da atividade econômica ocorrido também do outro lado do Atlântico significou, no entanto, muito mais uma mudança na forma de intervenção estatal na economia, do que propriamente uma dinâmica de desregulação, traduzindo-se, como explica Majone ao mencionar o crescimento do Estado Regulador na Europa, numa "combinação de desregulação e nova regulação", em um nível diferente de governança:

> Junto com a privatização, a desregulação é geralmente considerada uma das principais características do modelo [de Estado regulador]. Paradoxalmente, no mesmo período vimos um crescimento expressivo da formulação de políticas regulatórias tanto nacionais quanto europeias (...). No entanto, o paradoxo é mais aparente do que real. A verdade é que, nesse período, métodos tradicionais de regulação e de controle estavam ruindo sob a pressão de potentes forças tecnológicas, econômicas e ideológicas, e foram desmantelados ou radicalmente transformados. Isto é frequentemente chamado "desregulação", mas o termo é enganador. O que se observa na prática não é um desmantelamento de toda a regulação governamental – uma volta a uma situação de *laissez-faire* que na realidade nunca existiu na Europa –, mas, em vez disso, uma combinação de desregulação e nova regulação, possivelmente em um nível diferente de governança (MAJONE, 2017, p. 58-59).

Com efeito, pondera-se que a "desregulação também pode significar regulação menos rígida ou restritiva", mediante o emprego de "racionalidade para alguma forma de intervenção governamental", que busque "objetivos regulatórios por meio de métodos menos pesados" (MAJONE, 2017, p. 59). Segundo essa tendência, a regulação propriamente dita, administrada por agências ou conselhos independentes passou a substituir na Europa o modo principal de controle econômico que era historicamente a propriedade pública das empresas (estatais), as quais se disseminaram no século XIX com o desenvolvimento dos serviços públicos de gás, eletricidade, água, ferrovias, telégrafo e telefone. Dessa forma, serviços públicos e outros setores considerados importantes para o interesse público passaram a mãos privadas, mediante um modo alternativo de controle, pela sujeição a normas elaboradas e aplicadas por agências especializadas, criadas por lei como autoridades administrativas independentes (MAJONE, 2017, p. 59-60).

De fato, o desenvolvimento das teorias que expuseram claramente as falhas de governo não impediu a institucionalização de agências segundo o modelo regulador por todo o mundo. Mesmo nos Estados Unidos, na década de 1970, diversas novas agências reguladoras foram criadas, embora sujeitando-se a regras e procedimentos mais claros produzidos pelo Congresso e a controles mais severos e amplos sobre o processo administrativo impostos pelas cortes (MATTOS, 2017, p. 24-25).

Na América Latina essa transformação no papel do Estado foi observada com o surgimento de uma "nova institucionalidade" baseada na massiva difusão do modelo de agências reguladoras independentes especialmente na década de 1990, com origem na experiência norte-americana, de forma que contava com seis agências reguladoras até 1979 e, ao final de 2002, já havia alcançado o número de 139 agências, notadamente para a regulação do setor de telecomunicações (MELO, 2008, p. 4; 6). A Constituição brasileira de 1988 (art. 174) trazia disposições expressas acerca da estruturação do país como um Estado Coordenador-Regulador da economia, vindo a serem criadas as primeiras agências reguladoras nacionais a partir de 1996, contando, atualmente, com onze agências federais e diversas outras estaduais, distritais e municipais.

Mesmo lançadas as luzes sobre a existência das falhas de governo, o modelo de regulação estatal da economia persiste até os dias de hoje buscando corrigir as falhas de mercado ou, pelo menos, segundo Peltzman (2017, p. 123), minimizar "discrepância entre o equilíbrio político de forças e a distribuição desregulada de riquezas". Até mesmo Richard Posner (2009, p. 1; 8), um dos representantes da Escola de Chicago e crítico das escolhas públicas (*public choice*), admitiu ter se tornado um keynesiano, após a crise financeira internacional de 2008, iniciada nos Estados Unidos, reconhecendo a importância do pensamento econômico de John Maynard Keynes, inclusive a capacidade do Estado de deter crises econômicas, interferindo no funcionamento do mercado.

Segundo Norbert Reich (2017, p. 26), a "regulação em uma economia de mercado não é, na tradição norte-americana, considerada uma função governamental inerente, mas algo que precisa de explicação e justificação", daí compreendendo-se por que surgiram os esforços teóricos na tentativa de explicar os movimentos de regulação e desregulação nos Estados Unidos, buscando-se a sua razão de ser por meio de teorias (quais mercados específicos deverão ser regulados ou que condições maximizam a probabilidade de regulação?), não obstante sempre consideradas insatisfatórias em algum aspecto. Mesmo encontrando-se inconclusiva essa discussão, o que se observa nos estudos de implantação do modelo regulador na Europa e na América Latina é que as teorias sobre regulação que se seguiram buscam equacionar muito mais as questões de legitimidade e eficiência da ação regulatória.

Com efeito, na visão de Paulo Trigo Pereira (1997, p. 437-438), a atuação estatal na economia pode ser analisada segundo a teoria da escolha pública (*public choice*), a qual teria surgido como uma análise dos fracassos do governo, mas não em alternativa, e sim para completar a análise dos fracassos do mercado. Nessa perspectiva, a compreensão "do funcionamento da burocracia, dos grupos de interesse e do seu papel no desenho das políticas, das restrições constitucionais à ação dos governos e das instituições, regras e procedimentos associados ao sistema político formal", inclusive partidos políticos, sistemas eleitorais e regras de tomada de decisão coletiva, teria possibilitado uma visão mais clara e realista do funcionamento do setor público.

A teoria da escolha pública, segundo a qual políticos tendem a maximizar utilidades pessoais em suas decisões, elucida, assim, os problemas inerentes à tomada de decisão coletiva, identificados com os fracassos do governo, ou seja, do setor público e do sistema político, tais como "ineficiência da administração pública, ausência de incentivos, problemas com obtenção de informação acerca das preferências dos cidadãos", além de permeabilidade à atuação de *lobbies* e financiamento ilegal de partidos políticos, possibilitando, com uma visão mais realista do processo político, a alteração do ideal democrático, de modo a mostrar que as aspirações desse ideal podem eventualmente estar muito elevadas em relação ao que permite o método democrático. Assim, a contribuição teórica da *public choice* acaba por apontar decisivamente para a necessidade de um Estado melhor, a demandar amplo esforço direcionado para o aperfeiçoamento da máquina pública, analisando-se e robustecendo-se as instituições por meio das quais ele atua (PEREIRA, 1997, p. 438-439).

6.1 Desafios institucionais e o planejamento regulatório por meio de AIR

Como esclarece Francis Fukuyama (2005, p. 23), a "força das capacidades institucionais" inclui a capacidade de formular e executar políticas e ditar leis, de administrar com eficiência e com um mínimo de burocracia, de controlar a politicagem, a corrupção e o suborno, de manter um alto nível de transparência e responsabilidade nas instituições governamentais e de fazer cumprir as leis (*enforcement*).

Gaspar Ortiz (2011, p. 233), analisando os organismos autônomos na Espanha, aponta a necessidade de uma reconfiguração da administração, despolitizada e tecnificada, com estabilidade institucional e continuidade de seus gestores:

> É preciso racionalizar e "despartidificar" (desculpem a palavra) a ação dos poderes públicos. Um bom meio para isso é a criação de Instituições permanentes, com vida própria, e Comissões Reguladoras independentes. Se se quer modernizar o Estado, o caminho é este: a criação de vida institucional autônoma, protegida por um estatuto jurídico que lhes dê continuidade, profissionalismo, coerência e fidelidade a seus próprios fins institucionais (ORTIZ, 2011, p. 233-234).[4]

Discorrendo sobre a nova economia institucional, Douglas North (1991, p. 97-98) afirma que a história é, em grande parte, uma história da evolução das instituições, as quais fornecem a estrutura de incentivo de uma economia, e, na medida em que essa estrutura de desenvolve, ela molda a direção da mudança econômica rumo ao crescimento, estagnação ou declínio. A questão central da história econômica e do desenvolvimento econômico, diz o autor, é explicar a evolução de instituições políticas e econômicas que criam um ambiente econômico indutor do aumento da produtividade. Essas constatações justificam o desenvolvimento do tema relacionado ao papel das instituições políticas e econômicas na qualidade das utilidades e dos serviços públicos regulados.

O termo "instituição" possui um significado amplo. Segundo Douglas North (2018, p. 14-16), as "instituições abrangem quaisquer formas de restrições que os seres humanos engendram para moldar a interação humana", podendo ser formais (regras estatuídas) ou informais (convenções e códigos de conduta, p. e.), excluindo do conceito os "órgãos políticos (partidos, o Senado, uma câmara de vereadores, uma agência reguladora), econômicos (empresas, sindicatos, fazendas, cooperativas), sociais (igrejas, clubes, associações atléticas) e educacionais (escolas, universidades, centros de treinamento vocacional)", os quais também proporcionam uma estrutura para a interação humana, mas

---

[4] No original: "Es preciso racionalizar y "despartidificar" (perdón por la palabreja) la acción de los poderes públicos. Un buen medio para ello es la creación de Instituciones permanentes, con vida propia, y Comisiones Reguladoras independientes. Si se quiere modernizar el Estado, el camino es éste: la creación de vida institucional autónoma, protegida por un estatuto jurídico que les dé continuidad, profesionalidad, coherencia y fidelidad a sus propios fines institucionales."

são designados pelo autor como "organizações". O presente trabalho, no entanto, inclui no conceito de instituição os atores institucionais (organizações), conforme acepção empregada por Caio Neto, Filippo Lancieri e Mateus Adami (2014, p. 141), na perspectiva da existência de diálogos ou interação entre esses atores que também formatam as estruturas institucionais, importando para o tema precisamente as instituições inerentes ao Estado, tais como o regime democrático, poderes, órgãos e entidades públicas.

Por definição, embora sejam distintas de um país para outro, as "instituições reduzem a incerteza ao conferir uma estrutura estável à vida cotidiana", servindo como "um guia para a interação humana", mas "a estabilidade das instituições de modo algum contradiz o fato de que elas se alteram" (NORTH, 2018, p. 14; 18). Há países, no entanto, em que essa estrutura é tão incerta quanto a seu funcionamento e seus efeitos, tão variável no tempo, a ponto de conceber-se a noção de instabilidade institucional, que não se confunde com a evolução e a natural mutação no tempo, mudanças essas em geral tão lentas que demandam abordagens históricas para serem percebidas.

É notadamente diante dessa noção, muito presente nos países periféricos, que se descortinam grandes desafios à pretensão de planejamento da atuação do Estado por meio da AIR, na definição de políticas regulatórias que envolvem o exercício da discricionariedade técnica com repercussões para o futuro. Essa dificuldade ameaça a efetividade da AIR, enquanto obstáculo ao atingimento dos objetivos a que se propõe a metodologia.

Com efeito, adota-se o sentido de efetividade apresentado nas *Diretrizes gerais e guia orientativo para elaboração de Análise de Impacto Regulatório – AIR* (BRASIL, 2018b, p. 94), que define o termo como o desempenho com relação ao alcance dos objetivos ou impactos finais pretendidos, independentemente dos custos envolvidos ou do atingimento das metas planejadas, diferenciando-o de eficácia (desempenho com relação ao alcance dos resultados específicos, tangíveis e mensuráveis, enquanto metas planejadas) e de eficiência (desempenho baseado na relação entre os resultados obtidos e os recursos empregados, na busca do menor custo possível). Desse modo, é ao atingimento dos seus objetivos que está relacionada a análise de efetividade da AIR, focando-se o presente estudo nos aspectos inerentes às instabilidades institucionais que dificultam o êxito da metodologia.

Esses objetivos, de modo geral, identificam-se com a utilização de um processo sistemático de análise baseado em evidências, que imprime racionalidade na tomada de decisões necessárias à "boa ordenação do sistema de prestações regulado, conforme as melhores condições possíveis de segurança, qualidade, preços e eficiência, para hoje e para amanhã", conforme explica Gaspar Ariño Ortiz (2006, p. 48-49). De modo particular, enquadrados nesses parâmetros, há também objetivos específicos pretendidos, definidos em cada caso a partir de um problema regulatório verificado (BRASIL, 2018b, p. 13).

Nesse panorama, as instabilidades institucionais estatais consistem em circunstâncias danosas para o planejamento regulatório, lícitas ou ilícitas, decorrentes de interferências ocorridas no exercício das competências públicas durante o curso da execução de uma política regulatória, por influência de fatores políticos, jurídicos, sociais ou econômicos conjunturais, manejados por grupos de interesse, que prejudicam a implementação de políticas regulatórias baseadas em boas práticas. Consideram-se, nessa perspectiva, fatores propiciadores de instabilidade institucional, por exemplo, o uso político de setores regulados, a corrupção, a descontinuidade de políticas públicas em razão da alternância de mandatos políticos, a judicialização de conflitos regulatórios e a participação social deficiente nas decisões públicas.

A AIR envolve análises de custos, benefícios, riscos e outros resultados, com avaliação de expressiva quantidade de dados e envolvimento de vários técnicos e interessados, a depender da complexidade do problema enfrentado, com a necessidade de investimentos em profissionais qualificados, obtenção de dados, participação de grupos afetados e tempo para o processo, razão por que deve reverter-se em resultados compensatórios. A título ilustrativo, vejam-se hipóteses que, no entanto, retratam a inutilidade de eventual AIR diante de posturas institucionais que podem ser consideradas inclusive ilícitas, circunstanciais e causadas por influências políticas e sociais:

> Considere-se todo um procedimento de AIR, com os custos inerentes, tecnicamente irrepreensível, levado a cabo por agência reguladora que deseja, por exemplo, definir um modelo de exploração do serviço público de transporte, estabelecendo as premissas e normas de operação do serviço. Por hipótese, a melhor escolha regulatória consistiu num modelo compartilhado entre empresas de ônibus (itinerários longos) e cooperativas com veículos utilitários de passeio – VUPs (itinerários curtos), que veio a ser efetivamente licitado e implantado.
> Suponha-se, contudo, que o chefe do Executivo teve campanha política financiada pelos cooperativados, chamados "topiqueiros", que fiados no compromisso político assumido pelo gestor público, passaram a efetuar transportes longos, aumentando a sua área de serviço, em colisão com os interesses dos empresários de ônibus, que tinham essa área

reservada conforme o modelo de exploração do serviço. A influência política do chefe do Executivo, comprometido com o grupo econômico, sobre a agência reguladora e demais entes de fiscalização teria levado a um relaxamento da fiscalização quanto à conduta dos "topiqueiros", ocasionando desequilíbrio operacional do sistema de transporte, com reflexos negativos na qualidade dos serviços prestados aos usuários e no equilíbrio econômico-financeiro dos contratos de delegação do serviço. Ainda utilizando-se o exemplo dado, considere-se que os contratos de delegação e demais atos normativos do agente regulador previam reajuste periódico das tarifas dos serviços, cujo momento da concessão coincidiu com período de grande moção popular contra os preços dos serviços públicos, em ano eleitoral. Comandos superiores dirigidos à agência reguladora, politicamente capturada, teriam adiado a concessão do reajuste como decorrência da pressão eleitoral, ensejando todo um desequilíbrio econômico-financeiro dos contratos de delegação, ameaçando a saúde financeira dos delegatários, a qualidade e a segurança dos serviços prestados e a estabilidade jurídica que deveria ser assegurada pelo Estado (LIMA, 2014, p. 10).

A importância do estudo das instituições para o desenvolvimento econômico e social é reconhecido por diversos autores. Para Amartya Sen (2010, p. 16-17), "a privação de liberdade vincula-se estreitamente à carência de serviços públicos", entre outros fatores, e "a liberdade é o que o desenvolvimento promove", vale dizer, "o desenvolvimento requer que se removam as principais fontes de privação de liberdade: pobreza e tirania, carência de oportunidades econômicas e destituição social sistemática, negligência dos serviços públicos e intolerância ou interferência excessiva de Estados repressivos". Ele ainda explica que as privações de liberdades econômica e social estão interligadas e que muitas instituições diferentes (mercados, governos, autoridades locais, legislaturas, partidos políticos, Poder Judiciário, mídia, comunidade em geral e outras) desempenham papéis vitais no processo de desenvolvimento, "precisamente por meio de seus efeitos sobre o aumento e a sustentação das liberdades individuais", de modo que a "análise do desenvolvimento requer uma compreensão integrada dos papéis respectivos dessas diferentes instituições e suas interações" (SEN, 2010, p. 23; 377).

Embora adotando significados diferenciados e até mais restritos de desenvolvimento, circunscritos às noções de PIB, nível de renda populacional, industrialização ou mesmo avanço tecnológico, é vasta a literatura sobre o tema que relaciona desenvolvimento e instituições. Bercovici (2010, p. 33-34) observa que as "explicações puramente econômicas não percebem os processos institucionais e políticos que condicionam as forças econômicas e podem facilitar ou dificultar reajustes necessários", afirmando que o insucesso econômico de um país não pode ser compreendido sem o seu desenvolvimento institucional. Nesse sentido, Daron Acemoglu e James Robinson (2012, p. 54-55) sustentam que o sucesso ou o fracasso dos países são forjados pelas instituições, na medida em que influenciam comportamentos e incentivos na vida em sociedade, que funciona com um conjunto de regras econômicas e políticas criadas e aplicadas pelo Estado e pelos cidadãos conjuntamente: o processo político determina a que instituições econômicas as pessoas estarão submetidas e as instituições políticas determinam como funciona esse processo.

Francis Fukuyama (2010, p. 18) observa que a luta pela independência entre 1820 e 1870 custou caro especialmente para o desenvolvimento dos países da América Latina porque eles levaram muito tempo "para conquistar sua independência e para consolidar novas instituições em seus territórios". Para Fukuyama (2010, p. 20), as "instituições são críticas para formular, implantar e apoiar boas políticas", apontando, entre elas, o domínio da lei, sistemas eleitorais, ramos executivos com poderes apropriados, legislativos representativos e eficientes, sistemas judiciários independentes, distribuição adequada de poderes, entre outras, além de destacar que a desigualdade social é a origem da falta de competitividade econômica da América Latina e constitui uma fonte de instabilidade política.

As instituições fundadas na América Latina após as lutas de independência são qualificadas por Adam Przeworski e Carolina Curvale (2010, p. 122-123) como "altamente exclusivas e oligárquicas", resultantes "da vitória militar de uma força política viável ou de acordos entre elites armadas" que resolveram seus conflitos, desenvolvendo-se os países em meio às desigualdades social, política e econômica, que prejudicam recorrentemente a estabilidade institucional, onerando e volatilizando as economias ainda hoje. Essas desigualdades, muito notadas nos países periféricos, são interdependentes e geram conflitos politicamente desestabilizadores e economicamente dispendiosos, estreitamente ligados ao uso político de setores regulados, ou que pelo menos deveriam ser regulados, e à participação social deficiente nas decisões públicas regulatórias.

No Brasil, observa-se como os conflitos sociais se relacionam com a instabilidade na atuação das instituições envolvidas na política regulatória associada ao serviço público de transporte de passageiros no episódio das mobilizações de rua ocorridas em 2013, incluindo o Movimento Passe Livre (MPL), deflagradas pelo aumento das tarifas em vários estados, que ficaram conhecidas como "Manifestações de Junho". Essas mobilizações tiveram seu marco inicial no ano anterior, quando em agosto de 2012 a prefeitura de Natal, no Rio Grande do Norte, determinou o aumento das passagens do transporte rodoviário municipal em 20 centavos, o que levou cerca de 2.000 pessoas a realizarem uma grande manifestação, duramente reprimida pela polícia, seguida por outra muito maior no dia seguinte, levando a câmara de vereadores de Natal a revogar o aumento (REIS, 2013, p. 45-46).

Em Goiânia, já em 2013, forte movimentação para impedir o aumento da tarifa acabou por envolver o Poder Judiciário, conseguindo-se o retorno para o preço original das tarifas por ordem judicial da Vara Fazendária. Ocorreram manifestações também em Porto Alegre, Teresina, Maceió, Rio de Janeiro, Sorocaba e várias outras cidades, mas foi na cidade de São Paulo que se verificaram as maiores mobilizações, daí propagando-se o movimento para todo o território nacional. As manifestações paulistanas foram marcadas por forte repressão, resultando em feridos entre manifestantes, policiais e jornalistas, o que não evitou o crescimento exponencial do movimento, com manifestações diárias, registrando-se protestos de mais de 1 milhão e 400 mil brasileiros em cerca de 120 cidades e todas as regiões do país, no dia 20 de junho de 2013 (REIS, 2013, p. 46-48).

No Brasil, é a população de renda média e baixa que mais se utiliza do serviço público de transporte, de forma a ressentir-se a sua economia doméstica com aumentos de passagem na ordem de 20 centavos. Do outro lado, na prestação do serviço, encontram-se empresários do ramo de transportes, com tradicional força lobista. Sem adentrar, todavia, nas razões políticas, é relevante mencionar que no dia 1º de junho daquele ano, o governo federal, por medida provisória, havia exonerado o setor de transporte da incidência de contribuições para a Receita Federal, relativas a Programas de Integração Social (PIS) e Contribuição para Financiamento da Seguridade Social (COFINS), medida que não impediu os aumentos tarifários. O resultado dos movimentos de rua, no entanto, foi uma redução em massa de tarifas de ônibus, não só em cidades como São Paulo e Rio de Janeiro, como também em muitas outras capitais e cidades do interior, pela ação de prefeitos e câmaras municipais, que adotaram medidas para a diminuição do preço das passagens (REIS, 2013, p. 46; 48).

A atuação das instituições envolvidas nesses eventos demonstra a falta de estrutura técnica e jurídica na condução da política tarifária do setor de transportes em todo o país, que pareceu estar à deriva entre a pressão popular e as ordens oriundas de autoridades judiciais, legislativas e governamentais locais, sem que fossem expostos e discutidos os parâmetros em que se baseavam os aumentos de preço, considerando-se inclusive a desoneração tributária oferecida ao setor, e sem que fosse chamada a população usuária para conhecer e debater os critérios da regulação do serviço público, que a toda evidência parecia inexistente. Tanto assim que não houve o envolvimento de agências reguladoras para o esclarecimento e solução dos impasses, resultando da ação direta de magistrado, câmaras de vereadores e prefeituras locais a diminuição de preços em cada caso, aparentemente adotada como mecanismo político de pacificação social.

Jorge Domínguez (2010, p. 99) observa que o papel do Estado na América Latina foi, em muitos casos, "improvisado, mal coordenado e incompetente", com ações circunstanciais que não faziam parte de estratégias coerentes de desenvolvimento, revelando-se ineficazes e expondo a incapacidade do Estado latino-americano em geral. Francis Fukuyama (2005, p. 23), reitera-se, refere-se à força das capacidades institucionais como a capacidade de formular e executar políticas, ditar leis, mas, acima de tudo, fazer cumprir as leis; "de administrar com eficiência e com um mínimo de burocracia; de controlar a politicagem, a corrupção e o suborno; de manter um alto nível de transparência e responsabilidade nas instituições governamentais".

Em análise que relaciona o tamanho e a força do Estado, após historiar que o porte, as funções e o escopo do Estado cresceram em muitos países nos primeiros três quartos do século XX – comparando-se os 10% do PIB consumidos pelos setores estatais no início do século, na maior parte dos países europeus e nos Estados Unidos, com quase 50% consumidos nos anos 1980, destacando-se o caso da Suécia social--democrata na ordem de 70% –, Francis Fukuyama (2005, p. 18-20) observa que ineficiências e a crise de endividamento decorrentes desse crescimento fizeram com que a redução do porte do setor estatal se tornasse o tema dominante da política durante os anos 1980 e 90, mas a ênfase na redução do Estado não foi acompanhada, em alguns países, pelo necessário fortalecimento de suas capacidades institucionais.

Ainda segundo Fukuyama (2005, p. 28; 36-37), "há evidências de que a força das instituições estatais é, em sentido amplo, mais importante que o escopo das funções estatais", citando ele as economias de alto desempenho dos países do Leste da Ásia, que variam quanto ao escopo do Estado, desde minimalistas como Hong Kong até intervencionistas como a Coréia do Sul, mas apresentam melhores condições em quase todas as dimensões de governança que os países da América Latina. Embora essa seja uma conclusão acerca da eficiência econômica dos países, ela não menospreza opções políticas mais voltadas aos aspectos sociais (transferências de renda e programas sociais), valendo também para Estados de Bem-Estar como a França, considerada como de elevado nível de governança.

A força das instituições públicas para se manterem em bom funcionamento opera de maneiras complexas e deve resistir a tentativas de mudanças casuísticas, patrimonialistas e clientelistas. A qualidade institucional pode ser aferida por meio de vários índices desenvolvidos com esse enfoque, tais como Índice de Percepção da Corrupção (Transparência Internacional), Números Internacionais de Guia do Risco do País, baseado em medidas de corrupção, lei e qualidade burocrática, índice da Freedom House de liberdade política e liberdades civis e dados Polity IV sobre características de regimes (FUKUYAMA, 2005, p. 9; 25-26). Nessa matéria, destaca-se, no entanto, a existência de pesquisa de dados coletados pelo Banco Mundial (*Worldwide Governance Indicators*) de mais de 200 países e territórios no período de 1996 a 2018, aos quais se atribuem índices com base em seis critérios adotados acerca do nível de governança dos Estados, que consiste nas tradições e instituições pelas quais a autoridade de um país é exercida, incluindo o processo político de escolha, o monitoramento e a substituição de governantes, a capacidade do governo de formular e implementar efetivamente políticas sólidas e o respeito dos cidadãos e do Estado pelas instituições que governam as interações econômicas e sociais entre eles (WORLD BANK, 2018b, p. 1).

Os seis critérios descritos na pesquisa do Banco Mundial (WORLD BANK, 2018b, p. 1) são:
a) voz e responsabilidade (prestação de contas) – captam percepções sobre o grau de participação dos cidadãos de um país na escolha de seus governantes, bem como liberdade de expressão, liberdade de associação e mídia livre;
b) estabilidade política e ausência de violência/terrorismo – medem as percepções da probabilidade de instabilidade política e/ou violência politicamente motivada, incluindo o terrorismo;
c) eficácia do governo – capta percepções da qualidade dos serviços públicos e do grau de independência desses serviços das pressões políticas, da qualidade da formulação e implementação de políticas e da credibilidade do compromisso do governo com essas políticas;

d) qualidade regulatória – capta percepções da capacidade do governo de formular e implementar políticas regulatórias sólidas que permitam e promovam o desenvolvimento do setor privado;
e) Estado de Direito – mede percepções do grau de confiabilidade e cumprimentos das regras da sociedade por parte dos agentes e capta, em particular, a qualidade da execução de contratos, dos direitos de propriedade, da polícia e dos tribunais, bem como a probabilidade de crime e violência;
f) controle de corrupção – retrata percepções sobre até que ponto o poder público é exercido para fins privados, incluindo formas pequenas e grandes de corrupção, bem como a "captura" do Estado pelas elites e pelos interesses privados.

Com base nesses critérios, estabeleceu-se o *ranking* percentual dos diversos países pesquisados, podendo-se comparar, por exemplo, os indicadores de governança dos países de alta renda da OCDE (Estados Unidos, Reino Unido, Dinamarca, França, Portugal, Alemanha, Itália, Japão e demais, pela média) com os de outros como Brasil, México, África do Sul, Tanzânia, Uganda, Camboja, Laos, Malásia e Vietnã a cada ano, com diferenças expressivas em sua maioria, como se verifica na tabela:

TABELA 1 – *Rank Worldwide Governance Indicators* com ano de introdução da AIR no país

2018	Voz e responsabilidade	Estabilidade política e ausência de violência/ terrorismo	Eficácia do governo	Qualidade regulatória	Estado de Direito	Controle de corrupção
OCDE (países de alta renda)	>80,00%	>70,00%	>80,00%	>80,00%	>80,00%	>80,00%
Brasil (AIR desde 2007)	60,59%	31,90%	36,06%	39,90%	44,23%	40,38%
México (AIR desde 2000)	45,81%	25,71%	47,60%	60,58%	27,40%	18,75%
África do Sul (AIR desde 2007)	70,44%	36,19%	66,35%	61,54%	50,96%	57,21%
Tanzânia (AIR desde 2004)	34,48%	26,19%	21,15%	29,33%	31,25%	39,42%
Uganda (AIR desde 2004)	28,57%	21,43%	29,81%	41,83%	43,27%	14,42%
Camboja (AIR desde 2008)	13,79%	51,43%	32,21%	32,69%	11,06%	8,65%
Laos (AIR desde 2011)	4,43%	60,00%	24,52%	20,67%	18,75%	15,38%
Malásia (AIR desde 2013)	41,38%	54,29%	81,25%	74,04%	74,52%	63,94%
Vietnã (AIR desde 2009)	9,36%	23,81%	53,37%	36,54%	54,33%	37,98%

Fonte: World Bank (2018b, p. 1); Adelle *et al.* (2016, p. 5).

A tabela anterior, em visualização gráfica, corresponde ao que segue:

GRÁFICO 1 – *Rank Worldwide Governance Indicators* 2018

Fonte: World Bank (2018b, p. 1).

A qualidade das instituições avaliada segundo a governança (capacidade ou força institucional) reflete diretamente a aptidão das estruturas estatais de se manterem estáveis diante de pressões oportunistas, e são justamente os países em desenvolvimento que apresentam capacidades institucionais mais fracas. São, portanto, mais suscetíveis aos efeitos das instabilidades institucionais em suas políticas regulatórias, embora já se encontrem nesses países experiências ou esboços de AIR, conforme pesquisa realizada por Camila Adelle e outros (2016, p. 5), tais como os citados na tabela anterior.

É fato que, "de uma forma geral[,] considera-se que uma das principais barreiras que limitam a qualidade da AIR nas economias em desenvolvimento e emergentes é a falta de capacidade institucional" (ADELLE et al., 2016, p. 11). Essa avaliação, todavia, atem-se aos obstáculos estruturantes à incorporação da AIR no processo de definição das políticas públicas, mais particularmente relacionados à logística de operação (administração e organização), tais como a necessidade de apoio de patrocinadores internacionais para programas de treinamento, a quantidade de funcionários insuficiente na unidade central de AIR em muitos países para obter a massa crítica necessária à promoção exitosa da AIR em todo o governo; as dificuldades em atrair e reter funcionários de alta qualidade nos níveis salariais disponíveis (o que significa que os planos de aumentar e treinar o pessoal nas unidades de AIR em alguns casos pode demorar a progredir); a temporalidade de apenas alguns anos de funcionários e especialistas de AIR dentro dos ministérios, podendo ser substituídos pela equipe de entrada de um partido político recém-eleito (com novos programas de governo); a falta de dados e habilidades analíticas. E ainda, algumas vezes, a falta de estrutura institucional é suprida com a *expertise* de consultores externos para realizar AIR, o que leva à falta de domínio da metodologia e dos resultados e à quase completa separação da AIR do processo de tomada de decisão (ADELLE *et al.*, 2016, p. 11).

Como forma de viabilizar a utilização da ferramenta por esses países foram concebidos procedimentos com exigências flexibilizadas, a exemplo da Ria Light, em que se dispensam requisitos mais elaborados, segundo um modelo simplificado em relação ao geralmente utilizado nos países desenvolvidos, buscando-se, assim, tornar possível um projeto de AIR minimamente funcional. Esse esforço para aproximar os efeitos da regulação aos desejáveis por meio da AIR Simples, adaptada com requisitos básicos, é válido para propiciar a introdução e a assimilação da sistemática de AIR nas decisões regulatórias dos países mais instáveis institucionalmente, mas acaba por gerar resultados muitas vezes deficientes, insatisfatórios, meramente protocolares, se não forem avaliados aspectos institucionais relevantes no exame das propostas regulatórias em pauta, justificando-se nesses casos não fazer, ao invés de fazer inutilmente.

De fato, as análises de risco, custo e benefício, mais comumente utilizadas na AIR, não consideram de forma sistemática essa variável de grande potencial determinante (instabilidade institucional), associada ao comportamento das instituições na exequibilidade da proposta regulatória escolhida. A presente obra, para além das dificuldades institucionais já verificadas por estudos internacionais, dedicados às condições estruturantes do processo de AIR e às barreiras existentes para a implantação e execução da metodologia, propõe-se a avaliar aspectos da instabilidade institucional que atuam no processo de análise propriamente dita da metodologia em aplicação, apontando para a necessidade de adequação do procedimento para que se garanta a efetividade da AIR diante do problema a ser concretamente analisado e solucionado.

Como observa Ivo César Barreto de Carvalho (2019, p. 267), após analisar diversas teorias regulatórias, perspectivas de abordagens e metodologias regulatórias, não se pode aprioristicamente determinar um modelo regulatório ideal, "aplicável a todas as atividades econômicas ou a todos os serviços públicos passíveis de regulação", ou seja, não há uma fórmula-padrão a ser utilizada para a regulação estatal indistintamente em todos os setores econômicos ou viável para mais de um país, daí resultando que a "solução ótima da regulação deve considerar todas as variáveis e fatores do setor regulado, as externalidades, os agentes econômicos envolvidos e também a sociedade".

Com efeito, especialmente os países em desenvolvimento necessitam de uma abordagem própria para a realização de AIR, com técnicas e metodologias adaptadas às suas peculiaridades institucionais, não podendo importar a experiência dos países desenvolvidos da OCDE, precursores na experiência de AIR, sem o filtro das alterações necessárias. Caso prático de complexo estudo para a elaboração de política regulatória no Brasil envolvendo órgãos e entidades públicas, como também associações e empresas ligadas ao ramo em questão, ilustra como as boas práticas de regulação emprestadas da experiência internacional e empregadas no estudo, na maior medida possível, não redundaram em aproveitamento compatível com a *expertise* do procedimento, na medida em que sua implementação final dependia de vontade política legislativa que não se mostrou receptiva ao resultado do estudo.

Trata-se do estudo realizado no período de 180 dias e finalizado em 2015 pelo Grupo de Trabalho Interinstitucional sobre órteses, próteses e materiais especiais (GTI-OPME), que contava com a participação do Ministério da Saúde, Anvisa, ANS, Ministério da Fazenda, Ministério da Justiça, Cade, Conselho Nacional de Secretários de Saúde (Conass), Conselho Nacional de Secretarias Municipais de Saúde (Conasems), além de instituições públicas e privadas e especialistas convidados que tomaram parte nas reuniões, com a finalidade de propor medidas capazes de promover "a reestruturação e ampliação da transparência do processo de produção, importação, aquisição, distribuição, utilização, tributação, avaliação e incorporação tecnológica, regulação de preços, e aprimoramento da regulação clínica e de acesso dos dispositivos médicos" (BRASIL, 2015d, p. 2; 15), após diversas denúncias de golpes milionários ocorridos em implantes cirúrgicos, explorados pela imprensa nacional como a "Máfia das próteses" (MÁFIA, 2015, p. 1).

O relatório final do GTI totaliza 701 páginas, entre figuras, tabelas, relatórios parciais, apresentações e textos técnicos em que se avaliam dispositivos e procedimentos médicos, o panorama do setor, a regulação sanitária e econômica, o comportamento ético dos profissionais do setor, chegando-se às propostas, aos produtos e ao plano de ação para a implementação das propostas do GTI. O trabalho conclui pela necessidade de regulação pública desse setor da economia em face das falhas de mercado detectadas, justificando-se a intervenção regulatória do Estado no mercado de dispositivos médicos implantáveis, nesses termos:

> Esse mercado é imperfeito, pois possui barreiras à entrada, seja pela via tecnológica ou proteção patentária. Além disso, a assimetria de informação é enorme, tanto em relação à qualidade do produto como em relação à existência ou não de (...) produtos substitutos, uma vez que o prestador de serviço – quem possui conhecimento técnico e de mercado – escolhe o produto a ser utilizado pelo consumidor, fazendo com que o "fator preço" perca força. Finalmente, esse mercado tem o poder de produzir externalidades negativas, pois o mau uso de dispositivos médicos implantáveis pode afetar a vida laboral dos trabalhadores e impactar nos gastos do Sistema Público de Saúde (BRASIL, 2015d, p. 122).

Assim, buscando-se reduzir a assimetria de informações, o poder de mercado de alguns setores (prática de condutas anticoncorrenciais) e aumentar o bem-estar social, de modo a proteger o usuário do serviço e o fabricante de dispositivos médicos implantáveis, assegurar a previsibilidade das regras e a estabilidade das operações de mercado para os diversos componentes da cadeia produtiva e de uso de dispositivos médicos implantáveis, definiu-se o marco regulatório com base em três medidas: estruturação e implementação de um sistema de informações com a integração das bases de dados nacionais para o monitoramento do mercado, regulação do mercado de dispositivos médicos implantáveis baseado no modelo de Preço de Referência Externo (ERP) e elaboração de proposta para a flexibilização da importação de dispositivos médicos implantáveis e a ampliação da produção desses produtos no Brasil, com redução de preços (BRASIL, 2015d, p. 123).

Entre outras ações, no âmbito da medida de "regulação do mercado de dispositivos médicos implantáveis baseado no modelo de Preço de Referência Externo (ERP)", com a justificativa de que os preços praticados no mercado brasileiro se encontram acima dos preços médios internacionais, de que há prática constante de abuso de posição dominante e condutas anticoncorrenciais com agregação de margens abusivas na comercialização e distribuição desses produtos, decidiu-se elaborar proposta legislativa para viabilizar a medida como também para prever vedações e penalidades dos pontos de vista civil e criminal para condutas irregulares de obtenção de vantagem ilícita em razão da comercialização, prescrição ou uso dos dispositivos médicos implantáveis (BRASIL, 2015d, p. 150; 167; 169).

Nenhuma dessas proposições legislativas, contudo, encontrou até hoje correspondentes normas aprovadas e em vigência, nem na perspectiva do controle de preços, nem na matéria de penalidades. Veja-se que, no caso, não se verifica propriamente a falta de compromisso político para se estabelecer e operar um processo de AIR ou outra metodologia equivalente, ou seja, de resistência direta de governantes ou da classe política em geral à integração de ferramenta analítica e sistemática nos processos de decisão, enquanto aspecto da dificuldade de assimilação cultural existente em alguns países em desenvolvimento. Na esfera federal, há tempos desenvolve-se política de AIR, hoje formalmente estabelecida, e na espécie, buscou-se basear as decisões em evidências, verificando-se que todo o processo foi realizado e concluído com qualidade pelos órgãos e pelas agências reguladoras envolvidas. Observa-se, apesar disso, resistência à específica escolha da proposta regulatória resultante do processo racional de decisão, tida como a mais abalizada pelo estudo realizado, inviabilizada, no entanto, pela inércia da classe política. No evento relatado, que fatores políticos, econômicos, sociais ou jurídicos atuaram para imobilizar a competência pública legislativa necessária ao coroamento do estudo? Certamente, não foram previstos, analisados e sopesados, o que tornou questionável o aproveitamento do investimento público no procedimento analítico.

Após os estudos do GTI, o tema passou por aprofundamento das ações relacionadas às competências da ANS e da Anvisa, que coordenaram o Grupo de Trabalho Externo sobre órteses, próteses e materiais especiais (GTE OPME ANS/Anvisa), com a finalidade de realizar o acompanhamento e o gerenciamento da implementação do conjunto de propostas definidas no relatório final do GTI-OPME no âmbito de competência das respectivas agências reguladoras, cujo relatório final foi apresentado em 2016 (BRASIL, 2016d, p. 11). Posteriormente, em 2018, teve início a discussão acerca da revisão da Resolução da Diretoria Colegiada (RDC) nº 185/2006 (BRASIL, 2006, p. 1) da Anvisa, que regulamenta o envio à agência reguladora de informações econômicas de produtos de saúde pelas empresas detentoras de registro, no momento do registro ou renovação do produto, seguindo-se o rito da AIR baseado no manual de *Diretrizes gerais e guia orientativo para elaboração de Análise de Impacto Regulatório – AIR* do governo federal (BRASIL, 2018b, p. 1), com a conclusão do *Relatório de Análise de Impacto Regulatório sobre monitoramento econômico de produtos para saúde no Brasil* em junho de 2020 (BRASIL, 2020a, p. 4; 9).

No relatório de AIR, cinco anos depois do relatório final do GTI, traz-se novamente à baila o problema regulatório que consiste na "ampla disfuncionalidade do mercado de produtos para saúde no Brasil, no que tange a informações imperfeitas e assimétricas", estabelecendo entre seus objetivos "facilitar a definição de preços de referência para compras públicas e privadas", e definindo como soluções consideradas: (1) manutenção do *status quo*, com a atual regulamentação definida pela RDC nº 185/2006, (2) monitoramento econômico e divulgação de informações sobre produtos para saúde e (3) regulação econômica de preços dos produtos para saúde (BRASIL, 2020a, p. 7). A solução escolhida foi a segunda, de informação e monitoramento econômico, apresentando-se como razões, entre outras, a competência legal da Anvisa e a maior viabilidade da opção (BRASIL, 2020a, p. 7-8).

Constata-se, no relatório de AIR, que o objetivo de "facilitar a definição de preços de referência para compras públicas e privadas" já é mais modesto do que a pretensão do GTI de "regulação do mercado de dispositivos médicos implantáveis baseado no modelo de Preço de Referência Externo (ERP)", o que se justifica pelo fato de as propostas legislativas necessárias para tanto não terem vingado até o momento. Além das ações e medidas definidas no relatório final do GTI, também o TCU recomendou, conforme o Acórdão nº 0435/2016-TCU-Plenário, no âmbito de atuação da Anvisa, a necessidade da "criação de um referencial de preços a ser utilizado para compras públicas" (BRASIL, 2020a, p. 26).

Analisando as soluções consideradas, quanto à opção regulatória "regulação econômica de preços dos produtos para saúde", a Anvisa reitera que esta "opção pressupõe a publicação de uma nova lei, que defina a competência para a regulação econômica de preços de PS" (produtos de saúde), e, mais que isso, afirma que "a publicação dessa lei é condição *sine qua non* para que se possa atuar nos termos dessa opção", destacando que "um detalhamento mais preciso dessa opção só poderia ser feito a partir da publicação da lei" referida anteriormente. Informa, ademais, que a esse respeito tramita no Senado Federal o Projeto de Lei nº 2.903, de 2019, que dispõe sobre normas de regulação do setor de OPME, prevendo que a definição e o reajuste de preços de OPME seriam determinados pela autoridade sanitária, conforme regulamento, estabelecidos com base em modelo de teto de preços (BRASIL, 2020a, p. 55). O referido projeto de lei, que inclusive faz referência ao diagnóstico e às medidas conclusivas do GTI-OPME de 2015, no entanto, foi apresentado no Plenário do Senado em maio de 2019, e desde então aguarda relatório do senador relator na Comissão de Assuntos Econômicos (BRASIL, 2019e, p. 1).

No relatório de AIR, com efeito, observa-se que as implicações institucionais, quando da análise das opções consideradas, são abordadas de maneira assistemática e implícita, enfatizando-se, quanto à opção em questão, a falta de competência legal da agência reguladora para a medida reiteradamente indicada como necessária, tanto pelo GTI, quanto pelo TCU, ao invés da dificuldade de aprovação da indispensável lei em razão da forte cartelização existente no ramo, com influência política determinante. Ainda de maneira esparsa, tangencia aspectos institucionais relevantes, sem explorá-los, quando analisa opções regulatórias não normativas, no âmbito das medidas de incentivo econômico, autorregulação, corregulação, informação e educação, afirmando que a corregulação e a autorregulação apresentam vantagens de custos de implementação mais baixos para a Anvisa, pois seriam transferidos para o setor produtivo, mas representam "um aumento do risco de que grupos de interesse assumam o processo legislativo por meio da criação de obstáculos para a entrada de novos participantes no mercado", e, desse modo, impõem "padrões desnecessariamente elevados e uma representação inadequada dos organismos que realizam a autorregulação ou a corregulação" (BRASIL, 2020a, p. 48-49).

Na análise dos eventos de risco das opções regulatórias normativas, passa-se ao largo do contexto institucional, avaliando-se os riscos de "desabastecimento de PS já existentes no mercado" e de "atraso no acesso a novos PS pela população". Ao examinar a viabilidade das opções, atem-se às barreiras de ordem técnica, e complementa com a análise de que "a opção pela regulação econômica de preços de PS é um caminho novo e, de certa forma, incerto", cujo primeiro grande desafio "é a necessidade de inovação da base legal, uma vez que haverá forçosamente que se ter autorização legal para que a Anvisa exerça tal atividade". Não analisa, porém, a dificuldade na perspectiva dos diálogos institucionais, visando-se a uma solução com benefícios mais duradouros (BRASIL, 2020a, p. 62-63; 65-67).

A existência de *lobbies* no ambiente regulado não constitui, em si, uma disfunção do mercado, na medida em que a formação de grupos de interesse é mecanismo inerente à dinâmica econômica e democrática. Assim, embora os grupos de pressão possam atuar como fator de instabilidade institucional, prejudicando as boas práticas regulatórias, podem também ser considerados como elementos necessários à efetiva participação social no processo regulatório. Como observa Marcos Lisboa (2018, p. 12), "pagamos um preço imenso pelas intervenções públicas incompetentes e discricionárias", que já resultaram em imensas crises e desvios", e por isso "o setor público importa", "para o bem e para o mal", fazendo-se necessário o diagnóstico das causas dos insucessos e a proposição de medidas que possam aperfeiçoar as relações institucionais entre o setor privado e o poder público.

Nos Estados Unidos, o *lobby* é bem estabelecido no sistema político como "a arte de influenciar o governo", na medida em que a atividade é vista como inevitável e aceita com naturalidade, regulamentada a partir de 1938 e disciplinada desde 1995 no Executivo e no Legislativo federais pelo Ato de Divulgação de Lobby (The Lobbying Disclosure Act), sob o qual "os lobistas são obrigados a registrar a si mesmos, seus clientes e suas atividades, com base no princípio de que o público tem o direito de saber quem está tentando influenciar o governo". Nascido com a República, o *lobby* está no DNA da nação e, embora haja dificuldades de controle, encontra-se ao abrigo do processo de institucionalização dos direitos civis em que se alicerça a democracia americana (SOTERO; PRUSA, 2018, p. 27; 29-30; 32). Complementa-se:

> Ramo da mesma árvore frondosa que protege os direitos dos cidadãos, o direito de fazer *lobby* encontrou sua expressão moderna nas ações de grupos e associações de cidadãos formados com o propósito de influir na elaboração e aplicação das leis e normas que regem a vida da sociedade democrática, bem como a alocação de recursos públicos necessários para movimentar a máquina governamental (p. 30).

No Brasil, no entanto, considera-se que a democracia é uma "relativa novidade na vida política", em que, na prática, há direitos estabelecidos como privilégios das elites e de grupos específicos de poder, com capacidade de mobilização de recursos e opinião, diante da escassez e da carência de um país pouco desenvolvido e desigual, o que se apresenta como o oposto de uma sociedade substancialmente democrática. Configura-se uma "confusão democrática", vinculada a um patrimonialismo ancestral na cultura política, em que a burocracia, longe de ser impessoal, insulada e profissional, é manejada por agentes públicos capazes de confundir os bens públicos com seu patrimônio privado, de dispor desses bens em benefício de suas relações pessoais ou para favorecer grupos privados (MELO, 2018, p. 151).

Considerando que há também "uma confusão conceitual-oportunista de que um regime democrático implica defesa de interesses particularistas, que acabam por prevalecer sobre o interesse geral", Carlos Melo (2018, p. 178-179) pondera que empresas têm direitos legítimos de defender seus interesses, reconhecendo ser absolutamente natural que encaminhem demandas e projetos aos governos e a quaisquer órgãos públicos. No entanto, ele afirma ser "igualmente legítimo que esses interesses não se restrinjam ao natural egoísmo nem que se sobreponham a interesses mais amplos da sociedade", porque o nome disso não é *lobby*, nem significa boas e saudáveis relações institucionais, mas pode ser chamado de favorecimento, clientelismo, corporativismo ou corrupção.

Joseph Stiglitz (2007, p. 29-30) observa que a privatização aumentou as oportunidades e os incentivos para a corrupção, elevando a possibilidade de conivência entre agentes do governo e terceiros para o desvio de recursos públicos, que os retornos da corrupção são maiores e que há hoje mais mecanismos de desvios difíceis de serem detectados. Afirma que dados demonstram como os indivíduos, de fato, respondem a incentivos e que o problema do agente se reforça nos setores público e privado: o setor privado explora o problema de agência do setor público, considerando-se que os interesses do funcionário do governo não coincidem completamente com aqueles da pessoa pública a quem ele deve servir; por outro lado, ainda que a corporação, por uma questão de política empresarial, não procure explorar o setor público, esquemas de compensações habituais no setor privado incentivam seus agentes a fazê-lo.

Prefaciando obra da autoria de Bresser Pereira, Ministro da Fazenda em sua gestão presidencial, Fernando Henrique Cardoso, em direção oposta, preconizava a desestatização de setores da economia e a reforma administrativa gerencial ocorrida na década de 1990 no Brasil como um remédio para o patrimonialismo na forma contemporânea de corporativismo governamental, reconhecendo na reforma em curso do Estado uma verdadeira "desprivatização":

> (...) a transição ao 'novo modelo de gestão', incorporando as formas gerenciais, é provavelmente o caminho mais eficaz para a superação definitiva do patrimonialismo, tanto em suas vertentes tradicionais, como na sua versão mais contemporânea, a do corporativismo (confusão entre a coisa pública e os interesses de uma corporação). A criação das novas agências reguladoras, no caso brasileiro, ilustra bem essa tese.
> (...) Uma reconstrução que procura dissipar a ilusão, de consequências gravíssimas, de que para assegurar os direitos da cidadania estaríamos obrigados a preservar um Estado de "mal-estar-social", cujas estruturas distorcidas funcionavam como mecanismos adicionais de concentração de renda.
> (...)
> A reforma do Estado, sua "desprivatização" e a garantia da sua maior eficiência, através da valorização da competência e da integridade dos funcionários em carreiras de Estado, é um aspecto inseparável do novo Brasil que estamos construindo, o Brasil da democracia, da estabilidade econômica e da seriedade no trato dos assuntos públicos (CARDOSO, [199-] *apud* PEREIRA, 1998, p. 8-9).

Sob outro prisma, Sotero e Brusa (2018, p. 31-32; 38-40) afirmam que as atividades de *lobby* são fundamentais para a produção e a divulgação de informações na sociedade, inerentes, portanto, à governança do país, acrescentando dados e perspectivas dos interessados nas decisões estatais, extraídos da aplicação na vida real; são, assim, a porta de entrada de grupos da sociedade nas práticas de defesa das mais diversas causas numa democracia plural e competitiva. A exemplo da experiência americana, mas atentos às disfunções ultimamente percebidas naquele sistema que precisam ser corrigidas, os autores apontam como necessário um arcabouço legal em que se tenha a definição de competências e responsabilidades para dar transparência à atividade, com a institucionalização da atividade lobista no Brasil e nos países vizinhos, onde ela ganhou repercussão mais recentemente devido aos escândalos de corrupção resultantes da exacerbação da prática ancestral das elites da América Latina de misturar interesses públicos e privados. Acrescentam que o *lobby* abrange muitos grupos de interesse, não apenas enormes corporações empresariais, mas também entidades sem fins lucrativos e organizações de cidadãos preocupados com direitos humanos e proteção ao meio ambiente, por exemplo.

Lobbies elegem, substituem ou mantêm políticos governando e legislando, e isso remete a outro fator de instabilidade institucional nuclear das democracias que é a temporalidade dos mandatos e a modificação de orientação e objetivos políticos. Segundo Majone (2017, p. 69), a "continuidade de uma política é notoriamente difícil de conseguir numa democracia, que é uma forma de governo *pro tempore*". Essa segmentação do processo democrático em períodos relativamente curtos tem consequências sérias sempre que se apresentam soluções de longo prazo, e, na expectativa da alternância de mandatos, os políticos tendem a impulsionar projetos com resultados até as próximas eleições, comprometendo estratégias mais duradouras. Além disso, uma legislatura não pode obrigar a sua subsequente e um governo não pode comprometer o próximo governo, o que torna as políticas públicas vulneráveis e pouco confiáveis (MAJONE, 2017, p. 69).

Ilustra perfeitamente a influência desse fator no ambiente regulado, com consequências sobre um elemento de base da regulação que é a própria agência reguladora, o episódio da extinção da Agência Reguladora dos Serviços Públicos Delegados do Estado do Piauí (AGRESPI), que, sem chegar a completar um ano de existência, foi criada pela Lei Complementar nº 143, de 7 de janeiro de 2010, e extinta pela Lei Complementar nº 162, de 30 de dezembro de 2010, sancionada pelo vice-governador empossado, em razão da renúncia do então titular, e posteriormente eleito para o mandato 2011-2014. Na mensagem de encaminhamento do projeto da segunda lei complementar, datada de 30 de novembro de 2010, dirigida pelo novo governador ao presidente da Assembleia Legislativa do Estado do Piauí, propunha-se a alteração da Lei Orgânica da Administração Pública daquele Estado, com a seguinte justificativa:

> Isso faz-se necessário ante a atual conjuntura fiscal porque passa o estado do Piauí, na qual se impõe a redução de despesas. Para tanto, propõe-se a extinção de órgãos e entidades da Administração Pública, buscando adequar a estrutura administrativa estadual à nova realidade que se apresenta, sem prejuízo do pleno exercício das atividades inerentes ao estado (PIAUÍ, 2010a, p. 1).

A relativa constância de políticas públicas, capazes de atravessar mandatos, depende de comprometimento dos tomadores de decisão com a sociedade interessada, de modo a afastar o casuísmo das opções políticas favorecido pela falta de demandas articuladas e organizadas dos grupos de interesse. A participação social e a coesão de interesses fortalecem e legitimam as escolhas públicas, conferindo sentido social especialmente quando se trata de escolha de conteúdo econômico, muitas vezes justificada com aparato tecnocrata.

6.2 A construção de consensos na definição de políticas regulatórias

As contradições do Estado no século XX, notadamente seu clientelismo, o insucesso na conquista dos valores liberais, associadas ao positivismo formalista que segregava do Direito a apreciação dos valores na organização social, acabaram por provocar, no plano jurídico-constitucional, reações que levaram ao Estado Social de Direito, propondo-se o fim do Estado legalista, vinculando-o à ideia de justiça social material (Estado de Direito), com a participação popular no processo político, nas decisões de governo e no controle da administração pública (Estado Democrático) (DI PIETRO, 2012, p. 26-27).

Procurava-se, dessa forma, fundar um "Estado de legitimidade justa (ou Estado de Justiça material)", no qual uma sociedade democrática estaria inserida num "processo de efetiva *incorporação* de todo o povo nos mecanismos do *controle das decisões*" (SILVA, 2020, p. 120). O Estado Democrático de Direito foi, assim, adotado pela Constituição alemã de 1949, a espanhola de 1978, a portuguesa de 1976 e a brasileira de 1988, esta que, já em seu art. 1º, afirma constituir-se a República Federativa do Brasil "Estado Democrático de Direito", com poder exercido pelo povo, por meio de "normas consagradoras da participação popular em vários setores da administração pública, em especial na parte referente à ordem social" (DI PIETRO, 2012, p. 27-28).

O Estado de Direito é dotado de instituições e se caracteriza por um elevado grau de formalização, sendo papel do Direito Constitucional definir seus elementos estruturais, tais como a modelagem do Estado, seus valores essenciais e direitos fundamentais, princípios sensíveis, divisão e independência dos poderes. É o Direito Administrativo, no entanto, que desempenha o papel socializador, desenvolvendo os princípios constitucionais que consagram os direitos sociais e econômicos na medida da sua democratização, conforme "a participação popular se torna elemento obrigatório nas decisões e no controle da Administração Pública", abolindo-se, em perspectiva fática, a separação entre sociedade e Estado (DI PIETRO, 2012, p. 33-34).

Como afirma Gilberto Bercovici (2010, p. 234; 237), a "Constituição de 1988 não define nenhum modelo econômico que possa ser considerado excludente", vale dizer, "sua ordem econômica é aberta, suscetível de ser moldada a diversos sistemas econômicos", e referindo-se ao valor social da livre iniciativa como fundamento constitucional da ordem econômica, observa que, "por mais ampla que seja a concepção de 'valor social', o significado mínimo diz respeito a algo não individualista", voltado para a utilidade social.

Com efeito, a Constituição Federal de 1988 (BRASIL, 1988), na redação do art. 37, §3º, dada pela Emenda Constitucional nº 19/1998 (BRASIL, 1998), consagra a importância da participação do usuário na administração pública direta e indireta, prevendo disciplina legal para regular especialmente "as reclamações relativas à prestação dos serviços públicos em geral, asseguradas a manutenção de serviços de atendimento ao usuário e a avaliação periódica, externa e interna, da qualidade dos serviços" (inc. I). Esse comando acena para um modelo de Estado Pluralista, que viabilize a participação de pessoas e grupos no processo político, econômico, social e cultural, estimulando formas de autogestão da economia e da sociedade (DI PIETRO, 2012, p. 34).

A busca do consenso é objetivo intrínseco ao Direito, como parte da realidade social e mediador das relações econômicas. Especialmente o Direito Econômico, a ser entendido como "uma economia política da forma jurídica", é disciplina que esclarece "a origem social e teórica dos textos normativos, sua sistematização para a decidibilidade por parte da doutrina e da atuação dos chamados 'operadores do direito', sua capacidade de diálogo e influências recíprocas em outros campos, disciplinas ou sistemas sociais" (BERCOVICI, 2010, p. 9). Bem a propósito, está consignada na Constituição Federal de 1988 (BRASIL, 1988) a força do mercado interno como patrimônio nacional, destinado ao desenvolvimento cultural e socioeconômico, para o bem-estar da população (art. 219).

Importante frisar que as decisões técnicas da regulação devem ser parametrizadas por valores econômicos tanto quanto pelos sociais, porque a razão maior de existir da boa regulação é a excelência dos serviços públicos oferecidos à sociedade. Conceituando regulação social e econômica, Windholz e Hodge (2013, p. 48) afirmam que os "governos são simultaneamente convidados a criar condições nas quais os mercados possam operar mais eficientemente e a produzir resultados socialmente desejados, melhores", e que "regulações puramente econômicas ou puramente sociais só existem no domínio da teoria".

Assim, retomando-se o caso estudado no Capítulo 5, acerca da (des)regulação da franquia de bagagens aéreas objeto da Resolução nº 400, de 13 de dezembro de 2016, da ANAC, em que diversos setores da sociedade se insurgiram contra as medidas regulatórias, cabe examinar-se a complexidade da atuação das agências reguladoras no espaço de sua discricionariedade técnica, bem como a potencialidade dos conflitos em matéria de políticas regulatórias, na perspectiva da construção de consensos.

Especificamente quanto à participação social, o formulário do caso estudado, no item 7, aponta "outros órgãos/entidades afetados com a edição da norma", como sendo "empresas aéreas, passageiros (usuários do transporte aéreo), Secretaria Nacional do Consumidor (SENACON) e também órgãos de proteção e defesa do consumidor (PROCONS)", e informa que realizou reuniões com a Senacon, focando especialmente o consumidor, além de outras reuniões participativas com regulados e entidades de defesa do consumidor para coletar informações acerca de suas demandas e perspectivas para a edição da nova resolução, estimulando os interessados a enviar suas contribuições (BRASIL, 2016b).

No item 12 do formulário, relacionado aos possíveis efeitos do ato proposto, certamente como reflexo da falta de dados mais detalhados e especificamente associados às medidas operacionais a serem veiculadas na nova resolução, limita-se a análise a apontar os efeitos positivos, vinculados à melhora das informações sobre os serviços, e negativos, relacionados aos prováveis custos e obrigações do incremento dessas informações, a serem suportados, simplesmente, por empresas de transporte aéreo regular e passageiros. Nada se prospecta quanto aos efeitos da (des)regulação da franquia de bagagens no preço das passagens, no comportamento do consumo e nas reações do mercado.

Para além das deficiências verificadas no "Formulário de análise para proposição de ato normativo" (BRASIL, 2016b), tem-se que a Audiência Pública nº 03/2013 – que já tratava das condições gerais de transporte aplicáveis ao transporte aéreo doméstico e internacional de bagagem –, as reuniões participativas nº 001 e nº 002/2014/GNOP/SER, a Consulta Pública nº 04/2014 – que também cuidava da revisão das Condições Gerais de Transporte Aéreo –, as reuniões com representantes dos consumidores (fevereiro de 2015), em São Paulo e Mato Grosso –, os atos preliminares de discussão do tema promovidos pela ANAC e, finalmente, a Audiência Pública nº 3/2016 – realizada de 11 de março de 2016 a 10 de abril de 2016, que resultou na edição da Resolução nº 400/2016 (BRASIL, 2016c) –, também não se mostraram eficientes para a concretização das finalidades da AIR, tanto que diversos nichos da sociedade dispararam reações de rejeição contra a medida.

Patricia Pessôa Valente (2013, p. 57-58; 100) apresenta na metodologia de AIR fase de consulta e participação dos possíveis afetados, entre instituições de representação das empresas, usuários, consumidores e qualquer outro interessado (itens d e e). A participação social nos processos de definição de políticas regulatórias tradicionalmente se dá na forma de audiências e consultas públicas, que consistem, regra geral, na oitiva de possíveis interessados, com registro de suas contribuições e posterior análise e divulgação final das justificativas das agências reguladoras para aceitação ou rejeição dessas contribuições, como resposta ao público participante.

O que denotam esses procedimentos, contudo, é que possuem como objetivo, antes, assenhorear os agentes reguladores dos meandros da legislação de aplicação geral, de forma a melhor compatibilizar o novo disciplinamento, e coletar informações acerca das demandas e perspectivas dos interessados para a edição de uma nova resolução ou um novo modelo regulatório, do que propriamente debater em profundidade a pretensão regulatória e pacificar diferenças em torno da construção de um resultado de consenso, que contemple os anseios sociais, com segurança jurídica e adequação técnica.

Tanto é assim que, analisadas as contribuições, o regulador justifica o que acatou e o que rejeitou, dando por encerrada a audiência, numa demonstração de prevalência da autoridade de escolha do regulador, diante de outras opções eventualmente sugeridas. Tal se verificou no caso concreto sob análise, mesmo diante das deficiências do "Formulário de análise para proposição de ato normativo" (BRASIL, 2016b), à míngua de estudos técnicos suficientemente detalhados e da escolha de método (análise de custo-benefício, análise de custo-efetividade, análise de custos, análise de benefícios, análise de risco) para analisar as opções existentes em torno da regulação em pauta, conforme trecho a seguir, extraído dos comentários à minuta de resolução, disponibilizados pela ANAC:

> Por fim, cabe esclarecer que esta opção pela desregulamentação faseada das franquias de bagagem, apresentada nesta minuta das CGTA, foi alvo de discussão na Audiência Pública nº 3/2013. Na ocasião foi apresentada proposta que mantinha a franquia de bagagem, unificando as franquias internacionais em duas peças de bagagem de 32 kg cada, com exceção dos voos para América do Sul e América Central, que seriam iguais à franquia de 23 kg do transporte doméstico, permitido o oferecimento de tarifas com franquia de bagagem reduzida.
>
> *Após as contribuições recebidas na Audiência Pública, reforçou-se o entendimento de que faltam fundamentos técnicos para a estipulação de franquia de bagagem para os transportadores aéreos. Assim, foi feita opção do regulador por propor que a nova norma sobre bagagem (...) seja silente sobre a quantidade de franquia de bagagem tanto no transporte doméstico quanto no internacional.*
> Assim, resta proposto no art. 14 que o transporte de bagagem despachada configura serviço acessório oferecido opcionalmente pelo operador aéreo (BRASIL, 2016a, p. 59, grifos nossos).

Na Audiência Pública nº 3/2016 contou-se com ampla participação de interessados, entre consumidores, empresas aéreas, órgãos e entidades representativos de uns e de outros, Ministério Público e advogados (BRASIL, 2016a), o que não evitou a excessiva judicialização, inclusive por parte das instituições representativas dos interesses difusos envolvidos que ofereceram contribuições na referida audiência, como também não impediu as decisões judiciais contraditórias e a resistência parlamentar contra as medidas regulatórias.

Com efeito, se foram observadas, no caso concreto, imperfeições formais no procedimento de AIR, apontando-se para a necessidade de aperfeiçoamento quanto à mensuração e à qualificação dos custos e dos benefícios para os diversos agrupamentos sociais impactados, como meio de bem instruir os debates participativos, facilitando o entendimento recíproco e de forma a se demonstrar a efetividade dos estudos para os resultados alcançados, pode-se também constatar que mesmo a estrutura do tipo ideal de procedimento apresentado na literatura de AIR, com sua sequência de ações, comporta aprimoramento quanto aos mecanismos de participação social.

Políticas regulatórias que não alcançam um nível satisfatório de pacificação social em suas fases de concepção e implantação, de competência das agências reguladoras, acabam por dar margem a todo tipo de ingerência, por vezes tecnicamente desautorizada, nas escolhas regulatórias, destacadamente do Poder Judiciário, em face do princípio da inafastabilidade da jurisdição. Restringir à jurisdição a matéria regulatória e incumbir o magistrado de encontrar a solução justa para esses conflitos é subestimar os verdadeiros anseios e necessidades cada vez mais complexos, em sociedades muito plurais agrupadas em metrópoles e megalópoles, sob os influxos da globalização de novos processos e novas tecnologias. A adoção de uma concepção particular de justiça para interpretar o Direito, oriunda de uma autoridade judicial dotada dessa competência, não leva as partes em conflito a se conformarem com soluções, se estranhas forem aos seus próprios conceitos de justiça.

Na vida em sociedade, as regras do jogo que intimamente se desejam devem ser construídas por meio de processos racionais, pela participação de seus indivíduos, conhecendo-se a razão de ser de cada norma, e enriquecem-se pela influência de cada cidadão, este que deseja ver, senão aplicado, pelo menos sopesado no seu caso concreto os valores da sua própria noção do que é justo. A satisfação da sociedade demanda normas com alto teor de realismo e exequibilidade, exigindo, para isso, transparência na gestão pública, intensa participação social e relativa flexibilidade do Direito.

A composição na solução de conflitos, o orçamento participativo, o controle social dos atos administrativos e políticos, a implementação de ferramentas de gestão de resultados na administração pública, a descriminalização de condutas largamente aceitas na sociedade, as manifestações públicas conscientes, as leis de iniciativa popular espelham bem essas virtudes e apontam esse caminho. Nesse sentido, Habermas (1999, p. 109) afirma que "não existe um direito autônomo sem uma democracia realizada", o que Maria Luisa Costa Magalhães (2011, p. 1) explica assim:

> Habermas entende que a legitimidade do ordenamento está, então, na vontade de seus cidadãos e que o processo democrático de criação do Direito seria a única fonte pós-metafísica da legitimidade. A pergunta acerca da validade do ordenamento jurídico é, desta feita, remetida ao plano do Processo Legislativo.
> Assim, a medida da legitimidade do Direito relaciona-se diretamente com a medida do espaço de liberdade reservado a cada sujeito de direito. Assim, as prescrições normativas passam a ter validade somente quando os destinatários dessas normas têm preservados a sua liberdade e autonomia.

Em contrapartida, nos processos legislativos democráticos, sob o enfoque da teoria do discurso, a posição dos cidadãos como destinatários das normas jurídicas é substituída pela posição de co-autores do Direito.
(...)
O Direito, nessa perspectiva, desvincula-se de uma esfera moral e passa a obter sua fundamentação na vontade e na opinião discursiva dos cidadãos, através de procedimentos democráticos garantidores da participação de todos os homens livres e iguais.

Por derradeiro, o Princípio da Democracia é construído como junção do Princípio do Discurso e da forma jurídica, o que culmina na afirmativa de que o Direito obtém sua legitimidade pela observância dos procedimentos democráticos construídos pela discursividade dos sujeitos de direitos que se reconhecem como destinatários e autores do ordenamento jurídico, numa relação entre Direitos Fundamentais e Soberania Popular.

Com efeito, é chegada a hora de perceber-se que esse Direito participativo tem como características padrões de conduta social mais aceitáveis, definidos por meio de conciliações e mediações que, com a ajuda das partes envolvidas, a partir dos diferentes interesses em conflito, encontrem a composição mais adequada a todos os afetados, levando em consideração o que eles mesmos entendem por justiça no amplo espaço permitido pelo ordenamento jurídico.

Segundo o Conselho Nacional de Justiça (AZEVEDO, 2016, p. 29), "o legislador crê que a maior parte dos conflitos pode ser resolvida por meios consensuais", e tanto é assim que o Código de Processo Civil apresenta várias indicações nesse sentido, trazendo o conciliador e o mediador como auxiliares da justiça (art. 149) e a criação de centros judiciários de solução consensual de conflitos (art. 165). Além disso, fortalecem o sistema de autocomposição de conflitos, com seus diversos dispositivos normativos relacionados a conciliação, mediação, acordo e transação, a Lei nº 9.099, de 26 de setembro de 1995, a Lei nº 10.259, de 12 de julho de 2001, e a Lei nº 13.140, de 26 de junho de 2015.

Cabe destacar-se que o Código de Processo Civil publicado em 2015 (BRASIL, 2015b, p. 1) trouxe interessantes inovações que viabilizam os chamados processos estruturais, largamente tratados na doutrina especializada e já em aplicação na Justiça Federal. Esses processos visam a solucionar um "problema estrutural", definido a partir de um contexto em "estado de desconformidade estruturada – uma situação de ilicitude contínua e permanente ou uma situação de desconformidade, ainda que não propriamente ilícita, no sentido de ser uma situação que não corresponde ao estado de coisas considerado ideal". Os problemas estruturais configuram-se "a partir de um estado de coisas que necessita de reorganização (ou de reestruturação)", sendo comumente identificados, embora não se restrinjam a esses, como "casos em que se discutem questões altamente complexas, relativas a direitos fundamentais e em que se busca interferir na estrutura de entes ou instituições ou em políticas públicas" (DIDIER JR., 2020, p. 2-3).

Assim, dispositivos (arts. 69, 139, 190, 354, 356, 369, 536) do Código de Processo Civil (BRASIL, 2015b, p. 1) permitem ajustar negócios processuais nas causas estruturais, o que se faz necessário diante das usuais complexidade e multipolaridade que a sua tramitação envolve, com múltiplos interesses envolvidos, convergentes ou divergentes, e múltiplas possibilidades de solução do problema, além de viabilizar a flexibilidade intrínseca a esses procedimentos (atenuação das regras da congruência objetiva e da estabilização objetiva da demanda, atipicidade dos meios de prova, das medidas executivas dos instrumentos de cooperação), já que é "inviável estipular previamente os circuitos procedimentais adequados ao desenvolvimento do processo estrutural, tendo em vista a extrema variância dos tipos de litígios estruturais" (DIDIER JR., 2020, p. 9). Nos processos estruturais, com efeito, segundo Fredie Didier Jr. (2020, p. 9), a flexibilidade e a consensualidade têm importância especial, e técnicas de negociação devem ser utilizadas quanto ao objeto do processo em si, quanto à adaptação do procedimento para os ajustes às especificidades da causa e quantos aos ônus, poderes, faculdades e deveres dos sujeitos processuais, que não se enquadram exatamente nos padrões conhecidos dos processos convencionais.

A legislação impulsiona, assim, um movimento de consensualidade do Poder Judiciário, mas também autoriza a existência de outras formas de conciliação e mediação extrajudiciais vinculadas a órgãos institucionais ou realizadas por intermédio de profissionais independentes ou, ainda, por câmaras privadas de conciliação e mediação (Lei nº 13.105/2015, art. 175). E esse parece ser o caminho mais célere, que se beneficia das vantagens dos métodos autocompositivos e se propõe a solucionar os conflitos de maneira mais ágil e eficiente. Nesse sentido:

> As pesquisas sobre o Poder Judiciário têm apontado que o jurisdicionado percebe os tribunais como locais onde estes terão impostas sobre si decisões ou sentenças. De fato, esta tem sido também a posição da doutrina, sustenta-se que de um lado cresce a percepção de que o Estado tem falhado na sua missão pacificadora em razão de fatores como, entre outros, a sobrecarga dos tribunais, as elevadas despesas com os litígios e o excessivo formalismo processual; por outro lado, tem se aceitado

o fato de que escopo social mais elevado das atividades jurídicas do Estado é harmonizar a sociedade mediante critérios justos, e, ao mesmo tempo, apregoa-se uma "tendência quanto aos escopos do processo e do exercício da jurisdição que é o abandono de fórmulas exclusivamente positivadas" (AZEVEDO, 2016, p. 38).

No âmbito da administração pública também se verifica essa tendência à consensualidade retratada na Lei nº 13.140/2015 (BRASIL, 2015c), que traz diversas disposições autorizadoras da autocomposição de conflitos que envolvam a União, os estados, o Distrito Federal e os municípios, inclusive as entidades da administração indireta, como as agências reguladoras, possibilitando transformações no modo de agir administrativo, com disciplinamento específico que permite a mediação coletiva de conflitos relacionados à prestação de serviços públicos (art. 33, parágrafo único). Esse procedimento de mediação coletiva poderá ser instaurado pela Advocacia Pública da União, dos estados, do Distrito Federal e dos municípios, de ofício ou mediante provocação, por intermédio de câmaras de prevenção e resolução administrativa de conflitos.

Gordillo (1988, p. 85) expõe que é quimera pensar que os casos de Direito têm uma única, necessária, verdadeira e válida solução. Assim, devem-se considerar as várias vias possíveis de solução de conflito, que não contrariem, por óbvio, o ordenamento jurídico, nem a ética profissional, e que tenham viabilidade prática em relação aos interesses em jogo e à justiça objetiva do caso. Nessa perspectiva, se o processo em seus mais altos níveis não é descobrimento, mas criação, como afirma Gordillo (1988, p. 88), nada mais plausível que as próprias partes envolvidas criem o Direito que melhor se ajusta aos seus interesses, necessidades e aflições, desde que, em todo caso, não se contraponha ao ordenamento jurídico e seja coerente com a boa técnica.

A partir do caso concreto analisado no Capítulo 5, verifica-se que também na magistratura se encontram defensores desse novo paradigma de solução consensual de conflitos, com base no trecho da decisão concessiva de liminar (posteriormente suspensa), proferida pelo juiz da 22ª Vara Cível Federal da Subseção Judiciária de São Paulo, na Ação Civil Pública nº 0002138-55.2017.4.03.6100 (BRASIL, 2017g), a seguir:

> Assim, qualquer alteração desta realidade fática deve ser amplamente discutida na sociedade através de novas audiências públicas, com a participação dos interessados (empresa aéreas, ANAC, instituições de defesa do consumidor e o MPF), possibilitando, eventualmente, um termo de ajustamento de conduta que seja satisfatório para todos. Nesse sentido, vejo como questão passível de acordo, os limites atuais de franquia.

Isto posto, concedo a liminar, suspendendo a vigência dos arts. 13 e 14 §2º da Resolução 400/2016, até ulterior decisão judicial, ficando mantida, por ora as franquias em vigor (...).

O processo judicial geralmente aborda o conflito como se fosse um fenômeno jurídico e trata exclusivamente daqueles interesses juridicamente tutelados, excluindo aspectos do conflito que certamente são igualmente importantes ou até mais relevantes do que aqueles juridicamente tutelados. Ante essa constatação, tem-se pela necessidade de novos modelos que permitam às partes, por intermédio de um procedimento participativo, resolver suas disputas construtivamente, fortalecendo relações sociais, identificando interesses subjacentes ao conflito, promovendo relacionamentos cooperativos, explorando estratégias de prevenção ou resolução de futuras controvérsias e educando as partes para uma melhor compreensão recíproca (AZEVEDO, 2016, p. 55-56).

Assim, observando que o conhecimento sobre mediação no Brasil ainda carece de profundidade, já que estudos sistematizados na área passaram a ser expressivos apenas na segunda metade da década de 1990, Lilia Sales (2011, p. 21; 31), após abordar conceitos e desafios nesse tema, alerta para a necessidade do exame teórico e prático profundo e da implementação responsável da mediação no país. Assim, inserir práticas de mediação no processo de AIR implementado para a definição de políticas regulatória, sejam em maior ou menor medida facilitativas ou avaliativas, adotando-se um órgão técnico das agências reguladoras como mediador no conflito, certamente faz parte dessa pauta de estudos.

Alessander Sales e Vladia de Oliveira (2017, p. 446) afirmam que é um fenômeno mundial, que vem evoluindo rapidamente, a busca por novas estratégias de composição não adversariais de conflitos, e adotam o entendimento de que "essa mudança tem como causa a insatisfação com os processos autoritários de tomada de decisão, mediante custos cada vez mais altos com os processos adversariais do tipo perde-ganha", destacando, além desse fator, "a expansão das aspirações pela participação democrática em todos os níveis sociais e políticos, no sentido de o indivíduo poder participar ativamente das decisões que dizem respeito à sua própria vida".

Referindo-se à negociação como "o conjunto de técnicas de composição não adversarial de conflitos", sendo a mediação uma modalidade própria caracterizada pela presença de um terceiro que facilita a adequada compreensão do conflito e das possibilidades de superação, auxiliando-as a estabelecer a base do consenso final, Sales e Oliveira, discorrendo sobre a gestão de conflitos socioambientais, evidenciam que as técnicas de negociação desenvolvidas pela mediação ganham especificidades em casos de multiplicidades de atores, identificados pela complexidade do conflito, "gerando o que se convencionou denominar de procedimento de construção de consensos". E acrescentam:

> A proposta da construção de consensos vem sendo bastante aplicada para a solução de conflitos que envolvam um número expressivo de pessoas. O consenso buscado não se concretiza na unanimidade, mas na definição de um acordo geral com o qual todos, ou quase todos, possam conviver com satisfação e harmonia.
> (...)
> Tratando de conflitos complexos sobre os quais se debruçam diversos olhares distintos, o processo de construção de consensos deve compreender, adequadamente, as posições, interesses e valores que gravitam em torno do problema (SALES; OLIVEIRA, 2017, p. 447-448).

Retomando-se o que se expôs no Capítulo 2 deste estudo, acerca da natureza da discricionariedade técnica exercida na definição de políticas regulatórias, afirmou-se que as noções de discricionariedade e de conceitos indeterminados se confundem diante de conflitos de interesses que envolvam ponderação de valores, reconhecendo-se que, em geral, a atuação regulatória traduz-se em escolhas abalizadas diante de alternativas que impactam os meios sociais, culturais, políticos, econômicos, jurídicos e ambientais, envolvendo conflitos de interesses e ponderação de valores.

De fato, o problema regulatório, cuja definição se coloca no ponto de partida do procedimento de AIR, em muito se identifica com o problema estrutural, conforme antes definido a partir de uma situação de desconformidade, ainda que não propriamente ilícita, que não corresponde ao estado de coisas considerado ideal, necessitando de reorganização (ou de reestruturação), que envolve, via de regra, questões complexas, a demandar interferência das agências reguladoras que têm repercussão na esfera de interesses dos usuários de utilidades e serviços públicos, dos agentes econômicos regulados e do poder público, contando com um número expressivo de pessoas afetadas, diante do que se deve considerar adequadamente as posições, interesses e valores que gravitam em torno do problema.

Esse enfrentamento qualificado do problema na perspectiva da participação social não é viabilizado pelas audiências e consultas públicas usuais, na medida em que não se busca, nesses procedimentos, a construção de consensos por meios dialógicos, mas o recolhimento de contribuições, verificando-se que são mais úteis como captação de informações que servirão como subsídio para a formulação daquilo que a administração decidirá, na cúpula, como a melhor opção regulatória. Os conselhos diretores das agências reguladoras detêm essa competência decisória, e uma mudança cultural institucional seria necessária para que acordos gerais pudessem vir a ser concretizados.

Nesse panorama, considerando-se que o objetivo maior da regulação é promover a qualidade das utilidades públicas e a prestação de serviços públicos adequados, segundo condições de regularidade, continuidade, eficiência, segurança, atualidade, generalidade, cortesia na sua prestação e modicidade das tarifas (Lei nº 8.987/1995, art. 6º, §1º), e que uma negociação nessas bases considerada encontra limites na preponderância da satisfação do interesse público, tem-se o inafastável dever de observância dos preceitos da Lei nº 13.140/2015, que dispõe sobre autocomposição de conflitos no âmbito da administração pública.

Além dos quadrantes legais, dada a relevância pública dos problemas regulatórios, com mais razão devem os procedimentos se adequar às práticas especializadas, como o método de negociação baseada em princípios, desenvolvido no Projeto de Negociação de Harvard, que consiste em deliberar sobre as questões em pauta levando em conta os seus méritos e não promovendo um processo de barganha focado naquilo que cada lado afirma que vai ou não fazer (FISHER; URY; PATTON, 2018, p. 18). Esse método é adotado no *Manual de mediação judicial* do Conselho Nacional de Justiça (AZEVEDO, 2016, p. 266), no *Manual de negociação baseado na Teoria de Harvard*, utilizado pela Advocacia-Geral da União (SANTOS, 2017, p. 6) e também no *Manual de mediação e conciliação na Justiça Federal* (TAKASHI, 2019, p. 54).

Segundo Fisher, Ury e Patton (2018, p. 18), o método sugere que se busquem ganhos mútuos sempre que possível, e que, havendo conflito de interesses, se insista em que o resultado se baseie em padrões justos, independentes das vontades das partes. O método se baseia em quatro pontos básicos: 1) separação das pessoas dos problemas, minimizando variáveis emocionais; 2) concentração em interesses e não em posições, que têm natureza adversarial; 3) criação de múltiplas opções, em busca de ganhos mútuos, antes de se fixar decisão; e 4) utilização de critérios objetivos na negociação (FISHER; URY; PATTON, 2018, p. 33-35).

Relevante mencionar, sobre o tema, que dados da OCDE relativos a América Latina e Caribe indicam que, não obstante haver esforços para introduzir o uso da AIR, o engajamento de interessados (*stakeholders*) no processo é promovido ativamente por poucos países, indicando a necessidade de aproximação entre o Estado e a comunidade (OECD, 2016, p. 114). Nesse sentido, há recomendações de boas práticas para AIR relacionadas ao treinamento da sociedade e das organizações empresariais e outros órgãos governamentais para a participação nos processos de consulta, para que estejam prontos para contribuir, ponderando-se que a AIR não é comumente entendida e a familiarização do público em geral exige iniciativas inovadoras para melhorar a compreensão do sistema regulatório, promover a inclusão de todas as partes interessadas e criar confiança nas instituições de tomada de decisão (OECD, 2008, p. 22-55).

Corroboram com esses desafios dados locais da Agência Reguladora de Serviços Públicos Delegados do Estado do Ceará (Arce) acerca de audiências públicas realizadas no espaço temporal de cinco anos (2010 a 2014), para a discussão de matérias gerais nas áreas de saneamento básico, distribuição de gás e transporte de passageiros, indicando que "81% das contribuições apresentadas foram de prestadores dos serviços públicos, 17% de consumidores e 2% de outros segmentos", ou seja, "a maioria dos participantes representavam os prestadores de serviços públicos e não os usuários dos serviços". Ademais, dentre os consumidores participantes, não se visualizaram contribuições de consumidores individuais ou mesmo residenciais, mas apenas da Associação Brasileira de Grandes Consumidores Industriais de Energia e de Consumidores Livres (Abrace), do Sindicato do Comércio Varejista de Derivados de Petróleo do Estado do Ceará (Sindipostos), da Federação das Indústrias do Estado do Ceará (Fiec) e da Câmara dos Dirigentes Lojistas de Fortaleza (CDL). Os resultados revelam, assim, que ainda não há a real participação social do cidadão comum, apesar das contribuições verificadas nas audiências públicas, "visto que a participação existente se restringe a contribuições do grupo dos prestadores dos serviços públicos e de pessoas jurídicas representantes de consumidores" com expressivo poder econômico (DANTAS, 2015, p. 125-126).

Também entre as boas práticas de AIR, orienta-se que as partes interessadas podem participar nos estágios iniciais do processo e posteriormente participar da própria elaboração do documento da AIR, o que melhora a aceitação e a observância da regulação a ser implementada após o procedimento de AIR, na medida em que a propriedade da regulação proposta é compartilhada com as partes interessadas (OECD, 2008, p. 22-55).

Com efeito, no espaço de liberdade das escolhas regulatórias, tem-se um profícuo campo para a utilização da AIR, cuja metodologia deve ser ainda aperfeiçoada para que alcance resultados mais efetivos em termos de transparência, legitimidade e pacificação social, pelo incentivo à participação dos envolvidos e pela introdução de técnicas de mediação para a solução consensual de controvérsias, precisamente por meio do procedimento de construção de consensos.

6.3 Proposições para um processo de AIR mais efetivo

Com base nos temas aprofundados até aqui, verifica-se que há uma tendência global de utilização da AIR na busca de melhor governança por diversos países, em diferentes níveis de capacidades estatais, por meio da implementação de marcos regulatórios mais racionais, que promovem melhor prestação de contas do agente público perante a sociedade e os órgãos de controle, com nítidas vantagens na sua implementação. Segundo a OCDE (2018, p. 59), um sistema de AIR que funcione bem pode ajudar a promover a coerência das políticas, mostrando a eficiência e os resultados distributivos da regulação, e também tem a capacidade de reduzir falhas regulatórias.

A par dessa constatação, se por um lado a AIR promove o fortalecimento da governança estatal, por outro, também se comprova que o procedimento, para se mostrar efetivo, demanda estruturas governamentais fortalecidas. AIR e Estados configuram, pois, um *loop* de fortalecimento recíproco, retroalimentando-se quando se estabelece um ciclo virtuoso, e, nesse relacionamento, as instituições importam. O estudo das instituições, como observa Bresser Pereira (2004, p. 8), ganhou uma importância maior no nosso tempo, "porque os homens perceberam com mais clareza que, através delas, podem alcançar resultados sociais e podem atingir os objetivos políticos fundamentais das sociedades modernas: a ordem pública, a liberdade, o bem-estar e a justiça". Assim, tão importante quanto qualificar os processos decisórios das políticas regulatórias, municiando os Estados com ferramentas que imprimam um caráter metodológico técnico-científico, sistematização e neutralidade na busca das soluções, é fortalecer suas instituições envolvidas no processo.

Huntington (1973, p. 80-81) afirmava que o aumento da participação popular no Estado leva à instabilidade e à violência na ausência de instituições fortes e aptas à adaptação, o que deve justificar, não o declínio da democracia, mas sim o fortalecimento das instituições estatais. Especialmente nos países em desenvolvimento, que em geral apresentam baixos níveis de governança e instituições mais sujeitas a instabilidades que prejudicam as políticas regulatórias, as assessorias e os investimentos externos que possibilitem experiências metodológicas criteriosas não renderão frutos, se o aparato institucional não for fortalecido.

Essa conclusão não é inédita. A literatura especializada alerta para a importância das deficiências institucionais entre as dificuldades de implantação da AIR, especialmente nos países em desenvolvimento, como se abordou no Capítulo 3. Resumidos em falta de capacidade institucional executiva (dificuldade de levantamento e tratamento de dados, carência de treinamento e pessoal, falta de organização burocrática, resistência cultural à descentralização de decisões), falta de apoio financeiro e de apoio político sustentado, os apontamentos comumente encontrados relacionam-se, no entanto, às dificuldades de implantação dos procedimentos e de emprego dos critérios e metodologias.

A presente obra, de forma diferenciada, aborda o problema das fragilidades institucionais na perspectiva das instabilidades que comprometem não propriamente a implantação e o desenvolvimento da metodologia, mas a exequibilidade das escolhas resultantes, demonstrando a parcialidade existente na adoção ou não do resultado do procedimento, em razão de fatores sociais, políticos, econômicos e jurídicos externos ao estudo. Guardadas as devidas diferenças em comparação com a "virada institucional" introduzida por Cass Sunstein e Adrian Vermeule (2003, p. 886) nas técnicas de interpretação do Direito, cogita-se a necessidade de verdadeira virada institucional no estudo da AIR, destacando-se a relevância do quadro institucional que emoldura o ambiente regulado, a ser considerado sistematicamente no processo em aplicação.

De modo especial, as agências reguladoras precisam ser robustecidas, não só a fim de capacitá-las para o processo de AIR, mas também de que possuam condições de *enforcement* (fazer cumprir as normas e executar as decisões), para que possam ser reconhecidas pela boa técnica e também pelos processos decisórios com efetivo engajamento social e resultados, porque "a esta altura são instituições indissociáveis do ambiente econômico regulado", como observa Pedro Saboya Martins (2010, p. 177), e a definição dos seus parâmetros essenciais integra o núcleo econômico do Estado Regulador, considerada a importância que esses organismos detêm nesse modelo de regulação.

No Brasil, em que algumas agências reguladoras já desenvolvem a metodologia em estado avançado, usando séries estatísticas e métodos econométricos, as conclusões do relatório de AIR não vinculam nem mesmo a decisão final dos conselhos diretores ou diretorias colegiadas e, ainda menos, os chefes do Poder Executivo e os membros do Poder Legislativo, como, de regra, acontece também em outros países como os Estados Unidos, em que se exerce um controle presidencial sobre as políticas regulatórias, mesmo oriundas das agências independentes. Desse modo, as instabilidades institucionais apresentam-se, sob esse outro enfoque, como um obstáculo à efetivação dos objetivos de cada AIR realizada.

O comportamento das instituições, nem sempre previsível, mas em geral ponderável, deve, no entanto, sempre ser considerado na medida das informações disponíveis, relacionadas à existência de *lobbies* com influência relevante sobre a matéria, iminência de troca de mandatos políticos com orientações incompatíveis, possível contradição ideológica nas competências públicas envolvidas, existência de precedentes judiciais em contrário (alta probabilidade de judicialização), assimilação social da medida (interesse ou resistência, fraca ou forte participação social), incidência de práticas ilícitas nos processos intermediários (probabilidade de práticas corruptivas como fraude em licitações), entre outras. Sob esse prisma, o guia orientativo de AIR do governo federal prega que "a contribuição mais importante da AIR para a qualidade das decisões regulatórias não é a precisão dos cálculos, mas a própria ação de analisar, questionando e entendendo os potenciais impactos da regulação e explorando as alternativas possíveis" (BRASIL, 2018b, p. 27).

Assim, com base nessa constatação, identifica-se a necessidade de aperfeiçoamento do procedimento de AIR sob esse específico enfoque, de avaliação da influência dos fatores de instabilidade institucional na exequibilidade das alternativas mapeadas, segundo um grau de interferência que pode ser aferido incorporando-se índices de peso e probabilidade aos diferentes fatores, que deverão ser previamente listados, e poderão ser integrados para avaliação conjunta segundo a metodologia multicritério. A seguir, um exemplo sintético, para um dado problema regulatório:

passo 1 – identificação das alternativas de ação para solucionar o problema regulatório (A – não fazer nada; B – aplicar regime ostensivo de fiscalização; ou C – implantar sistema de regulação responsiva);

passo 2 – mapear as causas ou os fatores de instabilidade institucional (FII) que têm a potencialidade de impedir ou dificultar a execução das alternativas de ação mapeadas (X – existência de *lobbies* com influência relevante sobre a matéria; Y – iminência de troca de mandatos políticos com possíveis orientações incompatíveis; e Z – possível contradição ideológica nas competências públicas envolvidas);

passo 3 – definir probabilidades de ocorrência dos FII durante o período de execução da alternativa (percentuais de 0 a 100%);
passo 4 – definir pesos ou graus de influência (para impedir ou dificultar a execução) dos FII na situação concreta (0 - nenhum; 1 – baixo; 2 – médio; e 3 – alto);
passo 5 – aplicar o fator de inexequibilidade no cruzamento das alternativas (A, B e C) com os FII (X, Y e Z), pela multiplicação das probabilidades pelos pesos, somando-se os valores das linhas para se obter o "fator de inexequibilidade" de cada alternativa.

TABELA 2 – Fator de inexequibilidade no cruzamento das alternativas

Alternativas/FII	Fator X	Fator Y	Fator Z
Alternativa A	100% x 0	0%	90% x 0
Alternativa B	100% x 3	0%	90% x 3
Alternativa C	100% x 2	0%	90% x 0

Fonte: Elaboração da autora.

Resultados: fator de inexequibilidade da alternativa A: 0% + 0% + 0% = 0; fator de inexequibilidade da alternativa B: 300% + 0% + 270% = 5,7; fator de inexequibilidade da alternativa C: 200% + 0% + 0% = 2.

Para um melhor entendimento do exemplo apresentado, pode-se imaginar que a existência de *lobbies* (fator X) é característica inerente ao ambiente regulado, com diferentes influências em cada alternativa, conforme seus interesses, tratando-se, por exemplo, de empresas de transporte de passageiros que não se importariam se a situação continuasse como está (alternativa A), que repelem a ideia de fiscalização ostensiva (alternativa B), mas aceitam uma regulação responsiva (alternativa C), baseada em incentivos e compromissos das partes.

Quanto ao fator Y de instabilidade institucional, pode-se conjecturar que não haverá troca de mandatos, assumindo-se que a solução procurada fará parte de um programa de melhoramento da qualidade do serviço de transportes de passageiros pelo período de dois anos, incluídos no mandato do atual governador ou prefeito. Acerca do fator Z, uma possível contradição ideológica nas competências públicas envolvidas pode ser idealizada na situação em que o superintendente da entidade responsável pela fiscalização ostensiva é de opinião pública que o uso de verbas da sua entidade deve priorizar outra atribuição da entidade e provavelmente estará no comando da instituição pelos próximos dois anos, utilizando-se de todo tipo de manobra administrativa para fazer a contenção dessas despesas.

Como resultado dessa simulação, tem-se que, na perspectiva das instabilidades institucionais, a alternativa B tem o maior fator de inexequibilidade, ou seja, é a alternativa que encontrará a maior resistência para a sua adequada execução, e isso deve ser considerado no processo de identificação da melhor alternativa a ser escolhida no processo como um todo. Observe-se que, embora a alternativa A (não fazer nada) seja a mais facilmente exequível, isso não significa que será a melhor alternativa na análise global, visto que outros fatores são sistematicamente avaliados, inclusive sob o prisma da capacidade que a alternativa tem ou não para a solução do problema regulatório definido. Assim, se houver indicativos de que "não fazer nada" agravará o problema ou mesmo não representa solução para o problema regulatório, essa alternativa será descartada e, entre as demais, a alternativa C terá vantagens na avaliação de escolha, caso se mostre uma alternativa competente.

Os fatores de instabilidade institucional que têm a potencialidade de impedir ou dificultar a execução das alternativas de ação mapeadas, a sua probabilidade de ocorrência e o seu peso (grau de influência na situação concreta) devem ser discutidos e definidos pela equipe técnica multidisciplinar que conduz o estudo de AIR, sujeitando-se a críticas e contribuições do público envolvido nas consultas e audiências públicas. A análise multicritério, por sua vez, mostra-se adequada e suficiente para o atingimento dos objetivos da presente proposição e está prevista no guia orientativo de AIR do governo federal como metodologia de conteúdo aberto, que deve ser entendida assim:

> Consiste na comparação de alternativas considerando seu desempenho à luz de diversos critérios relevantes. Cada critério recebe uma pontuação e uma ponderação de acordo com sua contribuição esperada para a obtenção dos objetivos definidos. Permite incorporar à análise, além de aspectos técnicos e econômicos, outros aspectos sociais, políticos ou ambientais, cujos impactos podem ser de difícil mensuração, mas que têm relevância para os objetivos desejados. Permite definir e explicitar de forma objetiva e transparente os critérios que serão aplicados para comparar as alternativas de ação possíveis, mesmo que estes critérios sejam qualitativos. Permite agregar à análise questões distributivas (BRASIL, 2018b, p. 54).

Dessa maneira, uma primeira proposição resultante do presente estudo é a introdução de um critério de avaliação das alternativas mapeadas em qualquer procedimento de AIR, relacionado à exequibilidade da alternativa na perspectiva das instabilidades institucionais relevantes no ambiente regulado, a ser ponderada para cada hipótese de solução em análise, comparada e considerada no processo de identificação da melhor alternativa. Por razões de praticidade metodológica, esse critério de avaliação se apresenta de maneira reversa, pelo fator de inexequibilidade descrito, cujo valor absoluto, importância e determinismo no procedimento de AIR decrescerão na medida em que o ambiente regulado se componha de instituições fortes, em Estados com boas capacidades de governança, como os países mais desenvolvidos que servem de paradigma para o avanço de conhecimento nessa área.

Além dessa proposição, há uma segunda, que verte da identificação, já demonstrada, entre o problema regulatório e o problema estrutural, a demandar escolhas e decisões estruturais, pela construção de consensos nas políticas regulatórias. Essa identificação se mostrará tanto mais evidente quanto mais for estimulada a participação social nas escolhas regulatórias, pela adesão de interessados, em grupos de pressão ou individualmente, nas discussões travadas.

Essa proposição funciona também como regra de fechamento para o problema das instabilidades institucionais que afetam as escolhas regulatórias, na medida em que um acordo geral obtido com a participação de entes públicos e privados e cidadãos interessados na questão redunda em compromissos, cuja inobservância pelas partes envolvidas tem consequências jurídicas, o que minimiza a volubilidade das posturas institucionais.

Segundo a Lei nº 13.140/2015 (BRASIL, 2015c), um acordo geral assim obtido, pelos processos de mediação desenvolvidos conforme o regulamento das instituições públicas envolvidas, tem força de título executivo extrajudicial (art. 32, §3º) e torna-se vinculante para as instâncias decisórias das agências reguladoras e demais autoridades implicadas. Nele estaria consubstanciada, pois, a identificação da melhor alternativa no processo de AIR, gerando mais perenidade, segurança jurídica e confiabilidade nas escolhas públicas.

Assim, também é resultado da presente obra a proposição de que se introduza no procedimento de AIR, gradativamente conforme a complexidade da matéria em questão, em sua fase de identificação da melhor alternativa, a construção de consenso mediada por órgão técnico multidisciplinar das agências reguladoras, que não se confunde com a sua cúpula deliberativa, a qual deve tomar parte do acordo geral, enquanto instância decisória, vinculando-se e comprometendo-se a dar encaminhamento à decisão assim obtida.

Por fim, considera-se que, seja para conceber-se o Direito pelas ilações do jusnaturalismo, balizado por valores a serem buscados sob a insígnia da justiça, seja como instrumento de manutenção da ordem chancelada pelas leis nascidas do Poder Legislativo, na perspectiva de uma teoria pura do Direito, faz-se necessário explorar os seus porões, para verificar que, por trás de sua face organizada, existem as incertezas da alternância democrática, as contradições judicantes, as injunções dos grupos de pressão ou os desequilíbrios da corrupção pública e privada em sinergia. A organização estatal não é perfeita e por isso os processos que estruturam a vida em sociedade não podem ser simulações de estados ideais de funcionamento, sob pena de gerarem resultados inúteis.

É fato que "a América Latina tem sido uma importadora constante de ideias da América do Norte e da Europa" e que especialmente os Estados Unidos foram frequentemente tomados "como modelo de modernidade e democracia, cujas instituições políticas (como o presidencialismo e o federalismo) eram amplamente imitadas" (FUKUYAMA, 2010, p. 17). Também devemos reconhecer que o colonialismo clássico euro-americano já superado na maior parte do mundo pode assumir formas modernas de exploração, de maneira que até mesmo o Estado de Direito venha a possuir finalidades menos nobres que proteger declarações de vontade, manter a ordem e resolver conflitos sociais, para utilizar-se de um "orientalismo jurídico", de leis e de noções de desenvolvimento como mecanismos de imperialismo jurídico com objetivos de potencializar a concentração de poder e riquezas nos países mais desenvolvidos, prestando-se ao "papel de camuflar a apropriação de terra, água, minerais e mão de obra", o que Ugo Mattei e Laura Nader (2013, p. 2-3) denominam "pilhagem".

Consideradas essas constatações, percebe-se, não obstante, o valor dos avanços conquistados em outras nações, e que as soluções capazes de auxiliar no avanço de países ditos "em desenvolvimento", pelas próprias características e condições inerentes ao seu processo tardio de desenvolvimento e amadurecimentos de suas instituições, devem apresentar diferenças fundamentais em relação àquelas empregadas em países que contam com maior *enforcement* e instituições democráticas consolidadas. Daí a necessidade de se buscarem as adaptações necessárias dos meios de desenvolvimento e organização estatal.

Adverte a OECD (2018, p. 20) que regras inadequadas talvez não atinjam os seus objetivos e, assim, falham em proteger os cidadãos, levando-os a perder a confiança em suas instituições e até no próprio governo, e que se percebe a importância das regras normalmente quando elas não funcionam, porque são irregulares, mal projetadas ou mal aplicadas. O organismo internacional tem razão, e as proposições finais da presente obra buscam justamente iluminar um caminho em contrário.

CONCLUSÃO

Não se pode negar a sabedoria tão antiga quanto respeitada de que é válido aprender com a experiência de outros, mas igualmente fundamental é saber fazer as adequações necessárias ao aprendizado de outras nações que nos antecederam, a fim de evitar a mera imitação e construir um conhecimento autêntico que se dê em bases cumulativas. Assim, o Estado Regulador como tendência nos países desenvolvidos de inclinação democrática pode vir a ser um plano exitoso, mesmo nos países em desenvolvimento, desde que conhecimento e técnicas adequados sejam balizados para a realidade e as aspirações de cada constituição política. Com essa finalidade, as instituições nativas, tentáculos por meio dos quais atua o Estado, desempenham papel fundamental e devem servir de parâmetros internos, sem os quais qualquer assimilação de modelo internacional pode estar comprometida com a inutilidade e até mesmo significar retrocesso político, econômico e social.

Com essas premissas, iniciou-se a exposição do assunto abordando-se no Capítulo 1 a relevância jurídica das utilidades e dos serviços públicos regulados, com destaque para a sua potencialidade de concretização de direitos fundamentais. Para o adequado entendimento da correlação, expôs-se o conceito de direitos fundamentais, com base nas noções de direitos humanos e dignidade da pessoa humana, e restringiu-se a amplitude do objeto de estudo mediante um corte epistemológico no conceito de utilidades e serviços públicos regulados.

Esclareceu-se, com efeito, segundo um conceito mais objetivo baseado em elemento material, que interessam ao tema os serviços públicos econômicos de titularidade exclusiva do Estado e exploráveis pela iniciativa privada (art. 175 da Constituição Federal) mediante concessão ou permissão, admitida, por equiparação do regime de exploração, a delegação legal a empresas estatais de economia mista, caracterizados como específicos e divisíveis, remunerados por tarifa ou taxa, esta na forma da Lei nº 11.445/2007. Adotou-se também a noção de utilidades públicas no sentido de atividades econômicas de interesse público, prestadas por particulares sob especial vigilância regulatória estatal, incluídas excepcionalmente as atividades econômicas petrolíferas monopolizadas pela União.

A título de elemento subjetivo do conceito adotado, esclareceu-se que, sobre esses serviços e utilidades públicos atuam as agências reguladoras em sentido estrito, assim entendidas aquelas constituídas sob a forma de autarquias de regime especial, dotadas, na forma da lei, de autonomia decisória, gerencial e financeira, com o exercício de mandatos fixos de seus dirigentes, nas esferas municipal, estadual, distrital e federal.

Delineado um conceito de utilidades e serviços públicos, estabeleceu-se o que se entende por regulação para os fins do estudo, considerando-a inserida na atuação do Estado no domínio econômico segundo uma via indireta, em que funciona na qualidade de agente normativo e regulador da atividade econômica. Nessa via indireta, constatou-se a existência de três camadas na atuação estatal, crescentemente inclusivas: a primeira camada da indução, que pode ser chamada de fomento ou *"nudge"*, como conhecida na literatura estrangeira, a segunda camada da regulamentação (utilização de normas em sentido amplo), de natureza coercitiva, e a terceira camada em que se identifica a regulação propriamente dita, por meio da qual condiciona de forma mais abrangente a atuação de agentes privados, no campo das utilidades e dos serviços públicos (delegatários), inclusive empresas estatais prestadoras de serviços públicos e detentoras de monopólio.

Segundo esse raciocínio, entendeu-se por regulação a camada de atuação indireta estatal, que se utiliza da indução e da regulamentação, agregando peculiaridades necessárias ao monitoramento de determinados setores econômicos, segundo um processo (dinâmico) de acompanhamento e controle realizado por agências reguladoras, que reúnem atribuições de execução de políticas públicas, mediante fiscalização, normatização e resolução de conflitos, e devem possuir quadro técnico especializado, agir com independência decisória ante a pressões externas do governo, da sociedade e do mercado, sem prejuízo de viabilizar nos procedimentos deliberativos a participação colaborativa dos interessados, atuar com agilidade na atualização de normas técnicas setoriais para acompanhar as rápidas transformações do mercado, zelar pela sustentabilidade dos agentes econômicos, pela eficiência do mercado e pela segurança e satisfação da sociedade.

Esclarecidos os conceitos iniciais necessários, fez-se uma síntese histórica, em que se pôde verificar a importância de certas atividades de interesse público relacionadas ao objeto de estudo na estruturação e no desenvolvimento do Estado moderno, destacadamente do Estado brasileiro, e passou-se a contextualizar as utilidades e os serviços públicos regulados na contemporaneidade como meios de concretização de direitos fundamentais, a partir do que se verificou na legislação, na jurisprudência e na doutrina colacionadas sobre o tema, em âmbito nacional e internacional, especialmente no que relaciona a matéria tratada às normas de Direito Constitucional e de tratados internacionais. Nessa explanação, constatou-se a conectividade das utilidades e dos serviços públicos com o necessário para viabilizar adequadamente a vida dos indivíduos, conferindo-lhes coesão e capacidade de funcionar na sociedade, constituindo um substrato da liberdade fática, do pleno exercício de muitos direitos fundamentais e da própria democracia substancial.

A partir do Direito Constitucional, demonstrou-se como as utilidades e os serviços públicos regulados chegam ao plano do Direito Administrativo, e como se desenvolve, para além do Direito Administrativo, um ramo de estudo jurídico, distinto e autônomo, denominado Direito Regulatório, que inclui conhecimentos interdisciplinares, buscando em outras ciências que observam o Direito, como economia, estatística, sociologia e psicologia, amparo para o desenvolvimento de teorias úteis à melhor compreensão das formas de atuação do Estado na economia, inclusive na prestação de utilidades e serviços públicos. Também se discorreu sobre como o Direito Econômico, por meio do qual o Estado dirige a atividade econômica, relaciona-se com o tema e as disciplinas de Análise Econômica do Direito e jurimetria apresentam pontos de contato.

Com isso, respondeu-se à primeira questão que orientou o desenvolvimento do tema ("qual é a relevância jurídica das utilidades e dos serviços públicos regulados, especialmente no âmbito do Direito Constitucional brasileiro?"), demonstrando-se a importância jurídica significativa do estudo, em particular no campo do Direito Constitucional brasileiro.

No Capítulo 2, demonstrou-se que, no contexto do Estado Normativo e Regulador da atividade econômica, existe um espaço de liberdade decisória muito amplo e especializado em que atuam as agências reguladoras no exercício das suas competências relacionadas à definição e à execução de políticas públicas regulatórias, atinentes às utilidades e aos serviços públicos, denominado "discricionariedade técnica", cada vez mais subtraído dos órgãos políticos. Analisando-se a evolução do conceito de discricionariedade, expôs-se que o termo "discricionariedade técnica" foi acolhido na jurisprudência e tornou-se amplamente adotado na doutrina especializada em assuntos regulatórios, enquanto a margem de liberdade administrativa em que se verifica a necessidade de conhecimento e avaliação técnica mais ou menos complexa, seja para efeito de decisão, seja para complementação de sentido de conceitos jurídicos indeterminados, considerando-se que, em geral, a atuação regulatória traduz-se em posicionamento diante de alternativas que impactam os meios sociais, culturais, políticos, econômicos, jurídicos e ambientais, envolvendo conflitos de interesses e ponderação de valores.

Entendendo-se já passado o período inicial de consolidação mínima do Estado Regulador no Brasil, considerou-se que as decisões regulatórias, cada vez mais, sujeitam-se a uma revisão de mérito por meio de testes de razoabilidade e proporcionalidade das justificativas específicas para a implementação de medidas regulatórias, de maneira que não se tornem arbitrárias. E nesse espaço de liberdade, explorou-se a necessidade de redução dos arbítrios e munição de evidências que possam orientar as decisões segundo parâmetros de eficiência, a viabilizar uma regulação de qualidade. Com essa finalidade, apresentou-se um processo sistemático de análise, denominado Análise de Impacto Regulatório (AIR), em vias de implementação nos países em desenvolvimento, mas em plena utilização nos países mais desenvolvidos economicamente, especialmente aqueles membros da Organização para Cooperação e Desenvolvimento Econômico (OCDE).

Explicou-se, na sequência, em que consiste esse processo analítico, mediante conceitos e sistematização de um tipo ideal de procedimento, que inclui a definição do problema regulatório, a análise da linha do tempo, a definição de objetivos, a consulta e a participação de agentes afetados, a seleção de opções e a escolha do método até a análise e a comparação das opções para implementação e monitoramento da medida de regulação. Abordou-se a doutrina do direito fundamental à boa administração pública, admitida como norma implícita no sistema jurídico brasileiro, e fez-se a sua relação com a AIR, constatando-se que a ferramenta atende a cada um dos parâmetros que legitimam as escolhas administrativas regulatórias, na perspectiva desse direito fundamental. Dessa forma, demonstrou-se a instrumentalidade do procedimento de AIR para a regulação de qualidade das utilidades e dos serviços públicos, ultrapassando-se, assim, a segunda questão ("qual é o papel da AIR para o desenvolvimento e a eficiência da regulação de serviços públicos?") que orientou o trabalho.

Apresentou-se, no Capítulo 3, o estado da arte do procedimento de AIR, de maneira a servir como ponto de partida para a sua análise crítica e propositiva, mediante incursão na prática de alguns países, a título elucidativo e exemplificativo. Para tanto, discorreu-se sobre aspectos de sua utilização inicialmente nos países membros da OCDE, nomeadamente nos Estados Unidos, em razão de estarem entre os precursores da adoção da ferramenta e também de o modelo norte-americano de regulação por agências ter inspirado a organização institucional de regulação no Brasil. Verificou-se que a utilização da AIR está amplamente difundida entre os países membros da OCDE, mas com desenhos e aplicações que variam significativamente, demonstrando-se a propagação da ferramenta nas últimas décadas, partindo de 2 ou 3 países que a adotavam em 1980 e chegando a 14, dos 28 países membros, que já a empregavam em 2000, e com todos os países da OCDE rotineiramente utilizando alguma forma de AIR para a adoção de novas medidas regulatórias, previamente a sua finalização e implementação, desde 2005.

Posteriormente, investigou-se o emprego do procedimento de AIR nos países em desenvolvimento, como Tanzânia, Uganda, Camboja, Laos e Vietnã, examinando-se mais especificamente como se encontra a utilização do procedimento no Brasil. Especialmente quanto aos países em desenvolvimento, analisaram-se as barreiras que limitam a qualidade da AIR, notadamente aquelas relacionadas à falta de capacidades e de governança desses países. Em face das dificuldades existentes, expôs-se que no projeto e na implementação do sistema de AIR devem ser consideradas as circunstâncias específicas de cada país em questão, as diferentes prioridades de reforma e as restrições de recursos disponíveis. Para tornar possível essa adequação, apontou-se a chamada "RIA Light", ou "AIR Simples", contendo requisitos mínimos para um sistema de AIR funcional, segundo um modelo mais simplificado do que o geralmente utilizado nos países desenvolvidos, apresentado como mais apropriado para os países em desenvolvimento.

No Brasil, pontuou-se a existência do Programa de Fortalecimento da Capacidade Institucional para Gestão em Regulação (Pro-Reg), instituído por intermédio do Decreto nº 6.062/2007 (BRASIL, 2007, p. 1), o qual incentivou o uso dessa ferramenta analítica pelas agências reguladoras, percebendo-se, todavia, ainda assistemática e eventualmente experimental a sua adoção nos processos de decisão e normatização. Abordou-se que, mais recentemente, o governo federal, por intermédio da Casa Civil da Presidência da República, recomendou a utilização das *Diretrizes gerais e guia orientativo para elaboração de Análise de Impacto Regulatório – AIR* por toda a administração pública federal brasileira, proposição sem caráter vinculante, vindo a promulgar posteriormente as leis nº 13.848/2019 e nº 13.874/2019, que trouxeram determinação expressa de adoção da AIR nas propostas de edição e de alteração de atos normativos de interesse geral de agentes econômicos, consumidores ou usuários dos serviços prestados, oriundas não só das agências reguladoras, mas também de órgãos e demais entidades da administração pública federal.

Expôs-se que essas leis foram seguidas pelo Decreto nº 10.411/2020, que regulamentou a AIR à semelhança do que já dispunham as *Diretrizes gerais e guia orientativo*, com mais algumas balizas, inclusive quanto a prazos para a implementação do proceso de AIR nos órgãos e nas entidades da administração federal, o que deverá favorecer a implantação sistematizada do processo analítico no país. Ponderou-se que, embora a legislação, as diretrizes e o guia orientativo de AIR não vinculem as agências reguladoras estaduais e municipais, há uma tendência dessas entidades à adoção dos mesmos parâmetros ali indicados, com o incentivo da Associação Brasileira de Agências Reguladoras (ABAR), encontrando-se, em diferentes estágios de implementação, experiências mais adiantadas em algumas agências e iniciativas embrionárias em outras, que disciplinam seu processo decisório com a previsão de elaboração de um relatório de impactos com a indicação de conteúdo bem simplificado.

Demonstrou-se, com efeito, que a implantação da AIR continua a ser um grande desafio para todos os países, inclusive para os mais desenvolvidos, precursores do processo, havendo ainda muitos debates acerca de aspectos controvertidos de suas metodologias, mas parecem evidentes os benefícios potenciais de sua utilização para uma boa governança regulatória, mesmo nos países em desenvolvimento, onde certamente a obtenção de resultados exitosos na utilização da AIR exigirá mais esforços. Assim, entendeu-se esclarecida a terceira questão ("como está se utilizando a AIR nos países desenvolvidos e em desenvolvimento, com ênfase no caso brasileiro?") que orientou o estudo.

Sob uma perspectiva prática, no Capítulo 4, constatou-se, em casos reais analisados no setor elétrico e no setor de petróleo e gás nacionais, que as decisões regulatórias são suscetíveis a influências políticas que provocam desvios de finalidade pública na atuação estatal na economia, verificando-se situações em que a definição de políticas regulatórias se alheia do levantamento de evidências técnicas e da sistematização e da transparência do processo decisório para protagonizar interesses particulares. Para tanto, utilizou-se uma abordagem econômica aplicada ao comportamento de instituições governamentais diante de decisões de seus agentes na condução desses setores regulados, segundo metodologia desenvolvida em pesquisa da Universidade de São Paulo (USP) com a finalidade de identificar o fenômeno de uso político de setores regulados, com base na teoria de grupos de pressão de Gary Becker, para a constatação desses desvios.

Considerou-se que a verificação de hipóteses do uso de razões políticas nas decisões e na condução de utilidades e serviços públicos regulados contribui para um diagnóstico das capacidades institucionais do Estado, apontando eventuais vícios de motivos e desvios de finalidade da atuação pública, o que vem a justificar a busca de meios hábeis a corrigir ou minimizar tais distorções. Com essa finalidade, foram analisadas hipóteses nos dois setores mencionados, com resultados representativos da facticidade, ou pelo menos da potencialidade, do uso de razões políticas que ensejam vícios decisórios na atuação pública. Demonstrou-se, com efeito, a suscetibilidade dos setores analisados, a servirem como instrumentos de condução de políticas públicas personalizadas por interesses político-eleitorais e financeiros de grupos de influência fortalecidos no contexto da máquina governamental estatal, consignando-se que o mesmo teste metodológico pode ser aplicado a outros setores regulados com resultados semelhantes.

Conforme os casos analisados, expôs-se que não se coaduna com os objetivos institucionais públicos de estatais dos setores de energia e petróleo e gás o sacrifício de objetivos lucrativos e da organização e da eficiência de políticas energéticas usadas visando a objetivos macroeconômicos de controle inflacionário ou interesses político-eleitorais. Além desses casos, apresentaram-se outros sugestivos de desvios de finalidade, não rigorosamente testados pela metodologia antes apresentada, mas que circunstanciam o possível uso de setores regulados como instrumento político, para o atendimento de objetivos alheios à defesa e ordenação do sistema de prestações, sem que vise às melhores condições possíveis de segurança, qualidade, preços e eficiência.

Ressalvou-se, nesse ponto, que alinhar a política energética com os preceitos basilares da boa política regulatória não implica a dominação de ideologia de mercado voltada essencialmente para o lucro, e que eficiência não deve ser entendida apenas como maximização do lucro, porque são parâmetros que têm por objetivos utilidades e serviços públicos adequados. Assim, assentou-se que interferências na forma de prestação e uso de utilidades e serviços públicos por meio de regulação sem motivação válida, inteligível e convincente, não direcionada para o melhoramento desses serviços, tornam ilegítimas as medidas regulatórias e causam insegurança jurídica no ambiente regulado, na medida em que se isenta a discricionariedade de quaisquer parâmetros técnico-jurídicos, abrindo-se espaço para arbitrariedades, a gerarem desconfiança, resistência e judicialização excessiva das questões regulatórias, além de prejudicar a eficiência das prestações.

O problema da desconfiança e ilegitimidade que recaem sobre as escolhas regulatórias, fragilizando a autonomia das agências na perspectiva dos diálogos institucionais, foi analisado no Capítulo 5 com base em outro caso concreto, em que a política regulatória adotada para a cobrança de bagagem no setor aéreo de transporte de passageiros pautou-se em procedimento de AIR considerado deficiente por diversas instituições públicas que possuem pertinência temática com a matéria regulada. Nesse caso, embora não testada a hipótese de uso político do setor, dada a recentidade da medida, mostra-se evidente a susceptibilidade da decisão regulatória ante os diferentes interesses afetados, em face das diversas medidas judiciais e legislativas encetadas contra a atuação da Agência Nacional de Aviação Civil (ANAC), desestabilizadoras da decisão, caracterizando-se a insegurança jurídica regulatória.

No caso, evidenciou-se que recaem sobre o tema diversos questionamentos e controvérsias que refletem o desconhecimento ainda atual de informações relevantes acerca do impacto da nova regulação implementada, em meio às incertezas quanto aos aspectos técnicos e impactos sociais da política regulatória adotada, à míngua de critérios metodológicos, rigor científico e tecnológico e participação social, que devem pautar os estudos preparatórios e decisivos das escolhas regulatórias, no âmbito do que se denomina discricionariedade técnica. Desse modo, na perspectiva dos diálogos institucionais, destacou-se o desafio de autonomia das agências reguladoras no espaço de competência delimitado entre os diversos atores institucionais, relacionado com a legitimação de políticas regulatórias, não só sob o aspecto das capacidades institucionais, mas também no aspecto da necessária participação social efetiva.

Nesse panorama, constatada a existência de dificuldades por parte do Judiciário para posicionar-se diante de questões que envolvam decisões de mérito administrativo, podendo permitir que prevaleça o arbítrio administrativo onde deveria haver discricionariedade exercida nos limites estabelecidos no ordenamento jurídico, abordaram-se precedentes paradigmáticos da suprema Corte norte-americana, que ficaram conhecidos como Doutrina Hard Look e doutrina Chevron, para afirmar-se a necessidade de um processo de maturação na revisão do mérito das decisões regulatórias, das justificativas específicas de medidas adotadas, inclusive de atos normativos, por meio de testes de razoabilidade e proporcionalidade, de modo a afastar qualquer entendimento arbitrário, caprichoso ou manifestamente contrário à lei.

Demonstrou-se, com efeito, que é justamente no campo da discricionariedade técnica inerente às políticas regulatórias que se insere a necessidade de ferramentas e métodos que venham a propiciar efetividade e atuação segura às agências reguladoras de utilidades e serviços públicos delegados, a conferir uma acreditação social da atividade regulatória, minimizando as fragilidades dos processos de decisão, já que o embasamento técnico vacilante prejudica a atuação das agências reguladoras em diversos aspectos, vulnerando suas atividades finalísticas e esvaziando o núcleo do conceito dessas entidades naquilo que se refere à necessidade de especialização, não só no que diz respeito à atividade normativa, como também em outras áreas da regulação, como na fiscalização da atividade regulada e na aplicação de penas aos infratores, como evidenciado no estudo.

A partir dos casos e circunstâncias analisados, confirmou-se que a implantação da AIR constitui um grande desafio especialmente para os países que enfrentam dificuldades institucionais de diversas naturezas, não obstante as iniciativas existentes no sentido de adotarem as práticas recomendadas pelos organismos internacionais, como a OCDE e o Banco Mundial, com base na experiência dos países mais desenvolvidos, pioneiros no uso dessa metodologia, que já contam atualmente com técnicas bem elaboradas e lastro institucional satisfatório. Nos casos concretos avaliados no estudo, verificou-se como as utilidades e os serviços públicos regulados são afetados por fatores institucionais relacionados ao próprio Estado, sujeitos a influências políticas, jurídicas, sociais e econômicas circunstanciais, manejados por competências públicas muitas vezes enfraquecidas diante da pressão de diferentes grupos de interesse, a exemplo das agências reguladoras que têm muitas vezes desnaturado ou inviabilizado o exercício de suas atribuições.

Dessas constatações derivou o entendimento de que todos esses fatores devem ser considerados e examinados no planejamento regulatório para que se adote a AIR de forma efetiva. Considerou-se ponto fundamental para a adoção universalizada, efetiva e útil das práticas de AIR que as experiências dos países precursores sejam compartilhadas, mas de forma personalizada, adaptada e graduada sob a perspectiva das características institucionais de cada nação, para que a AIR não represente um recurso simplesmente retórico de melhora na qualidade da regulação ou um cumprimento simplesmente protocolar para justificativas de conformidades.

Revelado que a atuação governamental nos setores regulados pode se dar com a negligência de regras de competência e finalidades estabelecidas no ordenamento jurídico, prejudicando o patrimônio público e privado, o que se traduz em ineficiência da regulação estatal da economia, iniciou-se o Capítulo 6 tratando-se da discussão acerca da existência de vantagens ou desvantagens na atuação estatal na economia, conforme explicações dos movimentos de regulação e desregulação e desenvolvimento de teorias da regulação econômica, especialmente nos Estados Unidos, com a identificação e análise das falhas de mercado e falhas de governo.

Observou-se que o modelo de regulação estatal da economia persiste até os dias de hoje, não obstante o desenvolvimento, a partir da década de 1970, das teorias que expuseram as falhas de governo, as quais também não impediram a institucionalização de agências e organismos autônomos reguladores por todo o mundo. Mesmo estando ainda inconclusiva a discussão, parece ter prevalecido a ideia de que o Estado possui a capacidade de deter crises econômicas, interferindo no funcionamento do mercado. Assim, as teorias sobre regulação que se seguiram na Europa e na América Latina buscam elucidar muito mais as questões de legitimidade e eficiência da ação regulatória, do que questionar a razão de ser da regulação.

Diante desse quadro, expôs-se que a análise dos fracassos do governo, que teria possibilitado uma visão mais clara e realista do funcionamento do setor público, é mais bem compreendida como uma complementação da análise dos fracassos de mercado, para a construção de um melhor Estado Regulador, fomentando-se a necessidade de desenvolvimento do tema relacionado ao papel das instituições estatais na qualidade das utilidades e dos serviços públicos regulados. Para os fins do estudo, adotou-se o entendimento de que as instituições compreendem todas as formas de restrições que os seres humanos concebem para moldar a interação humana, formais (regras estatuídas) ou informais (convenções e códigos de conduta, p. e.), incluindo-se no conceito os atores institucionais (organizações), na perspectiva da existência de diálogos ou interação entre esses atores que também formatam as estruturas institucionais, importando para o tema precisamente as instituições inerentes ao Estado, tais como o regime democrático, poderes, órgãos e entidades públicas.

Ponderou-se que, embora distintas de um país para outro, as instituições, por definição, reduzem a incerteza e conferem uma estrutura estável à vida cotidiana, guiando a interação humana, sem que essa estabilidade negue o fato de que as instituições se alteram, mas se constatou que há países em que essa estrutura é tão incerta quanto a seu funcionamento e seus efeitos, tão variável no tempo, que leva a conceber-se a noção de instabilidade institucional, diferenciada da evolução e da natural mutação no tempo, porque essas são mudanças em geral tão lentas que demandam abordagens históricas para serem percebidas. Diante dessa noção, especialmente identificada nos países em desenvolvimento, reconheceram-se grandes desafios à pretensão de planejamento da atuação do Estado por meio da AIR, na definição de políticas regulatórias que envolvem o exercício da discricionariedade técnica com repercussões para o futuro, ameaçando-se a efetividade da AIR.

No estudo, adotou-se o sentido do termo efetividade como sendo o desempenho com relação ao alcance dos objetivos ou impactos finais pretendidos, independentemente dos custos envolvidos ou do atingimento das metas planejadas, diferenciando-o de eficácia (desempenho com relação ao alcance dos resultados específicos, tangíveis e mensuráveis, enquanto metas planejadas) e de eficiência (desempenho baseado na relação entre os resultados obtidos e os recursos empregados, na busca do menor custo possível). Desse modo, focou-se o presente trabalho nos aspectos inerentes às instabilidades institucionais que dificultam o êxito da AIR quanto ao atingimento dos seus objetivos.

Assumiu-se que esses objetivos, de modo geral, consistem na utilização de um processo sistemático de análise baseado em evidências, com o emprego da racionalidade na tomada de decisões necessárias à ordenação adequada do sistema de prestações regulado, observadas as melhores condições possíveis de segurança, qualidade, preços e eficiência, no presente e também para o futuro. De modo particular, apontaram-se, outrossim, objetivos específicos definidos em cada caso, a partir de um problema regulatório verificado, que também devem ser alcançados.

Nesse contexto, consideraram-se instabilidades institucionais estatais as circunstâncias danosas para o planejamento regulatório, lícitas ou ilícitas, decorrentes de interferências ocorridas no exercício das competências públicas durante o curso da execução de uma política regulatória, por influência de fatores políticos, jurídicos, sociais ou econômicos conjunturais, manejados por grupos de interesse, que prejudicam a implementação de políticas regulatórias baseadas em boas práticas. São exemplos de fatores propiciadores de instabilidade institucional o uso político de setores regulados, a corrupção, a descontinuidade de políticas públicas em razão da alternância de mandatos políticos, a judicialização de conflitos regulatórios e a participação social deficiente nas decisões públicas.

Considerando-se que a AIR envolve análises de custos, benefícios e riscos, com avaliação de expressiva quantidade de dados e envolvimento de vários técnicos e interessados, a depender da complexidade do problema a ser enfrentado, com demanda de investimentos em profissionais qualificados, obtenção de dados, participação de grupos afetados e tempo para o processo, expôs-se que os seus resultados não podem se tornar inúteis. Admitiu-se a centralidade do comportamento estatal entre os fatores desestabilizadores das políticas regulatórias, seja pela influência de grupos de pressão, via práticas corruptivas ou interesses eleitoreiros, seja pela alternância de mandatos políticos com modificação dos objetivos de governo, ou ainda, por fraca legitimação decisória, em razão de deficiências na fundamentação ou na efetiva participação dos interessados na decisão.

Como reforço de argumentação, apresentou-se literatura diversificada sobre o tema que relaciona desenvolvimento econômico e social com instituições, em que são adotados significados diferenciados de desenvolvimento, desde desenvolvimento como liberdade, cuja privação se vincula estreitamente à carência de serviços públicos, até significados mais restritos de desenvolvimento, circunscritos às noções de Produto Interno Bruto (PIB), nível de renda populacional, industrialização ou mesmo avanço tecnológico. Abordaram-se, em especial, as instituições fundadas na América Latina e o desenvolvimento dos países em meio às desigualdades social, política e econômica, que prejudicam recorrentemente a estabilidade institucional, onerando e volatilizando as economias ainda hoje. Ilustrou-se com o episódio das "Manifestações de Junho", ocorrido no Brasil, como os conflitos sociais se relacionam com a instabilidade na atuação das instituições envolvidas na política regulatória associada ao serviço público.

Apontou-se que a força das capacidades institucionais, enquanto capacidade de formular e executar políticas, ditar leis, mas, acima de tudo, de fazer cumprir as leis, pode ser mais importante do que o escopo das funções estatais, que variam desde minimalistas até intervencionistas em vários países, os quais, no entanto, sendo considerados estados fortes, apresentam melhores condições em quase todas as dimensões de governança que os países da América Latina, por exemplo. Com efeito, a força das instituições públicas para se manterem em bom funcionamento opera de maneiras complexas e deve resistir a tentativas de mudanças casuísticas, patrimonialistas e clientelistas.

Com base nos dados coletados pelo Banco Mundial (*Worldwide Governance Indicators*) de mais de 200 países e territórios no período de 1996 a 2018, atribuindo-lhes índices com base em seis critérios adotados, acerca do nível de governança dos Estados, que consiste nas tradições e instituições pelas quais a autoridade de um país é exercida, incluindo o processo político de escolha, monitoramento e substituição de governantes, a capacidade do governo de formular e implementar efetivamente políticas sólidas e o respeito dos cidadãos e do Estado pelas instituições que governam as interações econômicas e sociais entre eles, observou-se que a qualidade das instituições avaliadas segundo a governança (capacidade ou força institucional) reflete diretamente a aptidão das estruturas estatais de se manterem estáveis diante de pressões oportunistas, e que são justamente os países em desenvolvimento que apresentam capacidades institucionais mais fracas, embora já se encontrem em diversos deles experiências ou esboços de AIR.

A literatura especializada alerta para a importância das deficiências institucionais entre as dificuldades de implantação da AIR, especialmente nos países em desenvolvimento. Atem-se essa avaliação aos obstáculos estruturantes à incorporação da AIR no processo de definição das políticas públicas, mais particularmente relacionados à logística de operação (administração e organização). A presente obra, no entanto, de forma diferenciada, abordou o problema das fragilidades institucionais na perspectiva das instabilidades que comprometem não propriamente a implantação e o desenvolvimento do processo de AIR, mas especificamente a exequibilidade das escolhas resultantes, demonstrando a parcialidade existente na adoção ou não do resultado da técnica, em razão de fatores sociais, políticos, econômicos e jurídicos externos ao estudo.

Assim, com base nos temas aprofundados, deduziu-se que, se por um lado a AIR promove o fortalecimento da governança estatal, por outro, também demanda estruturas governamentais fortalecidas. Especialmente as agências reguladoras precisam ser robustecidas, não só visando-se a capacitá-las para o processo de AIR, mas também para que possuam condições de *enforcement* (fazer cumprir as normas e executar as decisões), a fim de que sejam reconhecidas pela boa técnica e também pelos processos decisórios com efetivo engajamento social e resultados, já que a definição dos parâmetros essenciais dessas agências integra o núcleo econômico do Estado Regulador, considerada a importância que esses organismos detêm nesse modelo de regulação. Uma evolução assim alcançada certamente minimizaria a influência dos fatores que propiciam instabilidade institucional, mas, ainda assim, não eliminaria por completo a atuação desses fatores.

Assumiu-se, com efeito, que o comportamento das instituições, nem sempre previsível, mas, em geral, ponderável, deve sempre ser considerado na medida das informações disponíveis, relacionadas à existência de *lobbies* com influência relevante sobre a matéria, iminência de troca de mandatos políticos com orientações incompatíveis, possível contradição ideológica nas competências públicas envolvidas, existência de precedentes judiciais em contrário (alta probabilidade de judicialização), assimilação social da medida (interesse ou resistência, fraca ou forte participação social), incidência de práticas ilícitas nos processos intermediários (probabilidade de práticas corruptivas como fraude em licitações), entre outras.

Diante dessa constatação, identificou-se a necessidade de aperfeiçoamento do procedimento de AIR sob esse específico enfoque, de avaliação da influência dos fatores de instabilidade institucional na exequibilidade das alternativas mapeadas, segundo um grau de interferência que pode ser aferido incorporando-se índices de peso e probabilidade aos diferentes fatores, os quais deverão ser previamente listados e poderão ser integrados para avaliação conjunta segundo a metodologia multicritério, como demonstrado. Dessa necessidade resultou uma primeira proposição do presente estudo, que consiste na introdução sistemática de um critério de avaliação das alternativas mapeadas em qualquer procedimento de AIR, relacionado à exequibilidade da alternativa na perspectiva das instabilidades institucionais relevantes no ambiente regulado, a ser ponderada para cada hipótese de solução em análise, comparada e considerada no processo de identificação da melhor alternativa.

Esse critério de avaliação sugerido, de maneira reversa por razão metodológica, é o fator de inexequibilidade, obtido com base na probabilidade de existência e no grau de influência das instabilidades institucionais estatais na exequibilidade das alternativas propostas, conforme a sua capacidade de impedir ou dificultar a execução de cada solução mapeada no ambiente regulado, com a finalidade de assegurar-se utilidade e efetividade às análises de impacto regulatório e a sustentabilidade das decisões. Observou-se que seu valor absoluto, sua importância e seu determinismo no procedimento de AIR decrescerão na medida em que o ambiente regulado se componha de instituições fortes, em Estados com boas capacidades de governança, como os países mais desenvolvidos que servem de paradigma para o avanço de conhecimento nessa área.

Outra derivação substancial do estudo relacionou-se com a identificação demonstrada entre o problema regulatório e o problema estrutural, que envolve, via de regra, questões complexas, a demandarem interferência das agências reguladoras que têm repercussão na esfera de interesses dos usuários de utilidades e serviços públicos, dos agentes econômicos regulados e do poder público, contando com um número expressivo de pessoas afetadas, a demandar escolhas e decisões estruturais, pela construção de consensos nas políticas regulatórias. Essa identificação se mostrará tanto mais evidente, quanto mais for estimulada a participação social nas escolhas regulatórias, pela adesão de interessados, em grupos de pressão ou individualmente, nas discussões travadas.

Percebeu-se que a efetiva participação social não é viabilizada pelas audiências e consultas públicas usuais, porquanto não se busca nesses procedimentos a construção de consensos por meios dialógicos, mas o recolhimento de contribuições, verificando-se que são mais úteis como captação de informações que servirão como subsídio para a decisão ao fim formulada pela administração. Assim, uma segunda proposição resultante da obra foi a de que se introduza no processo de AIR, gradativamente conforme a complexidade da matéria em questão, em sua fase de identificação da melhor alternativa, a construção de consenso mediada por órgão técnico multidisciplinar das agências reguladoras, que não se confunde com a sua cúpula deliberativa, a qual deve tomar parte do acordo geral, enquanto instância decisória, vinculando-se e comprometendo-se a dar encaminhamento à decisão assim obtida, segundo as disposições da Lei nº 13.140/2015, que dispõe sobre autocomposição de conflitos no âmbito da administração pública.

Ponderou-se que o procedimento de construção de consensos deve adequar-se às práticas especializadas, como o método de negociação baseada em princípios, desenvolvido no Projeto de Negociação de Harvard, que consiste em deliberar sobre as questões em pauta levando em conta os seus méritos e não promovendo um processo de barganha. Considerou-se, ademais, que essa proposição funciona também como regra de fechamento para o problema das instabilidades institucionais que afetam as escolhas regulatórias, na medida em que um acordo geral obtido com a participação de entes públicos e privados e cidadãos interessados na questão redunda em compromissos, cuja inobservância pelas partes envolvidas tem consequências jurídicas, o que minimiza a volubilidade das posturas institucionais.

Todas essas considerações vieram a responder os questionamentos finais que orientaram o desenvolvimento do tema: sendo a AIR uma ferramenta de planejamento, que se propõe a conferir sistematização e neutralidade ao processo de decisão regulatória, serão seus resultados efetivos diante de um quadro acentuado de instabilidade institucional? Como podem ser reduzidos os fatores propiciadores de instabilidade institucional? Como pode ser considerada a influência dos fatores de instabilidade institucional para se assegurar maior precisão e confiabilidade às análises de impacto regulatório? Desse modo, veem-se igualmente atingidos os objetivos inicialmente delineados, satisfazendo-se os requisitos metodológicos.

Importa, ainda, consignar-se que a relevância do estudo revelou-se também em face da compatibilidade do tema com os Objetivos de Desenvolvimento Sustentável definidos pelas Nações Unidas, a serem atingidos até 2030, como plano de ação para as pessoas, para o planeta e para a prosperidade, envolvendo medidas consideradas necessárias para conduzir o mundo a um caminho sustentável e resiliente. O objetivo 16 consiste precisamente em "promover sociedades pacíficas e inclusivas para o desenvolvimento sustentável, proporcionar o acesso à justiça para todos e construir instituições eficazes, responsáveis e inclusivas em todos os níveis", e apresenta entre as suas metas específicas a redução substancial da corrupção e do suborno em todas as suas formas, o desenvolvimento de instituições eficazes, responsáveis e transparentes e a garantia de tomada de decisões responsivas, inclusivas, participativas e representativas em todos os níveis (NAÇÕES, 2015, p. 1; 19; 36).

Em síntese, propôs-se a necessidade de verdadeira virada institucional no estudo da AIR, a partir da avaliação do quadro institucional que emoldura o ambiente regulado, de forma a influenciar sistematicamente o processo já em aplicação. A partir do levantamento teórico e do estudo de casos que ajudam a compreensão e a demonstração do fluxo de ideias apresentadas, buscou-se, com as proposições conclusivas da presente obra, contribuir para o Direito Público, no campo da atuação estatal na economia, com o aperfeiçoamento do processo de AIR, considerados parâmetros institucionais, que imprima maior racionalidade, pragmatismo, eficiência e efetividade à atuação do Estado Regulador.

REFERÊNCIAS

ACEMOGLU, Daron; ROBINSON, James A. *Why Nations Fail*: The Origins of Power, Prosperity, and Poverty. New York: 2012, Crown Publishers.

ADELLE, C. *et al*. Regulatory impact assessment: A survey of selected developing and emerging economies. *Public Money and Management*, London, v. 36, p. 89-96, 2016.

ARAGÃO, Alexandre Santos de. *Direito dos serviços públicos*. 4. ed. Belo Horizonte: Editora Fórum, 2017.

ARAGÃO, Alexandre Santos de. *Empresas estatais*: o regime jurídico das empresas públicas e sociedades de economia mista. 2. ed. Rio de Janeiro: Forense, 2018.

ARAGÃO, Alexandre Santos de. Interpretação consequencialista e análise econômica do direito público à luz dos princípios constitucionais da eficiência e da economicidade. *Revista Interesse Público – IP*. Belo Horizonte, ano 11, n. 57, set./out. 2009. Disponível em: www.bidforum.com.br/bidBiblioteca_periodico_telacheia_pesquisa.aspx?i=63184&p=16. Acesso em: 27 jan. 2020.

ARROYO, César Landa. Derecho fundamental al internet: contenido esencial. *Pensar: Revista de Ciências Jurídicas*, Fortaleza, v. 23, n. 4, p. 1-22, 2018.

AZEVEDO, André Gomma de (org.). *Manual de mediação judicial*. 6. ed. Brasília/DF: CNJ, 2016. Disponível em: http://www.cnj.jus.br/files/conteudo/arquivo/2016/07/f247f5ce60df2774c59d6e2dddbfec54.pdf. Acesso em: 29 nov. 2017.

BARROSO, Luís Roberto. *A dignidade da pessoa humana no Direito Constitucional contemporâneo*: a construção de um conceito jurídico à luz da jurisprudência mundial. Tradução: Humberto Laport de Mello. Belo Horizonte: Editora Fórum, 2014.

BARROSO, Luís Roberto. Apontamentos sobre as agências reguladoras. *In*: MORAES, Alexandre de (org.). *Agências reguladoras*. São Paulo: Atlas, 2002. p. 126-130.

BECKER, Gary S. A theory of competition among pressure groups for political influence. *The Quarterly Journal of Economics*, v. 98, n. 3, p. 371-400, 1983.

BECKER, Gary S. *Public Policies, Pressure Groups and Dead Weight Cost*. Chicago: Universidade de Chicago, 1984.

BÉJAR RIVERA, Luis José. *Uma aproximação à teoria dos serviços públicos*. Tradução: Editora Contracorrente. São Paulo: Contracorrente, 2016.

BERCOVICI, Gilberto. *Constituição econômica e desenvolvimento*: uma leitura a partir da Constituição de 1988. São Paulo: Malheiros, 2005.

BERCOVICI, Gilberto. *Petróleo, recursos minerais e apropriação do excedente*: a soberania econômica na Constituição de 1988. 2010. 351 f. Tese (Concurso de Professor Titular) – Departamento de Direito Econômico, Financeiro e Tributário, Universidade de São Paulo, São Paulo, 2010.

BERCOVICI, Gilberto; MASSONETTO, Luís Fernando. Limites da regulação: esboço para uma crítica metodológica do "novo Direito Público da Economia". *Revista de Direito Público da Economia – RDPE*, Belo Horizonte, ano 7, n. 25, jan./mar. 2009. Disponível em: http://www.bidforum.com.br/bid/PDI0006.aspx?pdiCntd=56978. Acesso em: 27 jan. 2020.

BOBBIO, Norberto. *Da estrutura à função*: novos estudos de teoria do direito. Tradução: Daniela Baccaccia Versiani. Barueri: Manole, 2007.

BOBBIO, Norberto. *Liberalismo e democracia*. Tradução: Marco Aurélio Nogueira. São Paulo: Brasiliense, 2005.

BONAVIDES, Paulo. *Curso de Direito Constitucional*. 34. ed. São Paulo: Malheiros, 2019.

BONAVIDES, Paulo. *Teoria geral do Estado*. 11. ed. São Paulo: Malheiros, 2018.

BRASIL. Agência Nacional de Aviação Civil. *Comentário à minuta de resolução*, 2016a. Disponível em: chrome-extension://efaidnbmnnnibpcajpcglclefindmkaj/viewer.html?pdfurl=https%3A%2F%2Fwww.anac.gov.br%2Fparticipacao-social%2Fconsultas-publicas%2Faudiencias%2F2016%2Faud03%2Fcomentarios.pdf&clen=1139869&chunk=true. Acesso em: 14 abr. 2022.

BRASIL. Agência Nacional de Aviação Civil. *Formulário de análise para proposição de ato normativo*. Revisão e consolidação das Condições Gerais de Transporte. Processo 00058.054992/2014-33. Brasília, DF: ANAC, 2016b. Disponível em: https://www.anac.gov.br/participacao-social/audiencias-e-consultas-publicas/audiencias/2016/aud03/formularioair.pdf. Acesso em: 2 jan. 2019.

BRASIL. Agência Nacional de Aviação Civil. Nova aérea *low cost* pede autorização para entrar no mercado brasileiro. *ANAC Notícias*, Brasília, DF, 26 de agosto de 2019a. Disponível em: https://www.anac.gov.br/noticias/2019/nova-aerea-low-cost-pede-autorizacao-para-entrar-no-mercado-brasileiro. Acesso em: 2 maio 2020.

BRASIL. Agência Nacional de Aviação Civil. *Resolução Normativa nº 400, de 13 de dezembro de 2016*, 2016c. Dispõe sobre as Condições Gerais de Transporte Aéreo. Disponível em: https://www.anac.gov.br/assuntos/legislacao/legislacao-1/resolucoes/resolucoes-2016/resolucao-no-400-13-12-2016. Acesso em: 2 jan. 2019.

BRASIL. Agência Nacional de Saúde Suplementar. Agência Nacional de Vigilância Sanitária. *Relatório Final do Grupo de Trabalho Externo de Órteses, Próteses e Materiais Especiais (GTE OPME) ANS/ANVISA*. Rio de Janeiro: ANS, 2016d.

BRASIL. Agência Nacional de Vigilância Sanitária. *Relatório de Análise de Impacto Regulatório sobre monitoramento econômico de produtos para a saúde no Brasil*. Brasília: Anvisa, 2020a. Disponível em: https://www.gov.br/anvisa/pt-br/assuntos/produtosparasaude/temas-em-destaque/arquivos/7291json-file-1. Acesso em: 31 jul. 2020.

BRASIL. [Constituição (1824)]. *Constituição Politica do Imperio do Brazil, de 25 de março de 1824*. Brasília, DF: Presidência da República, [1824]. Disponível em: http://www.planalto.gov.br/ccivil_03/constituicao/constituicao24.htm. Acesso em: 2 jan. 2019.

BRASIL. [Constituição (1891)]. *Constituição da República dos Estados Unidos do Brasil, de 24 de fevereiro de 1891*. Brasília, DF: Presidência da República, [1891]. Disponível em: http://www.planalto.gov.br/ccivil_03/constituicao/constituicao91.htm. Acesso em: 2 jan. 2019.

BRASIL. [Constituição (1988)]. *Constituição da República Federativa do Brasil de 1988*. Brasília, DF: Presidência da República, [1988]. Disponível em: http://www.planalto.gov.br. Acesso em: 2 jan. 2019.

BRASIL. [Constituição (1988)]. Emenda constitucional nº 8, de 15 de agosto de 1995. Altera o inciso XI e a alínea "a" do inciso XII do art. 21 da Constituição Federal. *Diário Oficial da União*: Brasília, DF, 1995a. Disponível em: http://www.planalto.gov.br/ccivil_03/constituicao/emendas/emc/emc08.htm. Acesso em: 2 jan. 2019.

BRASIL. [Constituição (1988)]. Emenda constitucional nº 9, de 9 de novembro de 1995. Dá nova redação ao art. 177 da Constituição Federal, alterando e inserindo parágrafos. Disponível em: http://www.planalto.gov.br/ccivil_03/constituicao/emendas/emc/emc09.htm. *Diário Oficial da União*: Brasília, DF, 1995b. Acesso em: 2 jan. 2019.

BRASIL. [Constituição (1988)]. Emenda constitucional nº 19, de 4 de junho de 1998. Modifica o regime e dispõe sobre princípios e normas da Administração Pública, servidores e agentes políticos, controle de despesas e finanças públicas e custeio de atividades a cargo do Distrito Federal, e dá outras providências. *Diário Oficial da União*: Brasília, DF, 1998. Disponível em: http://www.planalto.gov.br/ccivil_03/constituicao/emendas/emc/emc19.htm. Acesso em: 2 jan. 2019.

BRASIL. Decreto-Lei nº 4.657, de 4 de setembro de 1942. Lei de Introdução às normas do Direito Brasileiro. Disponível em: http://www.planalto.gov.br. *Diário Oficial da União*: Brasília, DF, 1942. Acesso em: 2 jan. 2020.

BRASIL. Decreto nº 591, de 6 de julho de 1992. Atos Internacionais. Pacto Internacional sobre Direitos Econômicos, Sociais e Culturais. Promulgação. *Diário Oficial da União*: Brasília, DF, 1992. Disponível em: http://www.planalto.gov.br. Acesso em: 2 jan. 2019.

BRASIL. Decreto nº 4.176, de 28 de março de 2002. Estabelece normas e diretrizes para a elaboração, a redação, a alteração, a consolidação e o encaminhamento ao Presidente da República de projetos de atos normativos de competência dos órgãos do Poder Executivo Federal, e dá outras providências. *Diário Oficial da União*: Brasília, DF, 2002. Disponível em: http://www.planalto.gov.br. Acesso em: 2 jan. 2020.

BRASIL. Decreto nº 6.062, de 16 de março de 2007. Institui o Programa de Fortalecimento da Capacidade Institucional para Gestão em Regulação - PRO-REG, e dá outras providências. *Diário Oficial da União*: Brasília, DF, 2007a. Disponível em: http://www.planalto.gov.br. Acesso em: 2 jan. 2019.

BRASIL. Decreto nº 8.461, de 2 de junho de 2015. Regulamenta a prorrogação das concessões de distribuição de energia elétrica, de que trata o art. 7º da Lei nº 12.783, de 11 de janeiro de 2013, e o art. 4º -B da Lei nº 9.074, de 7 de julho de 1995. *Diário Oficial da União*: Brasília, DF, 2015a. Disponível em: http://www.planalto.gov.br. Acesso em:2 jan. 2020.

BRASIL. Decreto nº 9.191, de 1º de novembro de 2017. Estabelece as normas e as diretrizes para elaboração, redação, alteração, consolidação e encaminhamento de propostas de atos normativos ao Presidente da República pelos Ministros de Estado. *Diário Oficial da União*: Brasília, DF, 2017a. Disponível em: http://www.planalto.gov.br. Acesso em: 2 jan. 2020.

BRASIL. Decreto nº 9.203, de 22 de novembro de 2017. Dispõe sobre a política de governança da administração pública federal direta, autárquica e fundacional. Disponível em: http://www.planalto.gov.br. *Diário Oficial da União*: Brasília, DF, 2017b. Acesso em: 2 jan. 2019.

BRASIL. Decreto nº 9.588, de 27 de novembro de 2018. Institui o Comitê de Monitoramento e Avaliação dos Subsídios da União. *Diário Oficial da União*: Brasília, DF, 2018a. Disponível em: http://www.planalto.gov.br. Acesso em: 2 jan. 2020.

BRASIL. Decreto nº 9.830, de 10 de junho de 2019. Regulamenta o disposto nos art. 20 ao art. 30 do Decreto-Lei nº 4.657, de 4 de setembro de 1942, que institui a Lei de Introdução às normas do Direito brasileiro. *Diário Oficial da União*: Brasília, DF, 2019b. Disponível em: http://www.planalto.gov.br. Acesso em: 2 jan. 2020.

BRASIL. Decreto nº 10.411, de 30 de junho de 2020. Regulamenta a análise de impacto regulatório, de que tratam o art. 5º da Lei nº 13.874, de 20 de setembro de 2019, e o art. 6º da Lei nº 13.848, de 25 de junho de 2019. *Diário Oficial da União*: Brasília, DF, 2020b. Disponível em: http://www.planalto.gov.br. Acesso em: 31 jul. 2020.

BRASIL. *Diretrizes gerais e guia orientativo para elaboração de Análise de Impacto Regulatório – AIR*. Subchefia de Análise e Acompanhamento de Políticas Governamentais *et al*. Brasília: Presidência da República, 2018b.

BRASIL. Entenda o acordo entre governo e caminhoneiros. *Notícias Planalto*, 28 maio 2018c. Disponível em: https://www.gov.br/secretariadegoverno/pt-br/assuntos/noticias/noticias-em-acervo/2018/maio/entenda-o-acordo-entre-governo-e-caminhoneiros. Acesso em: 14 abr. 2022.

BRASIL. Lei nº 6.404, de 15 de dezembro de 1976. Dispõe sobre as Sociedades por Ações. *Diário Oficial da União*: Brasília, DF, 1976. Disponível em: http://www.planalto.gov.br. Acesso em: 2 jan. 2020.

BRASIL. Lei nº 7.783, de 28 de junho de 1989. Dispõe sobre o exercício do direito de greve, define as atividades essenciais, regula o atendimento das necessidades inadiáveis da comunidade, e dá outras providências. *Diário Oficial da União*: Brasília, DF, 1989. Disponível em: http://www.planalto.gov.br/ccivil_03/leis/l7783.HTM. Acesso em: 2 jan. 2019.

BRASIL. Lei nº 8.031, de 12 de abril de 1990. Cria o Programa Nacional de Desestatização, e dá outras providências. *Diário Oficial da União*: Brasília, DF, 1990. Disponível em: http://www.planalto.gov.br. Acesso em: 2 jan. 2019.

BRASIL. Lei nº 8.987, de 13 de fevereiro de 1995. Dispõe sobre o regime de concessão e permissão da prestação de serviços públicos previsto no art. 175 da Constituição Federal, e dá outras providências. *Diário Oficial da União*: Brasília, DF, 1995c. Disponível em: http://www.planalto.gov.br. Acesso em: 2 fev. 2020.

BRASIL. Lei nº 9.427, de 26 de dezembro de 1996. Institui a Agência Nacional de Energia Elétrica – ANEEL. Disciplina o regime das concessões de serviços públicos de energia elétrica e dá outras providências. *Diário Oficial da União*: Brasília, DF, 1996. Disponível em: http://www.planalto.gov.br. Acesso em: 2 jan. 2019.

BRASIL. Lei nº 9.472, de 16 de julho de 1997. Dispõe sobre a organização dos serviços de telecomunicações, a criação e funcionamento de um órgão regulador e outros aspectos institucionais, nos termos da Emenda Constitucional n. 8, de 15 de 1995. *Diário Oficial da União*: Brasília, DF, 1997a. Disponível em: http://www.planalto.gov.br. Acesso em: 2 jan. 2019.

BRASIL. Lei nº 9.478, de 6 de agosto de 1997. Dispõe sobre a política energética nacional, as atividades relativas ao monopólio do petróleo, institui o Conselho Nacional de Política Energética e a Agência Nacional do Petróleo e dá outras providências. *Diário Oficial da União*: Brasília, DF, 1997b. Disponível em: http://www.planalto.gov.br. Acesso em: 2 jan. 2019.

BRASIL. Lei nº 9.491, de 9 de setembro de 1997. Altera procedimentos relativos ao Programa Nacional de Desestatização, revoga a Lei nº 8.031, de 12 de abril de 1990, e dá outras providências. *Diário Oficial da União*: Brasília, DF, 1997c. Disponível em: http://www.planalto.gov.br. Acesso em: 2 jan. 2019.

BRASIL. Lei nº 9.782, de 26 de janeiro de 1999. Define o Sistema Nacional de Vigilância Sanitária, cria a Agência Nacional de Vigilância Sanitária, e dá outras providências. *Diário Oficial da União*: Brasília, DF, 1999a. Disponível em: http://www.planalto.gov.br. Acesso em: 2 jan. 2019.

BRASIL. Lei nº 9.847, de 26 de outubro de 1999. Dispõe sobre a fiscalização das atividades relativas ao abastecimento nacional de combustíveis, de que trata a Lei nº 9.478, de 6 de agosto de 1997, estabelece sanções administrativas e dá outras providências. *Diário Oficial da União*: Brasília, DF, 1999b. Disponível em: http://www.planalto.gov.br/ccivil_03/leis/l9847.htm. Acesso em: 2 jan. 2019.

BRASIL. Lei nº 9.961, de 28 de janeiro de 2000. Cria a Agência Nacional de Saúde Suplementar – ANS e dá outras providências. *Diário Oficial da União*: Brasília, DF, 2000a. Disponível em: http://www.planalto.gov.br. Acesso em: 2 jan. 2019.

BRASIL. Lei nº 9.984, de 17 de julho de 2000. Dispõe sobre a criação da Agência Nacional de Água - ANA, entidade federal de implementação da Política Nacional de Recursos Hídricos e de coordenação do Sistema Nacional de Gerenciamento de Recursos Hídricos, e dá outras providências. *Diário Oficial da União*: Brasília, DF, 2000b. Disponível em: http://www.planalto.gov.br. Acesso em: 2 jan. 2019.

BRASIL. Lei nº 10.233, de 5 de junho de 2001. Dispõe sobre a reestruturação dos transportes aquaviário e terrestre, cria o Conselho Nacional de Integração de Políticas de Transporte, a Agência Nacional de Transportes Terrestres, a Agência Nacional de Transportes Aquaviários e o Departamento Nacional de Infraestrutura de Transportes, e dá outras providências. *Diário Oficial da União*: Brasília, DF, 2001a. Disponível em: http://www.planalto.gov.br. Acesso em: 2 jan. 2019.

BRASIL. Lei nº 11.182, de 27 de setembro de 2005. Cria a Agência Nacional de Aviação Civil – ANAC, e dá outras providências. *Diário Oficial da União*: Brasília, DF, 2005. Disponível em: http://www.planalto.gov.br. Acesso em: 2 jan. 2019.

BRASIL. Lei nº 11.445, de 5 de janeiro de 2007. Estabelece diretrizes nacionais para o saneamento básico; altera as Leis nos 6.766, de 19 de dezembro de 1979, 8.036, de 11 de maio de 1990, 8.666, de 21 de junho de 1993, 8.987, de 13 de fevereiro de 1995; revoga a Lei no 6.528, de 11 de maio de 1978; e dá outras providências. *Diário Oficial da União*: Brasília, DF, 2007b. Disponível em: http://www.planalto.gov.br. Acesso em: 2 jan. 2019.

BRASIL. Lei nº 12.351, de 22 de dezembro de 2010. Dispõe sobre a exploração e a produção de petróleo, de gás natural e de outros hidrocarbonetos fluidos, sob o regime de partilha de produção, em áreas do pré-sal e em áreas estratégicas; cria o Fundo Social - FS e dispõe sobre sua estrutura e fontes de recursos; altera dispositivos da Lei nº 9.478, de 6 de agosto de 1997; e dá outras providências. *Diário Oficial da União*: Brasília, DF, 2010. Disponível em: http://www.planalto.gov.br. Acesso em: 2 jan. 2020.

BRASIL. Lei nº 12.783, de 11 de janeiro de 2013. Dispõe sobre as concessões de geração, transmissão e distribuição de energia elétrica, sobre a redução dos encargos setoriais e sobre a modicidade tarifária; altera as Leis nº s 10.438, de 26 de abril de 2002, 12.111, de 9 de dezembro de 2009, 9.648, de 27 de maio de 1998, 9.427, de 26 de dezembro de 1996, e 10.848, de 15 de março de 2004; revoga dispositivo da Lei nº 8.631, de 4 de março de 1993; e dá outras providências. *Diário Oficial da União*: Brasília, DF, 2013. Disponível em: http://www.planalto.gov.br. Acesso em: 2 jan. 2020.

BRASIL. Lei nº 13.105, de 16 de março de 2015. Código de Processo Civil. *Diário Oficial da União*: Brasília, DF, 2015b. Disponível em: http://www.planalto.gov.br. Acesso em: 31 jul. 2020.

BRASIL. Lei nº 13.140, de 26 de junho de 2015. Dispõe sobre a mediação entre particulares como meio de solução de controvérsias e sobre a autocomposição de conflitos no âmbito da administração pública; altera a Lei nº 9.469, de 10 de julho de 1997, e o Decreto nº 70.235, de 6 de março de 1972; e revoga o §2º do art. 6º da Lei nº 9.469, de 10 de julho de 1997. *Diário Oficial da União*: Brasília, DF, 2015c. Disponível em: http://www.planalto. gov.br. Acesso em: 31 jul. 2020.

BRASIL. Lei nº 13.303, de 30 de junho de 2016. Dispõe sobre o estatuto jurídico da empresa pública, da sociedade de economia mista e de suas subsidiárias, no âmbito da União, dos Estados, do Distrito Federal e dos Municípios. *Diário Oficial da União*: Brasília, DF, 2016e. Disponível em: http://www.planalto.gov.br. Acesso em: 2 jan. 2020.

BRASIL. Lei nº 13.575, de 26 de dezembro de 2017. Cria a Agência Nacional de Mineração (ANM); extingue o Departamento Nacional de Produção Mineral (DNPM); altera as Leis n º 11.046, de 27 de dezembro de 2004, e 10.826, de 22 de dezembro de 2003; e revoga a Lei nº 8.876, de 2 de maio de 1994, e dispositivos do Decreto-Lei nº 227, de 28 de fevereiro de 1967 (Código de Mineração). *Diário Oficial da União*: Brasília, DF, 2017c. Disponível em: http://www.planalto.gov.br. Acesso em: 2 jan. 2020.

BRASIL. Lei nº 13.655, de 25 de abril de 2018. Inclui no Decreto-Lei nº 4.657, de 4 de setembro de 1942 (Lei de Introdução às Normas do Direito Brasileiro), disposições sobre segurança jurídica e eficiência na criação e na aplicação do direito público. *Diário Oficial da União*: Brasília, DF, 2018d. Disponível em: http://www.planalto.gov.br. Acesso em:2 jan. 2020.

BRASIL. Lei nº 13.848, de 25 de junho de 2019. Dispõe sobre a gestão, a organização, o processo decisório e o controle social das agências reguladoras, altera a Lei nº 9.427, de 26 de dezembro de 1996, a Lei nº 9.472, de 16 de julho de 1997, a Lei nº 9.478, de 6 de agosto de 1997, a Lei nº 9.782, de 26 de janeiro de 1999, a Lei nº 9.961, de 28 de janeiro de 2000, a Lei nº 9.984, de 17 de julho de 2000, a Lei nº 9.986, de 18 de julho de 2000, a Lei nº 10.233, de 5 de junho de 2001, a Medida Provisória nº 2.228-1, de 6 de setembro de 2001, a Lei nº 11.182, de 27 de setembro de 2005, e a Lei nº 10.180, de 6 de fevereiro de 2001. *Diário Oficial da União*: Brasília, DF, 2019c. Disponível em: http://www.planalto. gov.br. Acesso em: 2 abr. 2020.

BRASIL. Lei nº 13.874, de 20 de setembro de 2019. Institui a Declaração de Direitos de Liberdade Econômica; estabelece garantias de livre mercado; altera as Leis nos 10.406, de 10 de janeiro de 2002 (Código Civil), 6.404, de 15 de dezembro de 1976, 11.598, de 3 de dezembro de 2007, 12.682, de 9 de julho de 2012, 6.015, de 31 de dezembro de 1973, 10.522, de 19 de julho de 2002, 8.934, de 18 de novembro 1994, o Decreto-Lei nº 9.760, de 5 de setembro de 1946 e a Consolidação das Leis do Trabalho, aprovada pelo Decreto-Lei nº 5.452, de 1º de maio de 1943; revoga a Lei Delegada nº 4, de 26 de setembro de 1962, a Lei nº 11.887, de 24 de dezembro de 2008, e dispositivos do Decreto-Lei nº 73, de 21 de novembro de 1966; e dá outras providências. *Diário Oficial da União*: Brasília, DF, 2019d. Disponível em: http://www.planalto.gov.br. Acesso em: 2 abr. 2020.

BRASIL. Medida Provisória nº 579, de 11 de setembro de 2012. Dispõe sobre as concessões de geração, transmissão e distribuição de energia elétrica, sobre a redução dos encargos setoriais, sobre a modicidade tarifária, e dá outras providências. *Diário Oficial da União*: Brasília, DF, 2012. Disponível em: http://www.planalto.gov.br. Acesso em: 2 jan. 2020.

BRASIL. Medida Provisória nº 2.228-1, de 6 de setembro de 2001. Estabelece princípios gerais da Política Nacional do Cinema, cria o Conselho Superior do Cinema e a Agência Nacional do Cinema - ANCINE, institui o Programa de Apoio ao Desenvolvimento do Cinema Nacional - PRODECINE, autoriza a criação de Fundos de Financiamento da Indústria Cinematográfica Nacional - FUNCINES, altera a legislação sobre a Contribuição para o Desenvolvimento da Indústria Cinematográfica Nacional e dá outras providências. *Diário Oficial da União*: Brasília, DF, 2001b. Disponível em: http://www.planalto.gov.br. Acesso em: 2 jan. 2019.

BRASIL. Ministério da Infraestrutura. *Política Nacional de Pisos Mínimos do Transporte Rodoviário de Cargas*. Brasília, DF, 16 de janeiro de 2020c. Disponível em: http://www.antt. gov.br/cargas/arquivos_old/Tabelas_de_Precos_Minimos_do_Transporte_Rodoviario_ de_Cargas.html. Acesso em: 7 fev. 2020.

BRASIL. Ministério da Justiça e Segurança Pública. *Senacon investiga se tarifas tiveram redução após a cobrança de bagagens*, 26 set. 2017d. Disponível em: http://www.justica.gov. br/noticias/senacon-investiga-se-houve-reducao-de-tarifa-apos-cobranca-de-bagagens. Acesso em: 2 jan. 2019.

BRASIL. Ministério da Saúde. Agência Nacional de Vigilância Sanitária. Resolução da Diretoria Colegiada (RDC) nº 185, de 13 de outubro de 2006. *Diário Oficial da União*: Brasília, DF, 2006. Disponível em: https://bvsms.saude.gov.br/bvs/saudelegis/anvisa/2010/ in0003_18_01_2010.pdf. Acesso em: 31 jul. 2020.

BRASIL. Ministério da Saúde. Ministério da Fazenda. Ministério da Justiça. *Relatório Final do Grupo de Trabalho Interinstitucional sobre órteses, próteses e materiais especiais (GTI-OPME)*. Instituído pela Portaria Interministerial nº 38, de 8 de janeiro de 2015, 2015d. Disponível em: http://www.saude.gov.br/images/pdf/2015/julho/07/Relatorio-Final-versao-final-6-7-2015.pdf. Acesso em: 30 jun. 2020.

BRASIL. Ministério Público Federal. *Nota técnica sobre a prorrogação das concessões de distribuição de energia elétrica*. 3. Câmara de Coordenação e Revisão. Grupo de Trabalho de Energia e Combustíveis, 2016f. Disponível em: http://www.mpf.mp.br/df/sala-de-imprensa/docs/RecomendaoEnergia.pdf. Acesso em: 2 fev. 2020.

BRASIL. Polícia Federal. Ministério da Justiça e Segurança Pública. *Operação Lava Jato*, 20 abr. 2016g. Disponível em: http://www.pf.gov.br/agencia/noticias/lava-jato. Acesso em: 14 abr. 2022.

BRASIL. *Projeto de Decreto Legislativo nº 578, de 2016*. Susta o art. 13 da Resolução nº 400, de 13 de dezembro de 2016, da Agência Nacional de Aviação Civil (Anac), que dispõe sobre as condições gerais de transporte aéreo. Brasília, DF: Câmara dos Deputados, 2016h. Disponível em: https://www.camara.leg.br/proposicoesWeb/fichadetramitacao?idPropo sicao=2121867. Acesso em: 5 maio 2020.

BRASIL. Senado Federal. *Projeto de Decreto Legislativo (SF) nº 89, de 2016*. Susta, em parte, a Resolução nº 400 de 13 de dezembro de 2016 da Agência Nacional de Aviação Civil-ANAC, que dispõe sobre as condições gerais de transporte aéreo. Brasília, DF: Senado Federal, 2016i. Disponível em: http://www.senado.gov.br. Acesso em: 2 jan. 2019.

BRASIL. Senado Federal. *Projeto de Lei nº 2.903, de 2019*. Dispõe sobre normas de regulação do setor de órteses, próteses e demais materiais implantáveis; altera a Lei nº 6.360, de 23 de setembro de 1976, para determinar o fornecimento de informações econômicas para fins de composição dos preços; e a Lei nº 9.656, de 3 de junho de 1998, para determinar a substituição gratuita dos produtos implantados, nos casos que especifica. Brasília, DF: Senado Federal, 2019e. Disponível em: https://www25.senado.leg.br/web/atividade/ materias/-/materia/136772. Acesso em: 31 jul. 2020.

BRASIL. Senado Federal. *Substitutivo da Câmara dos Deputados n. 10, de 2018, ao Projeto de Lei do Senado n. 52, de 2013. Substitutivo da Câmara dos Deputados ao Projeto de Lei nº 6.621-A de 2016 do Senado Federal (PLS Nº 52/2013 na Casa de origem).* "Dispõe sobre a gestão, a organização, o processo decisório e o controle social das agências reguladoras, altera a Lei nº 9.427, de 26 de dezembro de 1996, a Lei nº 9.472, de 16 de julho de 1997, a Lei nº 9.478, de 6 de agosto de 1997, a Lei nº 9.782, de 26 de janeiro de 1999, a Lei nº 9.961, de 28 de janeiro de 2000, a Lei nº 9.984, de 17 de julho de 2000, a Lei nº 9.986, de 18 de julho de 2000, a Lei nº 10.233, de 5 de junho de 2001, a Medida Provisória nº 2.228-1, de 6 de setembro de 2001, a Lei nº 11.182, de 27 de setembro de 2005, e a Lei nº 10.180, de 6 de fevereiro de 2001, e dá outras providências". Brasília, DF: Senado Federal, 2018e. Disponível em: http://www.senado.leg.br. Acesso em: 2 jan. 2019.

BRASIL. Superior Tribunal de Justiça. Conflito de Competência 151.550 – CE. Suscitante Agência Nacional de Aviação Civil – ANAC e Suscitados Juízes Federais da 10ª Vara da Seção Judiciária do Estado do Ceará, 22ª Vara Cível da Seção Judiciária do Estado de São Paulo, da 4ª Vara da Seção Judiciária do Distrito Federal e da 9ª Vara da Seção Judiciária do Estado de Pernambuco. *Dje*: Brasília, DF, 29 mar. 2017e. Disponível em: http://www.stj.jus.br. Acesso em: 2 jan. 2020.

BRASIL. Superior Tribunal de Justiça. Recurso Especial 572.070-PR. Recorrente Brasil Telecom S/A e Recorrida Coordenadoria de Proteção e Defesa do Consumidor de Cornélio Procópio (PROCON). Relator: Min. João Otávio de Noronha, 16 de março de 2004. *Dje*: Brasília, DF, 2004. Disponível em: http://www.stj.jus.br. Acesso em: 2 jan. 2020.

BRASIL. Superior Tribunal de Justiça. Recurso Especial 1.245.812-RS. Recorrente Isabel Borges de Borba Filha e Recorrida Companhia Riograndense de Saneamento (CORSAN). Relator: Min. Herman Benjamin, 21 de junho de 2011. *Dje*: Brasília, DF: 2011. Disponível em: http://www.stj.jus.br. Acesso em: 2 jan. 2020.

BRASIL. Supremo Tribunal Federal. *A Constituição e o Supremo*. 5. ed. Brasília: STF, Secretaria de Documentação, 2016j. Disponível em: http://www.stf.jus.br/aconstituicaoeosupremo/. Acesso em: 2 jan. 2020.

BRASIL. Tribunal de Contas da União (Plenário). Acórdão 2.253, de 9 de setembro de 2015. *Portal TCU*: Brasília, DF, 2015e. Disponível em: http://www.tcu.gov.br. Acesso em: 2 jan. 2020.

BRASIL. Tribunal de Contas da União (Plenário). Acórdão 2.955, de 12 de dezembro de 2018. Plenário. *Portal TCU*: Brasília, DF, 2018f. Disponível em: http://www.tcu.gov.br. Acesso em: 2 jan. 2020.

BRASIL. Tribunal Regional Federal (1. Região). Ação Civil Pública 752-93.2017.4.01.3400. Requerente Conselho Federal da Ordem dos Advogados do Brasil (OAB) e Requerida Agência Nacional de Aviação Civil – ANAC. 4. Vara Federal da Seção Judiciária do Distrito Federal. *e-DJF1*: Brasília, DF, 2017f. Disponível em: http://www.trf1.jus.br. Acesso em: 2 jan. 2019.

BRASIL. Tribunal Regional Federal (3. Região). Ação Civil Pública 0002138-55.2017.4.03.6100. Requerente Ministério Público Federal (MPF) e Requerida Agência Nacional de Aviação Civil – ANAC. 22. Vara Cível Federal da Subseção Judiciária de São Paulo. *e-DJF1*: Brasília, DF, 2017g. Disponível em: http://www.jfsp.jus.br. Acesso em: 2 jan. 2019.

BRASIL. Tribunal Regional Federal (3. Região). *Suspensão de Liminar ou Antecipação de Tutela (144) n. 5001695-83.2017.4.03.0000*. Requerente Agência Nacional de Aviação Civil – ANAC e Requerido juiz federal da 22ª Vara da Justiça Federal em São Paulo. *e-TRF3*: Brasília, DF, 2017h. Disponível em: http://www.trf3.jus.br. Acesso em: 02 jan. 2019.

BRASIL. Tribunal Regional Federal (5. Região). 10ª Vara Federal da Seção Judiciária do Ceará. *Tutela Antecipada Antecedente n. 0805454-03.2017.4.05.8100*. Requerente Agência Nacional de Aviação Civil – ANAC e Requerido Ministério Público Federal (MPF). 19 de abril de 2017i. Disponível em: http://www.jfce.jus.br. Acesso em: 2 jan. 2019.

BRASIL. Tribunal Regional Federal (5. Região). Ação Civil Pública 0810187-28.2016.4.05.8300. Requerente Gerência de Proteção e Defesa do Consumidor (PROCON/PE) e Requerida Agência Nacional de Aviação Civil – ANAC.). 9. Vara Federal da Seção Judiciária de Pernambuco. *Portal JFPE*: Recife, 2016k. Disponível em: http://www.jfpe.jus.br. Acesso em: 2 jan. 2019.

BRASIL. Tribunal Regional Federal (5. Região). Ação Civil Pública 0816363-41.2016.4.05.8100. Requerente Departamento Municipal de Proteção e Defesa dos Direitos do Consumidor e Requerida Agência Nacional de Aviação Civil – ANAC. 10. Vara Federal da Seção Judiciária do Ceará. *Portal JFCE5*: Ceará, 2016l. Disponível em: http://www.jfce.jus.br. Acesso em: 2 jan. 2019.

BRASIL. Tribunal Regional Federal (5. Região). Apelação 0816363-41.2016.4.05.8100. Apelante Departamento Municipal de Proteção e Defesa dos Direitos do Consumidor e Apelada Agência Nacional de Aviação Civil – ANAC. *e-TRF5*: Brasília, DF, 2017j. Disponível em: http://www.trf5.jus.br. Acesso em: 2 jan. 2019.

CAMPOS, Francisco. *O Estado nacional*. Brasília: Senado Federal, 2001. (Coleção Biblioteca Básica Brasileira).

CARVALHO, Ivo César Barreto de. *Tributação oculta nos serviços públicos regulados*. Rio de Janeiro: Lumen Juris, 2019.

CARVALHO, José Murilo de. *Cidadania no Brasil*: o longo caminho. 10. ed. Rio de Janeiro: Civilização Brasileira, 2008.

CAVALCANTI, Amaro. *Regime federativo e a República brasileira*. Brasília: Universidade de Brasília, 1983. (Coleção Temas Brasileiros, 48).

CEARÁ. Agência Reguladora de Serviços Públicos Delegados do Estado. *Resolução nº 151, de 22 de julho de 2011*. Dispõe sobre o processo decisório da ARCE e os procedimentos relativos à realização de audiências públicas. Fortaleza: Portal do Governo, 2011. Disponível em: https://www.arce.ce.gov.br/download/resolucoes-arce/. Acesso em: 24 abr. 2020.

COASE, Ronald H. *A firma, o mercado e o Direito*. Tradução: Heloisa Gonçalves Barbosa. 2. ed. Rio de Janeiro: Forense Universitária, 2017. (Coleção Paulo Bonavides).

COHEN, Élie; HENRY, Claude. *Service public, secteur public*, [S. l.: s. n.], 1997. Disponível em: http://bibliotheque.pssfp.net/index.php/component/abook/book?id=531:service-public-secteur-public. Acesso em: 14 abr. 2022.

CRUZ NETO, Adalberto Felinto da *et al*. Avaliação da metodologia de análise de impacto regulatório da agência nacional de vigilância sanitária (Anvisa). *In*: CONGRESSO BRASILEIRO DE REGULAÇÃO E 5ª EXPO ABAR: A QUALIDADE DA REGULAÇÃO E O DESENVOLVIMENTO DE UM PAÍS, 11. *Anais [...]*. Maceió: ABAR, 2019. p. 602-622.

DANTAS, Daniela Carvalho Cambraia. *Avaliação da participação social na Arce*. Orientação: Carlos Américo Leite Moreira. 2015. Dissertação (Mestrado em Avaliação de Políticas Públicas), Universidade Federal do Ceará, Fortaleza, 2015.

DIDIER JR., Fredie; ZANETI JR., Hermes; OLIVEIRA, Rafael Alexandria de. Elementos para uma teoria do processo estrutural aplicada ao processo civil brasileiro. *Revista de Processo*, São Paulo, v. 303, 2020.

DI PIETRO, Maria Sylvia Zanella. *Discricionariedade administrativa na Constituição de 1988*. 3. ed. São Paulo: Atlas, 2012.

DOMÍNGUEZ, Jorge I. Explicando o lento desenvolvimento da América Latina na segunda metade do século XX: estratégias de crescimento, desigualdade e crises econômicas. *In*: FUKUYA, Francis (org.). *Ficando para trás*: explicando a crescente distância entre América Latina e estados unidos. Tradução: Nivaldo Montingelli Jr. Rio de Janeiro: Rocco, 2010. p. 91-120.

DYNIEWICZ, Luciana. Após cobrança por bagagem, preço das passagens aéreas sobe no País. *Estadão*, São Paulo, 12 out. 2017. Disponível em: http://economia.estadao.com.br/noticias/geral,apos-cobranca-por-bagagem-preco-das-passagens-aereas-sobe-no-pais,70002041735. Acesso em: 02 jan. 2019.

EXECUTIVE OFFICE OF THE PRESIDENT OF THE UNITED STATES; OFFICE OF MANAGEMENT AND BUDGET. Appendix V. *In: Regulatory Program of the United States Government*, April 1, 1900 – March 31, 1991. Washington, D.C.: EOP; OMB, 1991. Disponível em: https://babel.hathitrust.org/cgi/pt?id=osu.32437010555858;view=1up;seq=663. Acesso em: 2 jan. 2019.

FADEL, Marcelo Costa. *O Direito da energia elétrica sob a ótica do consumidor*. Rio de Janeiro: Lumen Juris, 2009.

FAGUNDES, Miguel Seabra. *O contrôle dos atos administrativos pelo Poder Judiciário*. 3. ed. Rio de Janeiro: Forense, 1957.

FAORO, Raymundo. *Os donos do poder*: formação do patronato político brasileiro. 3. ed. São Paulo: Globo, 2001.

FARIA, José Eduardo. *Eficácia jurídica e violência simbólica*: o Direito como instrumento de transformação social. São Paulo: Universidade de São Paulo, 1988.

FERNANDES, Florestan. *A revolução burguesa no Brasil*: ensaio de interpretação sociológica. 5. ed. São Paulo: Globo, 2006.

FISHER, Roger; URY, William; PATTON, Bruce. *Como chegar ao sim*: como negociar acordos sem fazer concessões. Tradução: Rachel Agavino. Rio de Janeiro: Sextante, 2018.

FREITAS, Juarez. *Direito fundamental à boa administração pública*. 3. ed. São Paulo: Malheiros Editores, 2014.

FUKUYAMA, Francis. *Construção de Estados*: governo e organização mundial no século XXI. Tradução: Nivaldo Montingelli Jr. Rio de janeiro: Rocco, 2005.

FUKUYAMA, Francis. Introdução. *In*: FUKUYA, Francis (org.). *Ficando para trás*: explicando a crescente distância entre América Latina e Estados Unidos. Tradução: Nivaldo Montingelli Jr. Rio de Janeiro: Rocco, 2010. p. 15-21.

FURTADO, Lucas Rocha. *Curso de Direito Administrativo*. 5. ed. Belo Horizonte: Editora Fórum, 2016.

GICO JÚNIOR, Ivo. Introdução ao Direito e economia. *In*: TIMM, Luciano Benetti (org.). *Direito e economia no Brasil*. 2. ed. São Paulo: Atlas, 2014. p. 1-33.

GONDIM, Liliane Sonsol. *A importância da energia eólica na matriz energética brasileira*: a sustentabilidade como valor instrumental para a diminuição das desigualdades regionais e a efetivação do direito ao desenvolvimento no Ceará. 2013. Dissertação (Mestrado em Direito) – Universidade Federal do Ceará, Fortaleza, 2013. Disponível em: http://www.repositorio.ufc.br/handle/riufc/12806. Acesso em: 11 fev. 2020.

GORDILLO, Agustin. *El método en Derecho*: aprender, enseñar, escribir, crear, hacer. Madrid: Civitas, 1988.

GORTÁZAR, Gonzalo Moyano. Incorporación del análisis de impacto regulatório en los Estados Unidos. *Revista de Derecho Económico*, n. 76, p. 99-124, 2014.

GRAU, Eros Roberto. *A ordem econômica na Constituição de 1988*: interpretação e crítica. 19. ed. São Paulo: Malheiros, 2018.

GUERRA, Sérgio. Aperfeiçoando a regulação brasileira por agências: quais lições podem ser extraídas do sesquicentenário modelo norte-americano? *In*: GUERRA, Sérgio (org.). *Teoria do Estado Regulador*. Curitiba: Juruá, 2015. p. 13-106.

HUNTINGTON, Samuel P. *Political Order in Changing Societies*. 7. ed. London: Yale University Press, 1973.

JACOBZONE, S.; CHOI, C.; MIGUET, C. *Indicators of Regulatory Management Systems*. OECD Working Papers on Public Governance, 2007/4. Paris: OECD Publishing, 2007.

JUSTEN FILHO, Marçal. *O Direito das agências reguladoras independentes*. São Paulo: Dialética, 2002.

KEYNES, John Maynard. *A teoria geral do emprego, do juro e da moeda*. Tradução: *Mário R. da Cruz*. São Paulo: Nova Cultural, 1996. (Coleção Os Economistas).

LEAL, Victor Nunes. *Coronolismo, enxada e voto*: o município e o regime representativo no Brasil. 7. ed. São Paulo: Companhia das Letras, 2012.

LEITÃO, Rômulo Guilherme; LIMA, Gislene Rocha de. Termo de ajustamento de condutas nas agências reguladoras: o caso da ARCE. *Revista de Direito Econômico e Socioambiental*, Curitiba, v. 10, n. 1, p. 126-150, jan./abr. 2019.

LIBERATI, Wilson Donizeti. *Políticas públicas no Estado Constitucional*. São Paulo: Atlas, 2013.

LIMA, Gislene Rocha de. AIR para o desenvolvimento e a eficiência da regulação de serviços públicos ante a instabilidade das instituições estatais. *REDAE – Revista Eletrônica de Direito Administrativo Econômico*, Salvador, n. 39, p. 1-18, ago./set./out. 2014. Disponível em: http://www.direitodoestado.com/revista/redae-39-agosto-2014-gislene-lima.pdf. Acesso em: 15 jul. 2020.

LISBOA, Marcos. Prefácio. *In*: SELIGMAN, Milton; MELLO, Fernando (org.). *Lobby desvendado*: democracia, políticas públicas e corrupção no Brasil contemporâneo. Rio de Janeiro: Record, 2018. p. 7-12.

LOPES, Ana Maria D'Ávila; LIMA, Gislene Rocha de. A aplicação do princípio da reserva do possível às empresas privadas delegatárias prestadoras de serviços públicos essenciais. *A&C – Revista de Direito Administrativo & Constitucional*, Belo Horizonte, ano 18, n. 73, p. 75-95, jul./set. 2018.

MÁFIA das próteses coloca vidas em risco com cirurgias desnecessárias: médicos chegam a faturar R$ 100 mil por mês em esquema que desvia dinheiro do SUS e encarece planos de saúde. *Fantástico*, 04 jan. 2015. Disponível em: http://g1.globo.com/fantastico/noticia/2015/01/mafia-das-proteses-coloca-vidas-em-risco-com-cirurgias-desnecessarias.html. Acesso em: 31 jul. 2020.

MAGALHÃES, Maria Luisa Costa. Breves apontamentos sobre Direito e moral em Habermas. *Âmbito Jurídico*, v. 93, out. 2011. Disponível em: https://ambitojuridico.com.br/edicoes/revista-93/breves-apontamentos-sobre-direito-e-moral-em-habermas/. Acesso em: 30 jul. 2020.

MAJONE, Giandomenico. Do Estado Positivo ao Estado Regulador: causas e consequências da mudança no modo de governança. Tradução: Paulo Todescan Lessa Mattos. *In*: MATTOS, Paulo Todescan Lessa *et al.* (org.). *Regulação econômica e democracia*: o debate europeu. 2. ed. São Paulo: Editora Revista dos Tribunais, 2017. p. 55-83. (Coleção Capitalismo e Democracia).

MARQUES NETO, Floriano de Azevedo. *Agências reguladoras independentes*. Belo Horizonte: Editora Fórum, 2005.

MARTINS, Pedro Saboya. *Constituição econômica e agências reguladoras*. Fortaleza: RDS, 2010.

MARTINS, Ricardo Marcondes. *Regulação administrativa à luz da Constituição Federal*. São Paulo: Malheiros, 2011. (Coleção Temas de Direito Administrativo, 29).

MATTEI, Ugo; NADER, Laura. *Pilhagem*: quando o Estado de Direito é ilegal. Tradução: Jefferson Luiz Camrgo. São Paulo: WMF Martins Fontes, 2013.

MATTOS, Paulo Todescan Lessa *et al*. *Regulação econômica e democracia*: o debate norte-americano. 2. ed. São Paulo: Editora Revista dos Tribunais, 2017. (Coleção Capitalismo e Democracia).

MAZZA, Alexandre. *Agências reguladoras*. São Paulo: Malheiros, 2005.

MEDAUAR, Odete. *Direito Administrativo moderno*. 21. ed. Belo Horizonte: Editora Fórum, 2018.

MELLO, Celso Antônio Bandeira de. *Curso de Direito Administrativo*. 32. ed. São Paulo: Malheiros, 2015.

MELO, Carlos. Relações governamentais: significado, funcionamento e problemas da democracia no Brasil. *In*: SELIGMAN, Milton; MELLO, Fernando (org.). *Lobby desvendado*: democracia, políticas públicas e corrupção no Brasil contemporâneo. Rio de Janeiro: Record, 2018. p. 147-181.

MELO, Marcus André. *Instituições e regulação na América Latina*. São Paulo: iFHC; Santiago de Chile: CIEPLAN, 2008. Disponível em: http://fundacaofhc.org.br/files/papers/427.pdf. Acesso em: 31 jul. 2020.

MENDONÇA, José Vicente Santos de. Análise de impacto regulatório: segurança para o administrado, efetividade para a administração. *Jornal Estado de Direito*, ano V, n. 28, p. 14, 2010.

MENDONÇA, José Vicente Santos de. As fases do estudo sobre regulação da economia na sensibilidade jurídica brasileira. *Revista Opinião Jurídica*, Fortaleza, ano 13, n. 17, p. 284-301, 2015.

MODESTO, Paulo. Reforma do estado, formas de prestação de serviços ao público e parcerias público-privadas: demarcando as fronteiras dos conceitos de serviço público, serviços de relevância pública e serviços de exploração econômica para as parcerias público-privadas. *Revista Eletrônica de Direito Administrativo Econômico*, Salvador, n. 2, p. 3-44, 2005.

MONTEIRO, Eduardo Müller; SANTOS, Edmilson Moutinho dos. *Uso político do setor elétrico brasileiro*: uma metodologia de análise baseada na teoria de grupos de pressão. Rio de Janeiro: Synergia; São Paulo: FAPESP, 2010.

MORAES, Filomeno. *Constituição econômica brasileira*: história e política. Curitiba: Juruá, 2011.

MORAES, Germana de Oliveira. *Controle jurisdicional da administração pública*. 2. ed. São Paulo: Dialética, 2004.

MOREIRA NETO, Diogo de Figueiredo. *Novas mutações juspolíticas*: em memória de Eduardo Garcia de Enterría, jurista de dois mundos. Belo Horizonte: Editora Fórum, 2018.

MOREIRA, Egon Bockmann. Qual é o futuro do direito da regulação no Brasil? *In*: SUNDFELD, Carlos Ari; ROSILHO, André (org.). *Direito da regulação e políticas públicas*. São Paulo: Malheiros, 2014. p. 107-139.

MOREIRA, João Batista Gomes. *Direito Administrativo*: da rigidez autoritária à flexibilidade de democrática. 2. ed. Belo Horizonte: Editora Fórum, 2010.

MOREIRA, Vital. Os serviços públicos tradicionais sob impacto da união europeia. *Revista Eletrônica de Direito Administrativo Econômico (REDAE)*, Salvador, n. 19, ago./set./out. 2009. Disponível em: http://www.direitodoestado.com/revista/redae-19-agosto-2009-vital-moreira.pdf. Acesso em: 02 jan. 2019.

MOTA, Carolina. Brazil *under* Vargas: a análise jurídica de Karl Loewenstein sobre o regime de 1937. *In*: MOTA, Carlos Guilherme; SALINAS, Natasha S. C. (coord.). *Os juristas na formação do Estado-Nação brasileiro*: de 1930 aos dias atuais. São Paulo: Saraiva, 2010.

NAÇÕES UNIDAS. *Objetivos de desenvolvimento sustentável*. Transformando nosso mundo: a Agenda 2030 para o desenvolvimento sustentável, 2015. Disponível em: https://nacoesunidas.org/wp-content/uploads/2015/10/agenda2030-pt-br.pdf. Acesso em: 31 jul. 2020.

NATIONAL AUDIT OFFICE. *Better regulation*: Making good use of regulatory impact assessments. Report by the comptroller and auditor general HC 329 Session 2001-2002. London: The Stationery Office, 2001. Disponível em: https://www.nao.org.uk/wp-content/uploads/2001/11/0102329.pdf. Acesso em: 02 jan. 2019.

NETTO, Vladimir. *Lava Jato*: o juiz Sergio Moro e os bastidores da operação que abalou o Brasil. Rio de Janeiro: Primeira Pessoa, 2016.

NEVES, Lúcia Maria Bastos Pereira das. *Corcundas e constitucionais*: a cultura política da independência. Rio de Janeiro: Revan; FAPERJ, 2003.

NOBELPRIZE. *Press Release*, 13 Oct. 1992. Disponível em: http://www.nobelprize.org/nobel_prizes/economic-sciences/laureates/1992/press.html. Acesso em: 2 jan. 2019.

NORTH, Douglas C. *Instituições, mudança institucional e desempenho econômico*. Tradução: Alexandre Morales. São Paulo: Três Estrelas, 2018.

NORTH, Douglas C. Institutions. *The Journal of Economic Perspectives*, v. 5, n. 1, p. 97-112, 1991.

NUNES, Marcelo Guedes. *Jurimetria*: como a estatística pode reinventar o Direito. São Paulo: Editora Revista dos Tribunais, 2016.

OFFICE OF THE HIGH COMMISSIONER FOR HUMAN RIGHTS. *Universal Declaration of Human Rights*, 1948. Disponível em: https://www.ohchr.org/EN/UDHR/Documents/UDHR_Translations/eng.pdf. Acesso em: 2 jan. 2019.

OLIVEIRA, Patrícia V.; ALMEIDA, Edmar F. *Impactos recentes da política de controle indireto dos preços de gasolina, diesel e GLP na Petrobras*. Rio de Janeiro: Instituto Brasileiro de Petróleo, Gás e Biocombustíveis – IBP, 2014. Disponível em: chrome-extension://efaidnbmnnnibpcajpcglclefindmkaj/viewer.html?pdfurl=https%3A%2F%2Fbiblioteca.ibp.org.br%2Fscripts%2Fbnmapi.exe%3Frouter%3Dupload%2F18966&clen=388754&pdffilename=IBP1871_14.pdf. Acesso em: 14 abr. 2022.

ORGANISATION FOR ECONOMIC CO-OPERATION AND DEVELOPMENT. *Building an Institutional Framework for Regulatory Impact Analysis (RIA)*: Guidance for Policy Makers. Version 1.1. Regulatory Policy Division. Directorate for Public Governance and Territorial Development. Paris: OCDE Publishing, 2008. Disponível em: http://www.oecd.org/regreform/regulatory-policy/buildinganinstitutionalframeworkforregulatoryimpactanalysisriaguidanceforpolicymakers.htm. Acesso em: 2 jan. 2019.

ORGANISATION FOR ECONOMIC CO-OPERATION AND DEVELOPMENT. *Government at a Glance*: Latin America and the Caribbean 2017. Paris: OECD Publishing, 2016.

ORGANISATION FOR ECONOMIC CO-OPERATION AND DEVELOPMENT. *Regulatory Impact Analysis. A Tool for Policy Coherence*. 2009. Paris: OECD Publishing, 2009. Disponível em: https://read.oecd-ilibrary.org/governance/regulatory-impact-analysis_9789264067110-en#page17. Acesso em: 2 jan. 2019.

ORGANISATION FOR ECONOMIC CO-OPERATION AND DEVELOPMENT. *Regulatory Policy Outlook 2015*. Paris: OECD Publishing, 2015. Disponível em: https://read.oecdilibrary.org/governance/oecd-regulatory-policy-outlook-2015_9789264238770-en#page3. Acesso em: 20 fev. 2020.

ORGANISATION FOR ECONOMIC CO-OPERATION AND DEVELOPMENT. *Regulatory Policy Outlook 2018*. Paris: OECD Publishing, 2018. Disponível em: https://www.oecdilibrary.org/governance/oecd-regulatory-policy-outlook-2018_9789264303072-en. Acesso em: 20 fev. 2020.

ORGANIZAÇÃO PARA COOPERAÇÃO E DESENVOLVIMENTO ECONÔMICO. *Recomendação do conselho sobre política regulatória e governança*. Paris: OCDE Publishing, 2012. Disponível em: http://www.oecd.org/gov/regulatory-policy/Recommendation%20PR%20with%20cover.pdf. Acesso em: 2 jan. 2019.

ORTIZ, Gaspar Ariño. *Lecciones de administración (y políticas públicas)*. Madrid: Iustel, 2011.

ORTIZ, Gaspar Ariño. Logros y fracasos de la regulación. *THĒMIS – Revista de Derecho*, Lima, v. 52, p. 43-53, 2006.

ORTIZ, Gaspar Ariño. *Principios de Derecho Público Económico*: modelo de Estado, gestión pública, regulación económica. Bogotá: Universidad Externado de Colombia, 2003.

PARLAMENTO EUROPEU. *Carta dos Direitos Fundamentais*. Bruxelas: Parlamento Europeu, 2016. Disponível em: http://www.europarl.europa.eu/ftu/pdf/pt/FTU_1.1.6.pdf. Acesso em: 2 jan. 2019.

PEDROLLO, Gustavo Fontana. O caso Chevron: controle judicial do poder regulamentar das agências no direito estadunidense. *Publicações da Escola da AGU*: 1º Curso de Introdução ao Direito Americano: Fundamental of US Law Course – Escola da Advocacia-Geral da União Ministro Victor Nunes Leal, Brasília, ano 3, v. 2, n. 13, p. 261-283, nov./dez. 2011.

PELTSMAN, Sam. A teoria econômica da regulação depois de uma década de desregulação. *In*: MATTOS, Paulo Todescan Lessa *et al*. (org.). *Regulação econômica e democracia*: o debate norte-americano. 2. ed. São Paulo: Editora Revista dos Tribunais, 2017. p. 85-126. (Coleção Capitalismo e Democracia).

PEREIRA JÚNIOR, Jessé Torres. *Controle judicial da administração pública*: da legalidade estrita à lógica do razoável. 2. ed. Belo Horizonte: Editora Fórum, 2009.

PEREIRA NETO, Caio Mario da Silva; LANCIERI, Filippo Maria; ADAMI, Mateus Piva. O diálogo institucional das agências reguladoras com os Poderes Executivo, Legislativo e Judiciário: uma proposta de sistematização. *In*: SUNDFELD, Carlos Ari; ROSILHO, André (org.). *Direito da regulação e políticas públicas*. São Paulo: Malheiros, 2014. p. 140-185.

PEREIRA, Luiz Carlos Bresser. *Reforma do Estado para a cidadania*: a reforma gerencial brasileira na perspectiva internacional. São Paulo: Ed. 34; Brasília: ENAP, 1998.

PEREIRA, Paulo Trigo. A teoria da escolha pública (*public choice*): uma abordagem neoliberal? *Análise Social*, Lisboa, v. 32, n. 141, p. 419-442, 1997.

PIAUÍ. Assembleia Legislativa do Estado. *Mensagem nº 41/GG, de 30 de novembro de 2010*, 2010a. Disponível em: https://sapl.al.pi.leg.br/media/sapl/public/materialegislativa/2010/4019/4019_texto_integral.pdf. Acesso em: 31 jul. 2020.

PIAUÍ. Lei Complementar nº 143, de 7 de janeiro de 2010b. Cria a Agência de Regulação dos Serviços Públicos Delegados do Estado do Piauí – AGRESPI, e dá outras providências. *Diário Oficial do Piauí*: Teresina, 2010. Disponível em: http://legislacao.pi.gov.br/legislacao/default/ato/14466. Acesso em: 31 jul. 2020.

PIAUÍ. Lei Complementar nº 162, de 30 de dezembro de 2010. Altera dispositivos da Lei Complementar n. 28, de 9 de junho de 2003, que dispõe sobre a Lei Orgânica da Administração Pública do estado do Piauí e dá outras providências. *Diário Oficial do Piauí*: Teresina, 2010c. Disponível em: http://legislacao.pi.gov.br/legislacao/default/ato/14815. Acesso em: 31 jul. 2020.

PIOVESAN, Flávia. *Direitos humanos e o Direito Constitucional Internacional*. 11. ed. São Paulo: Saraiva, 2010.

POMPEU, Gina Vidal Marcílio; LIMA, Gislene Rocha de. Simore: ferramenta da quarta revolução industrial a serviço da efetivação de direitos humanos no Paraguai e na República Dominicana. *Direitos Humanos e Democracia*, Ijuí, v .6, n. 12, p. 135-149, 2018.

PORTO, Walter Costa. *Constituições brasileiras*: 1937. 2. ed. Brasília: Senado Federal, 2001. (Coleção Constituições Brasileiras, 4).

POSNER, Richard A. How I became a keynesian: Second thoughts in the middle of a crisis. *The New Republic*, 2009. Disponível em: https://newrepublic.com/article/69601/how-i-became-keynesian. Acesso em: 31 jul. 2020.

POSNER, Richard A. Teorias da regulação econômica. *In:* MATTOS, Paulo Todescan Lessa *et al.* (org.). *Regulação econômica e democracia*: o debate norte-americano. 2. ed. São Paulo: Editora Revista dos Tribunais, 2017. p. 57-84. (Coleção Capitalismo e Democracia).

PRZEWORSKI, Adam; CURVALE, Carolina. A política explica a lacuna econômica entre os estados unidos e a américa latina? *In:* FUKUYA, Francis (org.). *Ficando para trás*: explicando a crescente distância entre américa latina e estados unidos. Tradução: Nivaldo Montingelli Jr. Rio de Janeiro: Rocco, 2010. p. 121-160.

REICH, Norbert. A crise regulatória: ela existe e pode ser resolvida? Análise comparativa sobre a situação da regulação social nos estados unidos e na comunidade econômica europeia. *In:* MATTOS, Paulo Todescan Lessa *et al.* (org.). *Regulação econômica e democracia*: o debate europeu. Tradução: Paulo Todescan Lessa Mattos. 2. ed. São Paulo: Editora Revista dos Tribunais, 2017. p. 23-54. (Coleção Capitalismo e Democracia).

REIS, Márlon. *O gigante acordado*: manifestações, ficha limpa e reforma política. Rio de Janeiro: Leya, 2013.

RIO GRANDE DO SUL. Agência Estadual de Regulação dos Serviços Públicos Delegados. *Análise de Impacto Regulatório n. 01/2019* – DT, de 15 de abril de 2019. Revisão Tarifária do Sistema de Transporte Intermunicipal de Passageiros (TIP) da Aglomeração Urbana do Litoral Norte (AULINOR), 2019. Disponível em: https://www.agergs.rs.gov.br/upload/arquivos/201910/21150854-20190425102805analise-impacto-regulatorio-01-2019-dt.pdf. Acesso em: 22 abr. 2020.

ROMAN, Flavio José. *Discricionariedade técnica na regulação econômica*. São Paulo: Saraiva, 2013.

SALES, Alessander Wilckson Cabral; OLIVEIRA, Vladia Pinto Vidal de. A construção de consensos como instrumento eficaz de gestão de conflitos socioambientais. *Revista Pensar*, Fortaleza, v. 22, n. 2, p. 443-454, 2017.

SALES, Lilia Maia de Morais. Mediação falicitativa e "mediação" avaliativa – estabelecendo diferença e discutindo riscos. *Revista Alcance*, Itajaí, v. 16, n. 1, p. 20-32, 2011.

SALINAS, Natasha Schmitt Caccia. Por um uso abrangente da análise de impacto regulatório no Brasil. *Colunistas*, n. 126, 2016. Disponível em: http://www.direitodoestado.com.br/colunistas/natasha-salinas/por-um-uso-abrangente-da-analise-de-impacto-regulatorio-no-brasil. Acesso em: 2 jan. 2019.

SALOMÃO FILHO, Calixto. Direito como instrumento de transformação social e econômica. *Revista de Direito Público da Economia – RDPE*, Belo Horizonte, ano 1, n. 1, p. 15-42, jan./mar. 2003.

SAMPAIO, Clarissa. *Legalidade e regulação*. Belo Horizonte: Editora Fórum, 2005.

SANTOS, Diogo Palau Flores dos *et al. Manual de negociação baseado na Teoria de Harvard*. Escola da Advocacia-Geral da União Ministro Victor Nunes. MARASCHIN, Márcia Uggeri (coord.). Brasília: EAGU, 2017. Disponível em: https://www.trt1.jus.br/documents/21708/20713963/Negocia%C3%A7%C3%A3o+em+Harvard.pdf/eb69304c-91e8-470a-9466-b6de4a3e3dc6. Acesso em: 31 jul. 2020.

SÃO PAULO. Fundação Procon São Paulo. *Procon - SP quer comprovação sobre queda de preço*, 2017. Disponível em: https://www.procon.sp.gov.br/passagens-aereas/. Acesso em: 14 abr. 2022.

SARLET, Ingo Wolfgang. *A eficácia dos direitos fundamentais*: uma teoria geral dos direitos fundamentais na perspectiva constitucional. 10. ed. Porto Alegre: Livraria do Advogado, 2011.

SARLET, Ingo Wolfgang. *Dignidade da pessoa humana e direitos fundamentais na Constituição Federal de 1988*. 7. ed. Porto Alegre: Livraria do Advogado, 2009.

SCHWAB, Klaus. *A Quarta Revolução Industrial*. Tradução: Daniel Moreira Miranda. São Paulo: Edipro, 2016.

SEN, Amartya. *Desenvolvimento como liberdade*. Tradução: Laura Teixeira Motta. São Paulo: Companhia das Letras, 2010.

SILVA, José Afonso da. *Curso de Direito Constitucional Positivo*. 43. ed. São Paulo: Malheiros, 2020.

SOTERO, Paulo; PRUSA, Anna C. O lobby nos EUA: a transparência de um sistema imperfeito. *In*: SELIGMAN, Milton; MELLO, Fernando (org.). *Lobby desvendado*: democracia, políticas públicas e corrupção no Brasil contemporâneo. Rio de Janeiro: Record, 2018. p. 23-44.

SOUSA, Renan Martins de. A análise de impacto regulatório (AIR) e o papel do tribunal de contas da união na avaliação da regulação setorial. *Revista do Tribunal de Contas da União (TCU)*, Brasília, n. 123, p. 102-113, jan./abr. 2012.

SOUTO, Marcos Juruena Villela. Breve apresentação do novo marco regulatório do setor elétrico brasileiro. *In*: SOUTO, Marcos Juruena Villela. *Direito da regulação e políticas públicas*. Rio de Janeiro: Lúmen Juris, 2007. 2. série. p. 103-130.

STIGLER, George. A teoria da regulação econômica. *In*: MATTOS, Paulo Todescan Lessa *et al.* (org.). *Regulação econômica e democracia*: o debate norte-americano. 2. ed. São Paulo: Editora Revista dos Tribunais, 2017. p. 31-55. (Coleção Capitalismo e Democracia).

STIGLITZ, Joseph E. What is the role of the state? *In*: HUMPHREYS, Macartan; SACHS, Jeffrey D.; STIGLITZ, Joseph E. (ed.). *Escaping the Resource Curse*. New York: Columbia University Press, 2007. p. 23-52.

SUNDFELD, Carlos Ari; CÂMARA, Jacintho Arruda. Controle judicial dos atos administrativos: as questões técnicas e os limites da tutela de urgência. *Revista Interesse Público – IP*, Belo Horizonte, ano 4, n. 16, 2002.

SUNSTEIN, Cass R. *Why Nudge?*: The Politics of Libertarian Paternalism. Yale: Yale University Press, 2014.

SUNSTEIN, Cass R.; VERMEULE, Adrian. Interpretation and institutions. *Michigan Law Review*, v. 101, p. 885-951, 2003.

TAKASHI, Bruno *et al*. *Manual de mediação e conciliação na Justiça Federal*. Brasília: Conselho da Justiça Federal, 2019. Disponível em: https://www.cjf.jus.br/cjf/corregedoria-da-justica-federal/centro-de-estudos-judiciarios-1/publicacoes-1/outras-publicacoes/manual-de-mediacao-e-conciliacao-na-jf-versao-online.pdf. Acesso em: 31 jul. 2020.

TAVARES, André Ramos. *Influência de 1917 na doutrina e nas constituições econômicas brasileiras*. [*S. l.: s. n.*], 2017. Disponível em: https://archivos.juridicas.unam.mx/www/bjv/libros/9/4430/26.pdf. Acesso em: 31 jul. 2020.

UNIÃO EUROPEIA. Carta de direitos fundamentais da União Europeia. *Jornal Oficial da União Europeia*, 7 jun. 2016a. Disponível em: https://eur-lex.europa.eu/legal-content/PT/TXT/PDF/?uri=CELEX:12016P/TXT&from=EN. Acesso em: 2 jan. 2019.

UNIÃO EUROPEIA. Tratado da União Europeia (versão consolidada). *Jornal Oficial da União Europeia*, 7 jun. 2016b. Disponível em: https://eur-lex.europa.eu/legal-content/pt/txt/pdf/?uri=celex:12016m/txt&from=EN. Acesso em: 2 jan. 2019.

UNIÃO EUROPEIA. Tratado de Lisboa. *Jornal Oficial da União Europeia*, 17 dez. 2007. Disponível em: https://eur-lex.europa.eu/legal-content/PT/TXT/PDF/?uri=OJ:C:2007:306:FULL&from=PT. Acesso em: 2 jan. 2019.

UNIÃO EUROPEIA. Tratado sobre o funcionamento da União Europeia (versão consolidada). *Jornal Oficial da União Europeia*, 07 jun. 2016c. Disponível em: https://eur-lex.europa.eu/resource.html?uri=cellar:9e8d52e1-2c70-11e6-b497-01aa75ed71a1.0019.01/DOC_3&format=PDF. Acesso em: 2 jan. 2019.

UNITED STATES OF AMERICA. *Executive Order 12866 of September 30, 1993*. Regulatory Planning and Review, 1993. Disponível em: https://www.archives.gov/files/federal-register/executive-orders/pdf/12866.pdf. Acesso em: 14 mar. 2020.

UNITED STATES OF AMERICA. *Executive Order 13.579 of July 11, 2011*. Regulation and Independent Regulatory Agencies, 2011a. Disponível em: https://www.govinfo.gov/content/pkg/FR-2011-07-14/pdf/2011-17953.pdf. Acesso em: 14 mar. 2020.

UNITED STATES OF AMERICA. *Executive Order 13.609 of May 1, 2012*. Promoting International Regulatory Cooperation, 2012. Disponível em: https://www.govinfo.gov/content/pkg/FR-2012-05-04/pdf/2012-10968.pdf. Acesso em: 14 mar. 2020.

UNITED STATES OF AMERICA. *Executive Order 13.725 of April 15, 2016*. Steps to Increase Competition and Better Inform Consumers and Workers to Support Continued Growth of the American Economy, 2016. Disponível em: https://www.govinfo.gov/content/pkg/FR-2016-04-20/pdf/2016-09346.pdf. Acesso em: 14 mar. 2020.

UNITED STATES OF AMERICA. *Executive Order 13.771 of January 30, 2017*. Reducing Regulation and Controlling Regulatory Costs, 2017. Disponível em: https://www.govinfo.gov/content/pkg/FR-2017-02-03/pdf/2017-02451.pdf. Acesso em: 14 mar. 2020.

UNITED STATES OF AMERICA. *Public Law 96-354 of September 19, 1980*. Regulatory Flexibility Act, 1980. Disponível em: https://www.govinfo.gov/content/pkg/STATUTE-94/pdf/STATUTE-94-Pg1164.pdf. Acesso em: 14 mar. 2020.

UNITED STATES OF AMERICA. Supplement 5, Title 44. *United States Code*. Washington, D.C.: Public Printing and Documents, 2011b. Disponível em: https://www.govinfo.gov/content/pkg/USCODE-2011-title44/pdf/USCODE-2011-title44-chap35-subchapI-sec3502.pdf. Acesso em: 14 mar. 2020.

VALENTE, Patricia Pessôa. *Análise de impacto regulatório*. Belo Horizonte: Editora Fórum, 2013.

VALENTI, Graziella; VIEIRA, André Guilherme. Petrobras sabia que projetos no NE e Comperj dariam prejuízos. *Valor Econômico*. 2016. Disponível em: http://www2.valor.com.br/empresas/4514294/petrobras-sabia-que-projetos-no-ne-e-comperj-dariam-prejuizos. Acesso em: 2 jan. 2019.

VASCONCELOS, Arnaldo. *Teoria da norma jurídica*. 7. ed. Florianópolis: Conceito, 2016.

VIEIRA, Marcelo Palladino Machado. Ainda uma vez as estatais. Ideologias, constituição e governança corporativa. *Revista de Direito Público da Economia – RDPE*, Belo Horizonte, ano 16, n. 64, out./dez. 2018. Disponível em: http://www.bidforum.com.br/PDI0006.aspx?pdiCntd=252533. Acesso em: 20 fev. 2020.

WANG, Daniel Wei Liang. Escassez de recursos, custos dos direitos e reserva do possível na jurisprudência do STF. *Revista Direito GV*, São Paulo, v. 4, n. 2, p. 539-568, 2008.

WEBER, Max. *Economia e sociedade*: fundamentos da sociologia compreensiva. Tradução: Regis Barbosa e Karen Elsabe Barbosa. Brasília, DF: Universidade de Brasília: São Paulo: Imprensa Oficial, 1999.

WINDHOLZ, Eric; HODGE, Graeme A. Conceituando regulação social e econômica: implicações para agentes reguladores e para atividade regulatória atual. Tradução: Tatiana Mesquita. *Revista de Direito Administrativo*, Rio de Janeiro, v. 264, p. 13-56, 2013.

WORLD BANK. *Global Indicators of Regulatory Governance*: Worldwide Practices of Regulatory Impact Assessments. Washington, D.C.: World Bank Group, 2018a. Disponível em: https://documents.worldbank.org/en/publication/documents-reports/documentdetail/905611520284525814/global-indicators-of-regulatory-governance-worldwide-practices-of-regulatory-impact-assessments. Acesso em: 2 mar. 2020.

WORLD BANK. *Making It Work:* 'RIA Light' for Developing Countries, Better Regulation for Growth. Washington, DC: World Bank Group, 2010. Disponível em: https://regulatoryreform.com/wp-content/uploads/2015/02/World-Bank-RIALightNov2009.pdf. Acesso em: 14 abr. 2022.

WORLD BANK. *Relatório Anual de 2013*. Washington, D.C.: The World Bank, 2013.

WORLD BANK. *Worldwide Governance Indicators (WGI)*. Washington, D.C.: World Bank Group, 2018b. Disponível em: https://info.worldbank.org/governance/wgi/Home/Documents. Acesso em: 31 jul. 2020.

Esta obra foi composta em fonte Palatino Linotype, corpo 10
e impressa em papel Pólen Bold 70g (miolo) e Supremo 250g (capa)
pela Gráfica Formato.